Research on Modernization of
State Governance

国家治理现代化研究

第二辑

北京大学国家治理研究院
Institute of State Governance Studies, Peking University

中国社会科学出版社

图书在版编目(CIP)数据

国家治理现代化研究. 第二辑 / 王浦劬主编. —北京：中国社会科学
出版社，2018.4
ISBN 978 - 7 - 5203 - 2441 - 0

Ⅰ.①国… Ⅱ.①王… Ⅲ.①国家—行政管理—现代化管理—
研究—中国 Ⅳ.①D630.1

中国版本图书馆 CIP 数据核字（2018）第 082225 号

出 版 人 赵剑英
责任编辑 许 琳
责任校对 鲁 明
责任印制 李寡寡

出 版 中国社会科学出版社
社 址 北京鼓楼西大街甲 158 号
邮 编 100720
网 址 http://www.csspw.cn
发 行 部 010 - 84083685
门 市 部 010 - 84029450
经 销 新华书店及其他书店

印 刷 北京君升印刷有限公司
装 订 廊坊市广阳区广增装订厂
版 次 2018 年 4 月第 1 版
印 次 2018 年 4 月第 1 次印刷

开 本 710 × 1000 1/16
印 张 20
字 数 320 千字
定 价 80.00 元

目　　录

理论探讨

政府治理

协同创新

改革发展

网络治理

绩效评估

他山之石

理论探讨

Theoretical Investigation

论经济民主、政治民主与党内民主

——马克思主义民主内涵和基本逻辑再思考

梁　宇

（北京大学政府管理学院，北京大学国家治理研究院）

摘　要　当前，我国关于马克思主义的民主内涵的研究，大体存在三个不足：一是对现代汉语体系中的"民主"概念缺乏全面把握；二是因与西方资产阶级民主观念对话，所以，论及民主，常常只是就政治民主论民主；三是忽略了民主各个主要属性之间的关联性和整体性。

为了准确把握马克思主义民主理论的真谛，本文从人与人的社会实践活动这条主线切入，探微民主的丰富内涵。为此，文章从人的本质属性的论述出发，勾画人类社会生活的基本框架，定义民主的概念；从人的两种表现维度——个体和共同体、个人和集体出发，勾勒民主各属性的主要内容；从人类解放的路径与社会主义运动的开展程式出发，提炼民主的三个重要维度——经济民主、政治民主和党内民主，并且论述了它们之间的相互联系。

民主的基本含义是个体自由自主平等地参与共同体、组建共同体和运营共同体的机制，以个体联合的形式，在自然、社会和历史面前保持人的主体性，以公平且高效地改造客观世界，实现高质量的公共生活和个体生存。经济民主是民主的主体性属性，政治民主是其他层次民主的"先导"和前提，党内民主作为政治民主的一部分，是社会主义民主发展的先锋和示范。

马克思主义民主观的思想架构和独特优势在于：第一，马克思主义把民主作为一种文明形式，紧紧结合和设置在人类社会历史发展进程中；第二，在民主的运行机理中确证了另一个主体——阶级群体（集体），并且论述了这个群体在历史发展和社会关系变革中的关键性作用；第三，廓清了民主的最高价值——社会关系的平等化、合作性和协调性；第四，明确了民主化进程的基本路径——自觉改造与自发发展的磨合，即民主的最终达成需要以经济民主为基础，以共产党人的党内民主为动力，不断曲折向前。

关键词　人　民主　经济民主　政治民主　党内民主
　　　　　个人　集体

"民主"是哲学社会科学领域的基础性话题。立足中国本土，遵循马克思主义，讨论民主问题，对于当代中国学界而言，是一个经常性而又特别重要的任务。从学术理论上来看，在大量引介西方民主理论和回溯中华传统治理思想的同时，更加重视对马克思主义民主理论的系统和深入探讨，无疑有助于思想方向的明确、多元异见的整合与稳定共识的形成。从现实层面上来看，国际上接连出现的数次民主回潮、"失败国家"、东欧剧变等现象，与马克思主义指导下的中国民主实践形成强烈对照，当此背景之下，进一步发掘和强化马克思主义民主理论对现实的解释力和指导力，郑重重申和准确把握其民主内涵、逻辑和属性，显然具有世界性积极意义。

一　引言：民主与马克思主义民主

要在当前的中国学术圈讨论"马克思主义民主理论"，首先要说清楚两个问题：什么是"民主"，即我们要运用马克思主义经典理论着力研究的对象是什么？什么是"马克思主义民主"，即马克思主义经典作家如何定义和论述民主，马克思主义民主的理论逻辑是什么？

（一）现代汉语中"民主"的意涵

译介的词汇不可避免地会造成文化沟通上的误差，汉语中的这些外来词汇往往会载有许多中国人自己的理解。当国人把民主解为"Democracy"时，它是个舶来品，许多学者从希腊语的词源上将之解释为"人民主权""人民的统治"等，对民主的这一诠释，至今被国内学术界许多学者所坚守。

古老的中华文明，并没有孕育出人民主权意义上的"民主（Democracy）"的概念和思想。《尚书》《左传》等典籍中虽有民主的字眼，但其含义多可解释为"人主""民之主"、国家元首等。从"Democracy"到"德先生"，再到当前的"民主"，因中国人百余年的认识变化和实践经历，汉语中"民主"一词已经糅合了西方自由民主观、马克思主义民主观、中国传统的民本思想和中国共产党人的历史实践和政治经验等多种思想元素。

近代中国人最先接受且广泛认同的是西方自由民主观。世界现代化进程由西方启动向东方扩展，民主化与工业化、市场化等现代化的各领域一样，是世界各个国家和民族必经的发展过程。中世纪末期到近代，马基雅维利、胡克尔、霍布斯、洛克和卢梭等人接续完成了自然法理论的"重建"，在契约论的基础上建构民主思想，他们主张以"人"的眼光看待公共权力，在权力机关面前确立了民众个体权利（尤其是财产权和人身自由）的本源性地位，认为国家和政府的成立须基于民众的同意。马克思对此剖析指出，"封建社会已经瓦解，只剩下了自己的基础——人，但这是作为它的真正基础的人，即利己的人。因此，这种人，市民社会的成员，是政治国家的基础、前提。"[1]文艺复兴、宗教改革与商品经济发展后，人不再依附于封建领主和教会，成为独立、自利的个人，他们获取了"公民"的身份，他们通过

---

[1] 《马克思恩格斯文集》第1卷，人民出版社2009年版，第45页。

选举代表、立法、参与管理等形式决定公共事务。这种倡导由公民个人平等地通过相同的程序管理公共事务的状态和过程，就是西方认可的"民主"。基于唯物史观，马克思主义经典作家从对于封建主义制度的历史超越和否定的意义上，肯定地评价了近代资产阶级对民主作出的探索和尝试。

中华民族自身衍生的"民本"思想，是中华传统文化和汉语语境中近代"民主"概念的重要因素。晚清的薛福成、黄遵宪等较早接触西方民主的中国人，则把"民主"视为孟子"民贵君轻说"同类加以理解并引入国内，徐复观等新儒家学者，进一步主张把中国的民本思想与现代民主思想"接续"起来。古代中国以儒学为主流的官方意识形态在限制君权、保护民众方面做出了精致的建构。儒家将民意民心视作"天命"和政权基础，主张"民之所欲，天必从之"[1]，"民为邦本，本固邦宁"[2]，"民为贵，社稷次之，君为轻"[3]，把君主视为天意的受托人和民意的执行者，有云："天佑下民，作之君，作之师"[4]，即儒家把民众利益作为政治权力的源头，把民意走向作为衡量君主及其政权合法性和有效性的尺度。民为邦本，意味着保护人民利益是君主统治和国家治理的核心工作，因此，在中华文化圈中，"民主"与"民本"的关系如水乳交融、不易分割。

一个国家或民族对某一民主思想的秉持甚至坚守，往往受其历史经验的影响。同时，在实践中，也会形成具有地域特色的民主经验、模式或理论，有学者把这一结果称为"合目的性的自我选择、自我过滤后的思想"[5]。在中国近现代史上，在面临外来各类思想主张时，国内思想界曾经发生过多次争论，包括：君主国与民主国之争、君主立宪与民主共和之争、一党独裁与多党合作之争、民主主义与社会主义之争、大民主与小民主之争，如此等等。每一次争论后，一些价值以不同方式，转化

---

① 《尚书》。
② 同上。
③ 《孟子》。
④ 《尚书》。
⑤ 程美东：《应然与实然：当代中国政治的路径选择》，《北京大学学报》（哲学社会科学版）2016年第4期，第38页。

沉淀为汉语中"民主"的内涵，例如民本、共和、协商、平等、秩序、法制等。国民党、共产党等政党关于民主的看法，也成为中国历史上关于民主的不同内涵的解释，例如三民主义、马克思主义民主观等。孙中山的三民主义是中国近代史上首个中西合璧、逻辑完整、付诸实施的民主思想，张其昀解释道，三民主义不仅仅囊括政治民主，"民族主义之目的，在谋国家独立，民族自由，即为国际上的民主。民权主义之目的为政治上之民主，民生主义则为经济上之民主"①，"民族、民权、民生"囊括了政治、经济和社会等多方面的价值诉求，初步建构了汉语中"民主"的逻辑关系。

汉语中的"民主"概念，带有鲜明的民族特色、历史印记和实践特征，中华民族基于自己的视角和传统，对"民主"概念做了充实、扩大和改造。我国现代民主概念中确立了一个基本认识，即全体人民是国家和社会的真正主人，一切政治、经济和社会活动都须以增进人民福祉为宗旨；我国的民主观念不仅包括政治民主，也包括经济民主、社会民主、国际民主等。总体来说，可以把汉语中的"民主"通俗地解读为"人民当家作主"，既强调了国家和社会权力的具体归属——由人民作主，同时，也强调了人民作主的具体形式——"当家"，这个极具中国生活气息的词即意味着，中国所有社会事务和社会机构都在人民群众的直接或间接参与下有序运转。探索"民主"的词源流变，有助于我们明确研究对象，同时，拓展我们对民主的认识视野，使我们在探讨马克思主义民主思想的时候牢记既定目标，并且知晓汉语中"民主"含义的自身特色。

（二）马克思主义视阈中"民主"的意涵

在汉语文化语境下梳理马克思主义的"民主"意涵，就是从全体人民群众出发，从群众的生产生活模式出发，从人民群众自我管理出发。从马克思主义的理论逻辑来看，它是从"人"及其生产生活属性出发来定义"民主"的，这与传统中国认识"民主"概念的方式具有相似

---

① 张其昀：《民主政治的三大真谛》，《政论周刊》1956 年第 188 期。

之处。

1. 人的本质理论与民主的定义

马克思主义区别于其他民主理论流派的关键点在于，马克思主义经典作家抓住了社会生活的真实主体——人，并从人的真实活动——实践出发，呈现人的社会生活的本质，并以此为基础，勾画社会关系并阐发其民主理论。

近代以来，以"人""人性"或"个人"为起点推导民主逻辑的学者不计其数，但是，与马克思主义相比，他们只认识到人的本质的个体性一面，由此发现了促进个体公平、市场竞争、社会繁荣之道，但是，并没有充分注意到人的社会性，没有发现社会贫穷、阶级对立的根源，没有发现实现社会平等的路径。

相对于近代早期的"自然权利"学说和抽象人性论，马克思主义人学对社会状态的研究真实、准确和客观。《关于费尔巴哈的提纲》中，马克思这样表述："全部社会生活在本质上是实践的"，"人的本质不是单个人所固有的抽象物，在其现实性上，它是一切社会关系的总和"①，这份文献也因"人的本质"理论的提出而被称为"包含着新世界观的天才萌芽的第一个文献"②。以人的本质理论为前提的马克思主义理论的特征在于：一切理论构建的基点和归宿都是人，社会的人，真实的人；这种"人"的一切特征的核心是实践，一切人的规定性都围绕着实践展开；一切概念、命题和理论的总结，都是对人及其生产生活实践的客观描述。

社会历史发展的根本动力是满足人不断更新的需求，人类社会的主体活动是人通过劳动维持生命的再生产，人的正常状态是自由自主平等地通过社会关系获得生产生活资料、从事劳动。马克思主义的社会理论有两个基本命题，其一，生产生活的达成是社会生活的总逻辑。"一切人类存在的第一个前提，也就是一切历史的第一个前提，这个前提是：人们为了能够'创造历史'，必须能够生活。"③ 然而，无论是维持自己

① 《马克思恩格斯文集》第1卷，人民出版社2009年版，第499、501页。
② 《马克思恩格斯文集》第4卷，人民出版社2009年版，第266页。
③ 《马克思恩格斯文集》第1卷，人民出版社2009年版，第531页。

的生命，还是生产新的生命，都需要通过人与自然关系、人与人的社会关系维持，即需要许多人的共同活动来完成；文化、政治和法律等都是推进生产、生活不断完善的重要媒介，始终与人的生产发展状况相同步。这也就是说，在马克思主义视阈中，认识社会的准确方法是将其放在人类社会生产生活的总过程中加以考察，经济、政治、文化等都只是社会的不同领域，不可完全割裂考察。第二个命题：正常的、理想的人类存在状态，应是人的类活动的自由开展。在马克思恩格斯看来，人类作为类存在物，个体应该与自己的生产行为、劳动产品、人的类本质以及他人相统一，实现"通过人并且为了人而对人的本质的真正占有"，①即每一个个体可以自由、有意识地以联合的形式（通过社会关系联合的个体即共同体）占有、改造自然和社会，获取生存所需。如此状态下的个体、联合的个体（即共同体）、个体与共同体的关系，是证明需要民主存在的依据，这样的社会状态只存在于没有生产资料私有制的原始社会和共产主义社会。显然，在这其中，第一个命题描述了社会发展的基本过程和动力机制，第二个命题则是衡量人类社会解放程度的一般性原则。

马克思主义从人的本质理论出发描述了理想社会状态：个体因平等地客观存在而平等地生存，通过经济关系为核心的各类社会关系平等地获取生产资料和生活资料。马克思主义的理论与西方自由民主理论最大的不同之处在于，理论的核心基石是"社会""社会关系"和"社会生产生活"等。换言之，马克思主义民主理论重视从人的两种存在方式——个体与共同体两个维度的结合上，尤其是从社会生产生活的整体运行逻辑出发，来把握"民主"概念。就此而言，可以认为，民主的主体是全体人类、无差异的自由平等联合者的全体个体；从内涵上看，民主是人类理想社会状态的一个维度，即个体为了生存，自由自主地参与共同体、组建共同体和运营共同体，由此获取生产生活资料，因此，民主是经济民主、政治民主、社会民主、思想民主等的统一体；民主的范畴则是，作为个体的人、共同体中的人享有

---

① 《马克思恩格斯文集》第1卷，人民出版社2009年版，第185页。

平等的生产生活的自主自由。民主是个体民主和共同体民主的有机统一，个体民主是相对于其他成员而言的，共同体民主则是相对于自然、社会和思维而言的；然而两者在现实过程中无法机械地分开，应互为前提，个体需要以共同体为凭借才能得以保障和行使，共同体的形成需要个体的参与，平等的个体只有以共同体的形式才能在自然、社会和思维面前保持人的主体地位。

2. 民主的历史特征

通过分析人类历史，马克思主义经典作家认为，由于生产资料私有制的存在，原始社会以后，个体异化为自利且彼此对立的个人，在自己的生产行为、劳动产品、人的类本质、他人的关系中丧失了主体性，共同体异化为剥削阶级和被剥削阶级，"民主"也因此不复存在。正如有学者提出的，由于异化劳动的存在，共产主义社会到来之前，人的个体形式、共同体形式并不存在，而以"个人"和"集体"的形式存在。[①] 在奴隶制时代、封建时代和资本主义时代，民主成为粉饰剥削行为的"遮羞布"，完全意义上的民主只有在共产主义时代来临时才能完全实现，人类解放的过程也就是追求完全民主的过程。正如马克思所言："任何解放都是使人的世界即各种关系回归于人自身"[②]，人的解放就是要消除异化，让互为工具、相互竞争的个人做回彼此合作、自由生产的个体，让对立的阶级变回个体联合而成的共同体，让人类社会复归"民主"的社会状态。

既然只有原始社会和共产主义社会存在真正的民主，那么这里需要对"社会主义民主"概念予以解释。这意味着社会主义阶段的生产力和生产关系、社会关系等尚存在不发达的地方，同样，民主的实现尚存发展的空间。一方面，"社会主义民主"的概念在逻辑上是合理的，代表着民主重新成为人类社会的活动原则和发展方向。在剥削社会，即便是剥削阶级垄断着经济财富和政治特权，就这个阶级集团而言，也不是民主的，占人口绝大多数（或者说几乎全部人口）的无产阶级及其同盟者

---

① 关于"个人"和"个体"的区分，受启发于学者侯才的论述（详见《马克思的"个体"和"共同体"概念》，《哲学研究》2012 年第 1 期，第 3—11 页）。
② 《马克思恩格斯文集》第 1 卷，人民出版社 2009 年版，第 46 页。

以联合的形式夺得并占有政权、占有全部生产资料，通过民主的方式建立了自我管理的公共机构，同时开展对生产关系的改造和发展。也就是说，社会主义革命确立了民主的基本原则和体制机制，从根本上开辟了人们以联合的方式占有政权并管理自己的事务，实现人民掌握全社会的生产资料、个人自由生产并各有所得的局面。另一方面，"社会主义民主"也涵盖了"民主化"的意义。社会主义阶段的民主尚且不全面、不均衡、不发达，例如，生产关系中各个人的发展机会仍有待平衡、个人参与政治生活的渠道还有待进一步开拓等。另外，社会主义阶段的民主仍然局限于一定范围内，它主要存在于社会主义国家，距离在世界各国普遍推行尚存距离；在社会主义国家内部，也还存在极少数敌对势力和敌对分子是人民民主专政的对象。

共产主义是指导社会发展的宏观原则和远大理想，对于现实社会，共产主义是一种应然原则，也是揭露和纠正社会问题的批判性武器。就像列宁所言，"'共产主义'的概念是很遥远的……如果把'共产党'这个名称解释为似乎现在就实现共产主义制度，那就是极大的歪曲，那就是胡乱吹嘘，会带来实际的害处"。[①] 在社会主义国家，阶级斗争在一定范围内仍然存在，完全消灭阶级，实现高度的经济民主和政治民主尚需经过刻苦努力；尤其是在东方社会主义国家，生产力发展水平仍然处于相对较低水平，国家不仅要赶超世界先进水平，还要努力成为先进生产力和生产关系的引领者。因此，对于今人而言，共产主义状态下的完全民主目前还是"远大理想"，相比之下，当前更加现实的任务是探索社会主义民主或社会主义阶段民主化道路。

3. 民主的三个属性及其关系

马克思主义"人的本质"理论是"民主"内涵的扩充与外延的扩大。不过，在资本主义民主制度下，市民社会和政治国家之间存在明显界限，人类的经济生活和政治生活有各自的运行逻辑；社会主义革命和建设进程中，政治民主和经济民主虽然存在时序上的先后，但是，相互之间是互为逻辑的，政治民主是实现经济民主的前提和直接动力，经济

---

① 《列宁选集》第 4 卷，人民出版社 2012 年第 2 版，第 92 页。

民主是政治民主得以平稳持续、不断发展的根本保障。而对共产党而言，党内民主，作为政治民主的一部分，在理论灌输、人才管理、机构建设和行动指导等方面，承担着核心功能，党内民主对于整个社会主义阶段的民主化过程具有关键意义。

马克思早年在探讨人类解放问题时谈到了政治解放和社会解放的二分法，这一命题直接区分了政治与社会（经济）的现实界限、政治民主与社会民主（包括经济民主）之间的时序和关系。政治解放即民众通过平等的公民身份和一人一票原则参与政治共同体管理全社会事务，然而，人类解放绝不止步于政治解放，还需要经历彻底且漫长的社会解放过程。资本主义生产关系的确立，资本主义民主政治的建成极大地推进了民主和人类解放的整体进程，但是，其并不意味着平等、真实和广泛的政治民主的充分实现。马克思在《论犹太人问题》中的表述，深刻地描述了人类解放的过程，有益于我们认清资本主义政治民主和经济民主的虚假性，有益于我们准确把握政治民主和经济民主的实现路径，他说："政治解放一方面把人归结为市民社会的成员，归结为利己的、独立的个体，另一方面把人归结为公民，归结为法人。只有当现实的个人把抽象的公民复归于自身，并且作为个人，在自己的经验生活、自己的个体劳动、自己的个体关系中间，成为类存在物的时候，只有当人认识到自身'固有的力量'是社会力量，并把这种力量组织起来因而不再把社会力量以政治力量的形式同自身分离的时候，只有到了那个时候，人的解放才能完成。"① 这就是说，近代以来，共同体异化并分裂为政治国家与市民社会，个体异化分裂为公民和私人，人类的生产生活分化为政治和经济，两个彼此领域互异、但却息息相关的范畴。马克思认为，人必须认识到"组织起来"的"社会力量"对于人类解放的重要性，并以这一形式实现对人的类本质的占有，才能实现人类解放；经济民主与政治民主的根本逻辑始终是一致的，真正的民主不只以单个人为出发点，而是以个体和联合的个体的辩证关系出发。

---

① 《马克思恩格斯文集》第 1 卷，人民出版社 2009 年版，第 46 页。

马克思主义经典作家在设计社会主义运动步骤时，对政治民主、经济民主实现过程的设想也有先后差异。《共产党宣言》中关于无产阶级革命过程的论述言简意赅："工人革命的第一步就是使无产阶级上升为统治阶级，争得民主。无产阶级将利用自己的政治统治，一步一步地夺取资产阶级的全部资本，把一切生产工具集中在国家即组织成为统治阶级的无产阶级手里，并且尽可能快地增加生产力的总量。"① 在时间顺序上，政治民主的建立是一切社会革命的前提，只有以民主的形式掌握暴力机器、建立人民自己的政权、管理自己的政权，社会各项革命才能在和平的环境中在人民内部按照人民的意志行使。社会主义运动史多次证明，政治民主的达成并不能完全依靠人民群众的自发行为，还需要依靠无产阶级政党的坚强领导，正如列宁所言："没有铁一般的在斗争中锻炼出来的党，没有为本阶级一切正直的人们所信赖的党，没有善于考察群众情绪和影响群众情绪的党，要顺利地进行这种斗争是不可能的。"② 在马克思主义经典作家看来，民主是整个人生产生活的共同原则。共产党党内民主的根本目的在于，激发党员个人的积极性和创造性、统一党员个人的意志和行动，以最大限度地整合个人的力量，以集体的形式带动全体人民群众改造社会。从党内民主到人民民主（政治民主、经济民主等），是一种由党内向党外、从先进分子向后进群众的传导过程，若党内没有民主，民主传导过程将不会成立。因此，社会主义运动中实现民主的一般性逻辑和次序是党内民主、政治民主、经济民主；当然，在具体操作过程中，民主的诸属性是相互促进、相互依赖的。

经过对汉语中"民主"概念的梳理，对马克思主义经典作家所持民主概念和基本属性的归纳，我们大致可以明晰马克思主义民主理论的几个基本命题：第一，民主是对理想社会关系状态一个维度的描述，对于现实而言，民主是社会发展的最终目标，是批判社会的应然标准。第二，民主的三个主要属性——党内民主、政治民主、经济民主，是定位

---

① 《马克思恩格斯文集》第 2 卷，人民出版社 2009 年版，第 52 页。
② 《列宁选集》第 4 卷，人民出版社 2012 年第 2 版，第 154—155 页。

清晰、逻辑相洽、行动相辅的系统性整体。第三，民主的主体是感性的人、实践的人，人的表现形式是个体和共同体（共产主义社会实现以前呈现为个人和集体），民主的基本含义是个体自由自主地参与共同体、组建共同体和运营共同体的机制，在自然、社会和历史面前保持人的主体性，以高效地改造客观世界，让自己高质量地生活、生存。

二 民主的根本属性——经济民主

《在马克思墓前的讲话》中，恩格斯称马克思一生中有两大学术贡献，一个是"发现了人类历史的发展规律"，以及"发现了现代资本主义生产方式和它所产生的资产阶级社会的特殊的运动规律"，[①] 即今人所谓之历史唯物主义和剩余价值学说。也正是马克思的这两个重大发现，让今人很容易地抓住人类经济生活的中心问题——如何解决生产关系中的不平等问题，亦即经济民主如何实现的问题。从恩格斯的评价可见，历史唯物主义的鼻祖——马克思毕生的经历都在探索消除剩余价值的路径方法，实现人的自由全面发展，换句话也可以说，经济民主是马克思所开创历史唯物主义的核心议题之一，实现所有权的平等享有、生产产品的平等分配，是经济民主的关键。

经济民主作为人类民主的根本属性，对政治民主的发展进程有决定性作用，或者可以说，不谈经济民主，包括政治民主在内的其他民主属性也无从谈起。马克思主义从人及其社会生活的本质谈民主，所阐发的民主观是全面彻底的，他们反对资产阶级只限于在政治领域强调民主，并讽刺这种政治民主的虚幻性；现今重申经济民主的重要性，是完整恢复马克思主义民主理论全貌的第一步。

"经济民主"是一个规范的学术概念，不同时期的马克思主义经典作家对此都有过重点论述。恩格斯在《在伦敦举行的各族人民庆祝大会》中明确指出，政治民主已然不能完全囊括无产阶级对民主的向往："民主在今天就是共产主义……即使群众并不总是很清楚地懂得

---

① 《马克思恩格斯文集》第 3 卷，人民出版社 2009 年版，第 601 页。

民主的这个唯一正确的意义，但是他们全都认为民主这个概念中包含着社会平等的要求，虽然这种要求还是模糊的。"① 这里的"社会平等"即包括经济民主的意涵。毛泽东认为："民主必须是各方面的，是政治上的、军事上的、经济上的、文化上的、党务上的以及国际关系上的，一切这些，都需要民主。""经济民主，就是经济制度要不是妨碍广大人民的生产、交换与消费的发展，而是促进其发展的。"② 邓小平也力主在经济领域保障民主："我想着重讲讲发扬经济民主的问题。现在我国的经济管理体制权力过于集中，应该有计划地大胆下放，否则不利于充分发挥国家、地方、企业和劳动者个人四个方面的积极性，也不利于实行现代化的经济管理和提高劳动生产率。"③ 尽管马克思主义经典作家所处的时代背景不同，但是都肯定了经济民主的客观存在及其重要性。经济民主的概念，可以说是马克思主义民主理论的独特之处，即在马克思所言之"市民社会"中如何实现个体通过共同体获得生产行为的自由自主。

（一）经济民主的应然模式

经典作家关于共产主义社会生产活动的论述，蕴含着大量关于经济民主的思想。他们在论述到达共产主义社会时设置了两个前提：一个是必要性前提，即剩余价值在生产、交换、分配和消费过程中被资产阶级赚取，大量的生产资料和社会财富集中在社会极少部分人手中，资产阶级与无产阶级之间因之出现的敌对状态无法调和、亟待消除；另一个是可行性前提，即生产力高度发展使个人不会因革命再次沦入贫穷或再为生存必需品争斗，同时世界交往普遍建立，个人与个人、集体与集体之间因普遍而充分的竞争相互紧密依赖，广大无产阶级普遍有了阶级自觉，总之，无论在社会物质还是社会意识层面，新社会关系的诞生成为一种整体需要。这两个前提自然也是彻底实现经济民主之前提。

---

① 《马克思恩格斯全集》第2卷，人民出版社1957年版，第664页。
② 《毛泽东文集》第3卷，人民出版社1996年版，第169—170页。
③ 《邓小平文选》第2卷，人民出版社1994年版，第145页。

经济民主的首要特征，是在共产主义社会，个体能够根据自己不断更新的意识自由自主地从事生产活动。个体的经济民主一方面表现为劳动的自主性，即劳动的发生由自己做主，不受他人支配或受生计所迫。列宁一语道破资本主义和共产主义两个时代人类经济社会活动的差异，亦即个体经济民主的含义，"千百年来都是为别人劳动，被迫为剥削者做工，现在第一次有可能为自己工作，而且可以利用技术和文化的一切最新成就来工作了"。① 个体可以根据自己的需要或根据自己的审美生产产品，而无须受他人的强制和压迫，获得经济民主的人可以对自身的劳动对象作取舍。

另一方面，个体经济民主体现为劳动的自由性特征，生活在共同体中的个体不再只受自己的生命需要所挟制，他们可以根据自己对美的认识开展劳动，全面地发展和发挥自己的体能和智能，可以"随自己的兴趣今天干这事，明天干那事，上午打猎，下午捕鱼，傍晚从事畜牧，晚饭后从事批判"。② 在共同体的保障下，个体可以充分地发挥劳动自由，劳动会成为人类自我实现的活动。社会分工会因生产力和社会财富的提升而逐步消失，就像马克思恩格斯说的，"在共产主义社会里，没有单纯的画家，只有把绘画作为自己多种活动中的一项活动的人们"③。人的职业、职位等也都会摆脱私有制的限制，成为一种自由选择或兴趣爱好。不过，经济民主并不意味着可以无所事事、不劳而得，马克思、斯大林等马克思主义经典作家始终对"懒汉哲学"保有警惕，并言明"任何个人都不能把自己在生产劳动这个人类生存的必要条件中所应承担的部分推给别人"，个体必须为共同体贡献劳动。④

共同体为个体提供自由自主生产、自由自主获取劳动成果、实现经济民主的媒介。马克思将这种生产方式总结为"各尽所能，按需分

① 《列宁选集》第3卷，人民出版社2012年第2版，第376页。
② 《马克思恩格斯文集》第1卷，人民出版社2009年版，第537页。
③ 《马克思恩格斯全集》第3卷，人民出版社1960年版，第460页。
④ 《马克思恩格斯文集》第9卷，人民出版社2009年版，第311页；《斯大林选集》下卷，人民出版社1979年版，第323页。

配!"① 马克思在《哥达纲领批判》中指出："消费资料的任何一种分配，都不过是生产条件本身分配的结果；而生产条件的分配，则表现生产方式本身的性质。"② 按此推理，等到生产力高度发达，社会化大生产使得社会财富足够丰富，集体占有生产资料与剩余产品，劳动者即可在社会财富中领取自己所需的各类物品。经济民主的实现不能缺少共同体作其凭依，恩格斯在一段话中透彻阐述了共同体在实现民主中的所有作用："社会生产力已经发展到资产阶级不能控制的程度，只等待联合起来的无产阶级去掌握它，以便建立这样一种制度，使社会的每一成员不仅有可能参加社会财富的生产，而且有可能参加社会财富的分配和管理，并通过有计划地经营全部生产，使社会生产力及其成果不断增长，足以保证每个人的一切合理的需要在越来越大的程度上得到满足。"③ 个体以联合的形式占有社会财富，既能防止因少部分资产阶级把控生产、独占财富而带来的社会失控，也有助于稳定所有个体之间的社会关系，整合所有个体的智能和体能以加速社会发展；个体也通过共同体的力量增强对自然和社会的改造力，以更先进的方式开展劳动、实现自己的生命价值。

（二）社会主义阶段经济民主化的路径

社会主义阶段的经济民主是共产主义民主精神与现实相结合的结果，本质上是一个"民主化"的过程。由于迄今为止的社会主义制度大都是在相对落后的东方国家中创建的，共产党人在取得政权之后，背负的任务一般兼具"赶""超"两项，社会主义经济民主的内涵自然也包括：个体和集体所掌握的生产力和社会财富获得巨大增长、个体和集体所处之剥削性社会关系不断被扬弃、个人和集体所处之平等合作性社会关系形式不断创新。马克思主义经典作家既是社会主义理论家，同时也是实践者，他们在革命、建设和改革活动中结合现实情况探索出诸多经

---

① 《马克思恩格斯文集》第 3 卷，人民出版社 2009 年版，第 436 页。
② 同上。
③ 同上书，第 460 页。

济民主化路径。

相异于资本主义生产关系，共产主义社会的优越性在于，生产活动中人际状态以互助、合作和共享为特征，而非人吃人、一个阶级剥削另一个阶级。然而，经济民主的实现，不可能只依托个体、所有个体联合而成的共同体，两者之间还存在着许多大小不一、职能不一的共同体；在社会运行机理中，这些共同体以一种组织化的力量把个体整合起来、把生产资料整合起来，为个体搭建实现生产协作、互助和共享的平台。在社会主义社会，这些共同体以集体的形式呈现为各类"经济组织"。从这个意义上来讲，经济组织，其为一类生产关系的客观化、结构化、实体化。在社会主义社会，经济组织则是保证人际之间资源配置高效化、均衡化，也是缩小阶级内差异、向共产主义社会过渡的组织依托。

1. 国家作为最大的集体主导生产与分配

马克思主义认为，经济民主的首要含义是始终坚决维护以个体联合的形式占有全部生产资料。在社会主义阶段，共同体的角色由集体取代，最大的集体自然是国家。无产阶级及其同盟者以"国家"的名义，建立并运营国有制经济组织控制经济命脉，通过国有经济制组织为首的各类公有制经济组织影响非公有制经济组织以主导国家经济发展方向。无产阶级及其同盟者以国家的形式控制经济命脉，一方面，以国家力量为每一个个人平等地提供生产和分配的机会，另一方面则是保障每个个人能够正常地履行社会生产和分配规则，通过自由自主的劳动，获取相应报酬。

国有制经济组织为代表的公有制经济组织可以说是国家经济的主体。国有制经济组织主导国民经济发展方向的形式不仅体现在对国民经济支柱产业的直接管理运营上，也体现在，作为各类经济组织的表率，通过带动非公经济组织实现整个经济的协调发展。一方面，各类经济组织应在国有制经济组织的主导下分工合作、紧密联合。另一方面，国有制经济组织为代表的公有制经济组织也还承担着引导非公有制经济落实社会主义原则、增强其现代管理水平等任务。例如，列宁力推"新经济政策"的初衷不仅仅"就是发展生产力，就是立刻或在最短期间增加产品数量"①，关键是"在不久的将来把国家资本主义变成社会主义"，②他鼓励创建合作社，与小业主签订长期合同，是为了把大多数群众联合起来进行统一的贸易活动，以此推动分散的小生产向社会主义大生产过渡；引入"具有现代先进资本主义水平的模范的——和我们的相比较——大企业"③，让群众学习世界先进的生产管理经验。

此外，以国家的形式和名义落实经济民主精神、把握经济命脉，最终目标还是要以最大公有制形式保证分配公平。国家力量不仅在经济活动中以企业的形式直接参与、直接经营、直接管理，还通过参与社会财富的二次分配，缩小人际贫富差距。通过国家减少集体财富分配过程中的不均，马克思主义经典作家都谈过这个问题，例如，马克思在《哥达纲领批判》中说，要把社会总产品中留出一部分用于学校、社会保健和济贫等公共事业，毛泽东把国家、集体和个人之间的分配平衡作为社会主义建设过程中必须协调好的"十大关系"，邓小平把"共同富裕"视为社会主义道路的根本目标，社会主义市场经济时代的马克思主义经典作家的主张包括，通过税收对个人和企业等经济组织实施增量调节和存量调节，通过央地、区域和城乡之间的转移收支、政策倾斜和产业帮扶等方式以先进带动后进，通过社会福利和社会保障等渠道保证弱势群众的基本生活需要，通过精准扶贫等方式带动贫困群体的脱贫致富等。无论社会初次分配采用何种规则，再分配环节中，国家总是作为全体人民集体占有生产资料的载体，作为维护以个体为单位的社会公平的道德依托、法理依托与组织依托，保证经济民主在生产领域和环节中尽可能地实现。

2. 自主经营的个人或经济组织构成经济民主的主体

苏俄（联）和中国持续不断的社会主义经济改革，让马克思主义经典作家们认识到发挥个人或经济组织积极性之于经济民主和生产发展的重要性；他们主张，政府逐步将参与生产、交换、分配、消费的权限返还给民众个人和各类经济组织。

---

① 《列宁选集》第4卷，人民出版社2012年版，第505页。
② 同上书，第504页。
③ 同上书，第508页。

人民中的个人应该拥有自主生产的权利，这是列宁等马克思主义经典作家在社会主义建设与改革中得到的经验教训。列宁为了缓解"战时共产主义政策"带来的产业萧条与工农之间的阶级对立，出台"新经济政策"，其"新"即体现于执政党对民众尤其是农民生产自主权的尊重。列宁发现，对于农业生产来说，个人所有制和商品流转是刺激小农加速生产的动力，"少了它就不能生活"①，国家应该给予农民充分的自主权。

在现实的社会主义运动中，马克思主义经典作家最重视公有制经济组织尤其是国有经济组织的自主权改革，我们熟知的"政企分开"问题，其讨论的问题即包括如何界定公有制企业自主权。在运营权上保持公有制经济组织的独立性和自主权，政企职能分割有利于政府自身职能的精简优化，也能够让公有制企业根据经济规律自由自主、高效地分析和处理问题，以一种正常的、与其他经济组织一样的面目进入市场。

历史证明，只有个人与各类经济主体获得经济自由和自主权，劳动者凭借生产要素在公共空间中公平地获取生活产品，经济组织才能够通过提供产品或服务换取收入，个人与组织的积极性和创造性才能激发，社会经济活动才有活力，这是经济民主精神在社会主义阶段的集中表现。

3. 以经济组织的形式促进资源配置高效化、均衡化

马克思主义经典作家在探索民主路径的过程中，都揭示了集体（即经济组织）之于加快推进经济民主的重要性。不同时代的马克思主义经典作家在看待经济民主逻辑中个人与集体的互动关系上的观点是连贯一致的。

以集体的形式开展经济活动，是完善生产关系、综合提升个人和集体生产能力的必然途径。个人以企业等现代经济组织的形式参与经济活动，并不是马克思主义的首创，这一现象在资本主义社会就已经相当发达。而马克思主义的创见则在于，经济组织以合作、平等、共享的原则管理自身，并与外界打交道。马克思把这种合作性经济称作"改造以阶级对抗为基础的现代社会"②的主要力量，其实，领导社会主义国家建

---

① 《列宁选集》第 4 卷，人民出版社 2012 年版，第 671 页。
② 《马克思恩格斯全集》第 21 卷，人民出版社 2003 年第 2 版，第 271 页。

设的马克思主义经典作家如列宁等还发现，以合作经济的形式不仅是为了消除阶级斗争，更重要的是协调阶级内部的利益关系，在无产阶级及其同盟者中间共享收益、共担风险。资本主义社会经济组织内部的生产关系中，因劳动受控于资本，劳动者受剥削于资本家；社会主义社会的经济活动是以合作性集体为平台开展的，经济组织则以人际平等为前提，遵照相应的生产资料所有制予以产品分配，并以共同富裕为根本目标。"合作社"是马克思主义经典作家认可的社会主义的理想经济组织，马克思赞赏工人合作工厂表现出的新生产关系原则，称之为劳动的政治经济学对资本的政治经济学取得的一个"更大的胜利"："为了有效地进行生产，劳动工具不应当被垄断起来作为统治和掠夺工人的工具；雇佣劳动，也像奴隶劳动和农奴劳动一样，只是一种暂时的和低级的形式，它注定要让位于带着兴奋愉快心情自愿进行的联合劳动。"① 马克思主义经典作家认为，经济组织为所有工农劳动者提供良好的经济平台，尤其是为弱势群体提供增进生产技术、生产效率和意识水平的机会。集体化地从事经济活动，一方面可以让个体适应社会化大生产的需要，可以让整个社会集中力量办大事，恩格斯在《论住宅问题》中讲过这个问题："现存的大地产将给我们提供一个良好的机会，让联合的劳动者来经营大规模的农业，只有在这种巨大规模下，才能应用一切现代工具、机器等等，从而使小农明显地看到通过联合进行大规模经营的优越性。"② 另一方面，集体能为个体提供最基本的生活保障和生产成果，提升其生产能力。即使在社会主义市场经济阶段，各类经济组织的合作性集体的本质也没有从根本上改变。经济组织为个人提供就业岗位，凭借个人提供的劳动、才能、知识、创造等要素完成组织生产目标，个人也通过自己的付出获得相应的报酬，在市场竞争中丰富人生阅历、提升人生价值。

另外，经济组织是经济参与者共享经济成果、促进社会公平的平台。马克思曾经给我们呈现出一个较为先进的经济组织模式——"在合

---

① 《马克思恩格斯文集》第3卷，人民出版社2009年版，第12—13页。
② 同上书，第331页。

作工厂中，监督劳动的对立性质消失了，因为经理由工人支付报酬，他不再代表资本而同工人相对立。"① 这传递出经济民主原则的信息，即在经济组织中，全员的劳动报酬由全员集体做主决定，经济成果由全员相互协商、共同分享，这一原则对后世影响深远。一般而言，联合的劳动者往往会获取更高效的生产效益，个人因此也可以分配到更多收入。在社会主义经济民主的推进过程中，马克思主义经典作家论证并肯定了"合作企业"、股份合作制企业或混合所有制经济等经济组织形式的社会主义特性。列宁认为，社会主义制度下的"合作企业"，是私人资本主义企业与国有企业联合的产物，但本质上仍然属于国家、属于工人阶级，有助于社会主义劳动者提升生产能力、吸收国外资本、带动自己致富。②

总的来讲，经济民主，其基本特征就在于倡导生产关系中各方主体的地位平等尤其是追求劳动产品的公平分配。马克思的描述切中肯綮："现在这种使劳动附属于资本的制造贫困的残暴制度，可以被自由平等的生产者联合的造福人民的共和制度所代替。"③ 这里的"共和制度"是马克思所说的"合作生产"，也可以说，"共和制度"就是经济民主的具体表现，社会主义经济民主化的过程也就是经济组织形式的发展过程。在国有经济控制国民经济命脉的社会主义国家，经济民主化的主要议题也就是推动适应生产力发展的经济组织形式的演化，让组织中的分配制度、组织之间的分配制度在个体层面上达到一致，让个体的生产积极性和集体的生产协作能力保持上升趋势。

三 民主化进程的先导——政治民主

如果不设置限定语，"民主"一词通常代指政治层面的民主，通常是衡量政治文明程度和政治现代化水平的标尺。关于政治民主，学术界存在着两个极端现象：一部分学者以实质民主为理由，认为经济民主在

---

① 《马克思恩格斯文集》第 7 卷，人民出版社 2009 年版，第 436 页。
② 《列宁选集》第 3 卷，人民出版社 2012 年版，第 772 页。
③ 《马克思恩格斯全集》第 21 卷，人民出版社 2003 年第 2 版，第 271 页。

重要性上优于政治民主；另一部分学者则完全忽视经济民主，在政治民主的议题上孤注一掷。极端现象的根源在于，这些学者没有整体性地把握民主的全貌，也没有明确厘清经济和政治的界限及其关系。

民主是对理想社会关系状态一个维度的描述，政治民主只是这一维度中的一个属性。从历史的客观规律来看，政治民主的发展受到经济民主的制约，直白地讲，政治民主化程度越高的政权越能准确地、有效地代表人民决定经济社会的发展方向。经济民主对政治民主的制约性影响，并不等于政治是经济的附属物，政治有自己的规定性。

那么，什么是政治民主？从定义上看，用唯物史观的思维看待"政治民主"，会发现它是一个自相矛盾的词语。在向共产主义过渡的过程中，公共权力丧失了政治性质，"对人的政治统治"会逐步质变为"对物的管理和对生产过程的领导"，① 公共机构将缩编为经济管理机构——"国民经济委员会"② （或斯大林所说的"中央经济领导机构"③）。也就是说，在生产关系人人平等的未来社会，剥削不再存在，阶级不再存在，以阶级斗争为核心的"政治"将演变为一种全体社会成员内部事务的"自治"，用当前时兴的话说，也可以中性地称之为"自我管理"或"公共管理"，民主的政治属性也应该表述为民主的公共管理属性。然而，社会主义阶段的"政治"并未消除阶级属性，它是政治统治与政治管理的复合，因此，为了阐明马克思主义民主理论对现代政治的观照，同时方便与马克思主义以外的派别对话，我们仍旧采用"政治民主"的说法，以彰显由人民群众自主实行人民民主专政，自己掌权、自我管理的状态和精神。

政治民主不直接等于民主制、政治、国家和政权，前者是社会关系状态，后者是制度、组织或设施。首先，政治民主含义的核心在于，国家治理的根本出发点是全体人民的利益。民主即"人民④的主

---

① 《马克思恩格斯文集》第 3 卷，人民出版社 2009 年版，第 531 页。

② 《列宁选集》第 3 卷，人民出版社 2012 年版，第 543 页。

③ 《斯大林选集》下卷，人民出版社 1979 年版，第 606 页。

④ 这里的"人民"是指代一般意义上的最广大的人民群众，作为对立于君主的民众整体，与当前中国政治话语体系中的"人民"概念有差异。

权""人民当权的"等，是"君主主权"的替代物，比如，马克思在《黑格尔法哲学批判》中将"君主主权"和"人民主权"的对立类比为"上帝主宰一切"和"人主宰一切"的对立，并认为"二者之中有一个是不真实的，虽然已是现存的不真实"，"国家制度不仅自在地，不仅就其本质来说，而且就其存在、就其现实性来说，也在不断地被引回到自己的现实的基础、现实的人、现实的人民，并被设定为人民自己的作品"。① 其次，政治民主的主体内涵在于国家治理由人民共同决定、共同管理。与民主相对应的概念是"独裁"，政治独裁意味着公共权力由个人或集团独揽，公共事务由这些独裁者或独裁集团决定，大多数民众没有或极少有机会参与日常国家事务决策；而民主，即主张让独裁者或独裁集团把权力交还给全体社会成员。

因此，规范地讲，政治民主是自由平等的个体，通过组成、参与和运营政治共同体，协调社会关系、满足自己诉求的社会状态。不难发现，政治民主有三个特征：集体之形即平等、自主个体的有序联合，集体之秩由联合的个体决定，集体之事由联合的个体执行。不过，马克思主义民主理论的政治维度并不止这几句话，马克思主义经典作家在理论和实践两个层面，相当积极地努力丰富和完善社会主义民主政治。

（一）政治民主的应然状态

政治民主，是人类自主协调社会关系的应然状态，马克思主义经典作家在分析原始社会共产主义史料、批判资产阶级民主模式、探索社会主义民主道路、思考共产主义社会基本原则等过程中，基本勾勒出政治民主的框架。在马克思主义经典作家看来，政治民主的应然状态就是共产主义社会中全体民众平等，以联合的形式自主管理公共事务的状态。常常有一些学者以马克思主义的"国家消亡论""政治消亡论"曲解其政治民主理论，并推演出民主消亡论。其实恰恰相反，"消亡"一词可约同于"扬弃""升华"或"质变"，"国家消亡"即意味着虚幻共同体转化为真正的人类自由联合体，"政治消亡"即意味着被少部分人盗用

---

① 《马克思恩格斯全集》第3卷，人民出版社2002年第2版，第38、39—40页。

和垄断的公共权力被联合的个体掌握；剥削性的上层建筑的"消亡"，恰恰表明民主在共产主义社会得以完全实现。关于这一点，列宁讲得很清楚，在共产主义阶段，"民主是真正完全的，它成为习惯，并且因此而消亡"。①

政治民主，作为共同体的一种属性，其首要逻辑前提是自由个体的存在，或者说，从历史逻辑上来看，自由个体的成长要与政治民主化进程保持步调协调。马克思恩格斯在《共产党宣言》中就点明了个体自由之于社会解放的重要性："代替那存在着阶级和阶级对立的资产阶级旧社会的，将是这样一个联合体，在那里，每个人的自由发展是一切人的自由发展的条件。"② 当然，个体自由并不是抽象的，而是包括涉及人类生产生活的各个领域。由于我们已建成人民当家作主的社会主义政权，我们一直强调经济自由或生产自由是个体自由的核心、基础和人类解放的最终目的，由于个体的政治自由提的比较少而常常被后来者忽视，有时还会引起许多学者对马克思主义的误解；另外，由于建立社会主义政权的东方民族并未经历过近代宗教解放、政治解放和商品经济的发展，政治国家与市民社会的界限模糊，个人的政治人格中缺乏自由平等精神。在《政治经济学批判1857—1858年手稿》中，马克思从社会关系的异化程度出发把人类历史分成三个阶段："人的依赖关系"阶段、"以物的依赖性为基础的人的独立性"阶段和"自由个性"阶段③，第二阶段是第三阶段即共产主义阶段的前提；具体到政治领域，关注独立性个人政治人格的发育对于政治民主而言，并非是恢复剥削社会的糟粕，而是一个必须经历的过程。从马克思关于巴黎公社的评论与对共产主义政权的畅想中，我们也可以看出马克思在政治民主的环节中给个体留有绝对重要的位置。一切公职人员均由普选产生、监督和罢免，公共权力机关就是这些公职人员组成的，公众与代表之间是个体对个体的"委托—代理关系"，马克思将其比喻为"服务于组织在公社里的人民，

① 《列宁全集》第31卷，人民出版社1985年第2版，第162页。
② 《马克思恩格斯文集》第2卷，人民出版社2009年版，第53页。
③ 《马克思恩格斯全集》第30卷，人民出版社1995年第2版，第107页。

正如个人选择服务于任何一个为自己企业招雇工人和管理人员的雇主一样"①，即马克思为马克思主义政治民主理论奠定了最基本的思维逻辑，个体是共同体权力之源，共同体的权力机关源于个体与个体之间的授权，个体幸福是行使权力的最终目的，个体的评判是衡量权力行使质量的唯一标尺，个体也可以自由自主地参与权力的行使过程。

政治民主的另一原则是共同体为个体实现自己的意志、参与公共事务管理提供平台。以共同体的形式占有权力，意味着一切联合着的个体享有自由平等的人格地位，也意味着公共权力机构由联合的个体自行建立、选举公仆、并予以监督；就像《共产党宣言》说的："工人革命的第一步就是使无产阶级上升为统治阶级，争得民主。"②尽管马克思恩格斯这里讲述的主要是无产阶级刚取得革命胜利的革命任务，但从中我们可以察觉到一些政治民主的基本原则。用联合的形式在公共权力场域掌握最高权威（political supremacy）以杜绝权力的私有，这既是社会主义原则，同时也是共产主义原则——即政治民主的基本体现。

完全民主的公共权力机关将由公众自主控制、自己参与管理、自主监督。公众矢志追求的全新社会状态应该是通过某个机构"为着自己的利益而重新掌握自己的社会生活"③，其一，在普选的前提下，公共事务的管理活动可向所有民众开放。共产主义社会的主要事务就是对物的管理，公共事务管理本身并不神秘，而为所有全面发展的民众所熟知与胜任，无须一个经过专门训练的特殊阶层专门管辖。马克思主义者们主张，所有从事公共活动的人员本身也都是平等的个体，与其他所有个体没有任何差异。其二，权力机关、立法机关与行政机关合一的公共权力组织形式体现了设计精简、工作高效和监督有效的民主原则。通过这种机构可以保证共同体意志的高精度传递和高效率执行，广大民众更加方便地控制公共权力尤其是共同决策的执行权，同时，精简化的机构也利于提升其工作效率、节约运行成本。其三，整体与部分的关系和定位更加明晰。地方城乡公社成为管理当地事务的主要组织形式，地方事务由

① 《马克思恩格斯文集》第 3 卷，人民出版社 2009 年版，第 156 页。
② 《马克思恩格斯文集》第 2 卷，人民出版社 2009 年版，第 52 页。
③ 《马克思恩格斯文集》第 3 卷，人民出版社 2009 年版，第 193 页。

地方公众自己管理，原高度集中于中央机关的权力划归至地方行使，中央只保留关乎全局的事项管理权，中央机关的公务人员也由各地公众普选产生；民族之间的压迫与被压迫、剥削与被剥削关系不复存在，各民族之间会因经济合作和文化交流组建为一个关系紧密、日渐融合的自由联合体；因社会分工的扬弃，城乡、工农、脑力劳动者和体力劳动者之间在公共权力上的差异也将消失。

（二）社会主义阶段政治民主的特性和发展路径

在马克思主义经典作家看来，社会主义革命成功后主要有两个任务：其一，人民自己建立属于全体人民、人民参与、服务人民的民主政权；其二，通过民主政权以集体的名义对社会经济关系进行改造，即推进经济民主。因此，关于民主的两个重要主体——经济民主和政治民主，马克思主义阐明了一条普遍性规律，政治民主的推进与经济民主的发展是相辅相成的，没有经济民主，政治民主只是个幌子，若没有政治民主，经济民主的推进则缺乏动力。在实现程序上，政治民主是其他一切民主化工作的"先导"和前提。

社会主义阶段是掌握马克思主义原理的全体人民用共产主义原则改造旧社会关系的阶段，以自觉意识制约和改造自发行为的过程；同时也是全体人民建立共产主义制度以解放并加快生产发展和社会发展的过程。这一共产主义原则体现在政治层面，即马克思主义经典作家对集体作用的发现与创造，今人称之为"民主集中制"——社会主义阶段民主精神和民主原则的代名词。具体而言，基于平等生产关系而拥有平等政治权利的个人，通过选举产生集体；集体对个人有教育和引导的职责；个人可以在集体中发表意见、保留意见，并通过少数服从多数的程序上升为集体意志；个人对集体要保证绝对的尊重和服从，无条件落实集体意见。协调个人与集体之间的意见差异，并同时发挥个人和集体两个层面的积极性和主动性。在理论开拓和实践探索中，马克思主义经典作家对于民主集中制进行了丰富和发展。

1. 政治民主强调条件性

社会主义阶段，无产阶级及其同盟者以国家这一集体的名义和形式确立了主权，落实了民主原则、建立了民主程序。自此，政治民主化进程才真正开始。因而，应该承认，社会主义阶段的政治民主是一个尚在发展、不断向前但仍不发达的状态，一切推进政治民主的活动都受到一定客观条件的制约，具体而言表现有三：政治生活要以经济生活的发展状态为限；政治民主化进程要以个人和集体的素质为限；政治生活的实施需要有一定的纪律为限制。

社会主义政治制度要始终自觉地保证民主化进程与生产力发展、生产关系变革相互协调。例如，新中国首部宪法的颁布、第一次全国人民代表大会的召开并非与新中国的成立同时，而是安排在第一个五年计划取得重大成果、即将完成前后，就是为了让民主化进程与经济建设和社会建设相互协调。马克思主义经典作家充分重视，民主化进程要以经济社会发展为条件。

政治民主的质量受限于个体与集体的综合素质。社会主义初级阶段，生产力发展水平并不均衡，各地域、各职业、各群体所处社会环境的发育程度存在差异，民众在公共领域中表达意志的机会与能力，在公共意志形成、整合和执行的过程中发挥的作用也有不同，即便是各类选举产生的集体，在整合公众意见、执行集体决策时展现的水平也参差不齐。马克思主义经典作家通常对推行民主的经济基础和社会基础尤为重视，主张通过渐进式的改革稳步地推进民主。另外，还有一个不可忽视的角度，社会主义民主的实现要以专政敌对分子为条件，工人阶级及其同盟者（或者说全体人民）是民主的推行者与享有者，受专政的剥削阶级等敌对分子尚待改造；在国际层面，社会主义国家在数量上并无优势，试图对其推行和平演变的对立国家或集团依然存在。

从实践过程来看，社会主义政治民主也存在条件限制。民主集中制的实行是社会主义政治民主实践的核心环节，以此而言，民主本身即受到集中制约。另外，政治民主的条件除了集体意志的指导以外，还有广大人民在社会主义革命、建设和改革过程中形成的各种政治规矩、政治纪律或政治作风等，这些规矩和原则有助于社会主义政治民主的方向正确、效率突出、发展稳定。例如，马克思恩格斯对阶级团结的强调，列宁对无产阶级政党党内统一、党内无派的主张。这些原则从发展方向、政治依托、领导力量和理论指导等方面为恢复和发扬社会主义民主限定了规则与边界。

2. 政治民主强调秩序性

民主化的核心问题是如何协调个人与集体的边界划分与合作形式问题，让所有的社会行为能够按照一定的规则行使；社会主义政治民主化的关键就是如何在集体空间内实现全体个人意志平等地表达，实现集体意志的准确高效地形成和执行，因此，秩序性是政治民主及政治民主化的应有之义。

一方面，政治民主具备一些基本的、恒定不变的秩序准则，即个人对集体权威的尊重、认可与执行，集体对个人自由应时刻保持尊重与保护。秩序，无疑是一个历史的范畴，其内容和表现形式会随着社会关系的发展而变化，然而，我们所说的个体和集体的行为关系问题，则是一个永恒的议题。例如，恩格斯在《论权威》中的讨论解释了集体行动的必然性与集体行动中权威的必要性和永恒性，权威的形成与服从，"这两者都是我们不得不接受的，而不管社会组织以及生产和产品流通赖以进行的物质条件是怎样的"[①]。集体行动的首要条件是"要有一个能处理一切所管辖问题的起支配作用的意志，不论体现这个意志的是一个代表，还是一个受托执行有关的大多数人的决议的委员会，都是一样"[②]。换句话说，集体行动中必然会伴有对个人意志的限制，伴有个人对集体权威的完全服从。权威的形成服从是一个硬币的两面，有权威就意味着个人权利的条件性集聚，服从即不可避免地存在个人权利的临时性流转。然而，集体政治行动中个人自由的受限，并不意味着个人空间的完全丧失，相反，集体应该给持不同意见的个人以一定的自由和空间。马克思主义经典作家对个人政治权利的保障工作是十分重视的，例如马克思恩格斯早年对新闻自由、言论自由的强调，列宁倡导党内有发表不同意见的自由。集体意见形成时，个人可以自由地提不同意见，集体行动中，个人可以保留意见，这是马克思主义经典作家们的共识、民主集中

---

① 《马克思恩格斯文集》第 3 卷，人民出版社 2009 年版，第 337 页。
② 同上。

制的基本原则，也是马克思主义政治民主的基本内涵。个人保留异议权，是让集体和个人保持清晰的权利边界、让意志赢得个人尊重的前提，也是为让组织保持回归真理留有可能。

另一方面，政治民主遵循的秩序须与经济社会发展相匹配。近来，人类社会正在经历由法制民主向法治民主的过渡。因为规则和法律意识的淡薄，早期社会主义建设过程中存在着一些无序、暴力甚至血腥的现象。马克思主义经典作家及时发觉这一问题并提出"民主法制化（法治化）"思想予以规范，邓小平及其后继者对此作出了集中探索。民主法制化即邓小平所说的"为了保障人民民主，必须加强法制"，"我们的民主制度还有不完善的地方，要制定一系列的法律、法令和条例，使民主制度化、法律化"。① 邓小平的民主法制化思想努力与现代政治文明接轨，让我国政治民主化进程与生产关系发展相互适应，有效遏制了"文化大革命"中"大民主"宣扬的无政府主义、官僚主义、不切实际等不良风气。从计划经济体制到市场经济体制的转变，促成了民主法制化向民主法治化的转型，为了经济社会持续发展也必须实现这一转型。因此，实现政治民主必须尊重秩序、依靠制度、贯彻法治，同时不断地调整秩序、完善制度、发展法治。

3. 政治民主兼顾个人效能感与集体认同感

政治共同体就是自由民主个体的联合，"联合"就是指个体之间的政治关系；同样，社会主义的政治团体、政治集体的形成也需要依托集体认同、个人参与和个人互动。从功能角度来看，社会主义政治民主既为个人提供意志表达、沟通和整合的平台，同时也有集思广益和凝聚人心的作用。

衡量政治民主程度的指标之一，是民众个人政治效能感，政策本身是政府以民意为"原料"输出的"产品"。从这个角度来看，政治民主的实现程度与政策制定中反映民众意志的程度呈正相关。马克思主义经典作家一向重视对群众意见的征集和反馈，走群众路线、做好调查工作、实事求是、一切从实际出发等原则被奉为圭臬。马克思主

---

① 《邓小平文选》第 2 卷，人民出版社 1994 年版，第 146、359 页。

义经典作家发现，民主在集思广益的同时，还发挥着统一认识、凝聚共识和团结民众等功用。民主的目标性价值不仅包括科学决策，还包括团结，这是马克思主义民主理论的"试金石"。群众个人的意见得到平等的尊重，需求得到有效的回应，矛盾得到及时的疏解，他们在政治共同体中产生的归属感、满足感会逐步发育为整个共同体的主人翁意识，这是民主政治发展的心理学投射。

4. 政治民主严防集体权力的异化

从权力归属的角度上看，马克思主义政治民主主张权力为公众所有，为公众事业所用；在社会主义政治民主化进程中，马克思主义经典作家始终强调严防公共权力的异化、私有化，即严防以官僚主义者代表的新剥削阶层或新特权集团的出现。马克思主义经典作家所说的"民主"的对立面——"专政"，也包括防范潜在的、隐藏着的、新形式的以权力为剥削工具的剥削行为和群体的出现。反官僚主义、限制新的剥削行为和群体出现等，被马克思主义经典作家视为推进社会主义政治民主化过程中的主要任务之一。

马克思在 19 世纪中后期，就提出预防权力异化的设想。他是从批判法国大革命以来各种资产阶级政权中的官僚阶层展开的。马克思批判道：在"帝国"——资产阶级政权之最终、最极端、最腐朽形式中，行政机关居然独立于国家立法机关，独立于市民社会、甚至独立于资产阶级或者说统治阶级，形成"集权化行政权力"①；行政官僚利用政治权力截获公共利益，形成"在直接经济剥削之外对人民进行第二重剥削的手段"②。马克思对巴黎公社"议行合一"的政权形式给予了高度评价，无产阶级及其同盟者为了加强群众对公共权力的直接管控，通过自己掌握对公职人员的选举权、罢免权以及对集体事务的参与管理权，以遏止公职人员以权谋私。列宁曾表述过同样的道理："只有当全体居民都参加管理工作时，才能把反官僚主义的斗争进行到底，直到取得完全的胜利。"③

---

① 《马克思恩格斯文集》第 3 卷，人民出版社 2009 年版，第 193 页。
② 同上书，第 192 页。
③ 《列宁选集》第 3 卷，人民出版社 2012 年版，第 770 页。

随着社会主义政权由战争年代进入和平建设和改革时期，马克思主义经典作家对新的剥削形式和集团的表述也日渐时代化，一方面是对官僚主义的防范，列宁等马克思主义经典作家们都在强调官僚主义对社会主义政权的致命性："共产党员成了官僚主义者。如果说有什么东西会把我们毁掉的话，那就是这个"①。在根治官僚主义的方法上，马克思主义经典作家们从教育、党建、行政管理和司法等方面提出了多种自律、他律的方案。

另一方面，马克思主义经典作家注重对与政治安全紧密相关的剥削性生产关系、社会关系的打击。马克思主义经典作家通常认为，要把这些所有的社会力量纳入党的领导、政府管理、法制轨道和公众监督中，例如改革开放以来中国一直重视加强和改进非公有制企业、社会组织等新社会力量的党建工作。

5. 政治民主探索人类新型公共事务管理模式

社会主义政治民主化的根本任务在于，不断推动自我改革，探索人类新型公共事务管理模式。社会主义国家的政治民主化过程有双重任务，一是逐步地淘汰陈旧的不适宜生产发展和社会发展的政治制度和政治理念，一是为人类政治发展提供新方案、新模式；马克思主义经典作家认为，社会主义国家既要不断探索适宜本国的更加广泛、更加充分、更加健全的民主新形式，同时也要为人类对更好政治制度的探索提供新方案。

从导向上看，社会主义阶段的政治民主化进程是一个稳定导向、发展导向、民生导向的递进过程。尤其是经历了一些政治事件和群体性事件后，社会主义政治民主化进程一直在兼顾改革、发展和稳定的战略下推进，市场和社会的发展状况决定着政治体制改革的主频率，并且取得了一定的成就。具体而言，在公共权力面前，人权、公民权的中心地位受到承认，"公民"一词被政治话语圈吸纳为与"人民""群众"等并重的概念；个人的人权、公民权得到了党的肯定和宪法法律的保障，村民自治、居民自治和职工代表大会为代表的基层民主

---

① 《列宁全集》第35卷，人民出版社1959年版，第552页。

在渠道、形式和制度等方面不断完善和多元，全体人民可以依法管理各项公共事务，直接选举范围扩大到县级、差额选举大范围替代等额选举、城乡按相同人口比例选举人大代表，权力机关更准确地尊重民意、反映民意等。

从过程上看，社会主义政治民主化进程十分重视借鉴古今中外的公共事务管理模式并予以推陈出新。马克思主义经典作家一直保持着对世界先进生产关系、上层建筑的关注，也一直在从事新事物的借鉴和引入工作，例如列宁坚持言论自由之于民主的重要性等。允许不同的社会群体拥有代表自己利益的社会团体或社会组织，允许社会团体、社会组织及其代表有序参与政治生活、准确地表达利益诉求、有效地影响公共政策制定，是政治现代化的基本特征。

此外，社会主义政治民主化进程中，马克思主义经典作家一直在努力克服现代民主生活中的既有弊端，为人类探索更好的公共事务管理模式提供社会主义思路。如何让民众及其代表的意见时刻有效地影响政府决策，是马克思主义者不懈探求的目标，也是世界各国政治制度亟待变革的方向。

四 政治民主的重要环节——党内民主

社会主义革命、建设和改革过程中的成败得失，让马克思主义经典作家和广大无产阶级及其同盟者认识到，要实现阶级队伍的团结有力、维持阶级行动的统合协调，必须要坚持共产党的领导；共产党在行动中体现出的思想坚定、决策准确、行动统一绝非通过恐吓、压迫和欺诈，而是源于对个人的尊重及对个人积极性的开发，这种集思广益的党内关系生态即为"党内民主"。因此，对于无产阶级及其同盟者而言，党内民主是实现政治民主的前提和保证；对于研究马克思主义民主理论而言，党内民主理论自然是不可或缺的。

（一）党内民主的含义与核心特征

党内民主理论是马克思主义经典作家在激烈的思想论辩和曲折的革

命实践中发现并总结的，例如马克思恩格斯对布朗基主义的批判，列宁与罗莎·卢森堡关于"民主集中制"的论辩等。要理解党内民主，不能只做逻辑演绎，更需要结合事实。简单地讲，党内民主，即在无产阶级政党内部落实民主精神、实行民主规则、开展民主生活。

共产党的出现，是应无产阶级开展自觉性革命活动之所需，马克思恩格斯指出，共产党"使无产阶级形成为阶级，推翻资产阶级的统治，由无产阶级夺取政权"。① 共产党是一个组织，它的职责是向广大群众传播马克思主义、团结和动员群众改造生产关系和社会关系。又如马克思主义经典作家所说，共产党人"没有任何同整个无产阶级的利益不同的利益"，"在无产阶级和资产阶级的斗争所经历的各个发展阶段上，共产党人始终代表整个运动的利益"，② 共产党员是人民群众中的先进分子，始终代表着先进生产力的发展要求、先进文化的前进方向和最广大人民群众的根本利益。通俗地讲，共产党员是人民群众中的先进分子、马克思主义的信仰者、人民利益的代表者、不讲私利的领导者、集体利益的维护者，共产党是共产党员的集体形式、先进分子的政治联盟。因此，党内民主可以说是共产党——一个政治组织内部的组织秩序、成员关系、决策机制和生活状态；党内民主属于政治民主的范畴。

1. 党内民主彰显于党员民主

党员在党内生活中具有主体地位和作用，既是权利的享有者也是义务的承担者，党员是党的形象代表，也是党的信仰、思想体系以及各项现实活动的实践载体。从权力的生成逻辑上看，依党章党规享有权利且不可随意被剥夺权利的党员是党组织的权力来源，党内各级领导干部的任免、各级组织的选举均须以相应数量的党员或代表的提议、同意为前提。共产党现行体制的创立者之一——列宁曾经说过："党内的一切事务是由全体党员直接或通过代表，在一律平等和毫无例外的条件下来处理的；并且，党的所有负责人员、所有领导成员、所有机构都是选举产生的，必须向党员报告工作，并可以撤换。"③ 斯

---

① 《马克思恩格斯文集》第 2 卷，人民出版社 2009 年版，第 44 页。
② 同上。
③ 《列宁全集》第 14 卷，人民出版社 1988 年版，第 249 页。

大林也表示："党是根据自愿原则从下面建立起来的无产阶级的先进部队。党也有自己的司令部，但它不是由上面任命，而是由全党自下选举的。不是司令部编制党，恰恰相反，是党编制自己的司令部。党本身是根据自愿原则编制起来的。"① 从党员的民主权利本身来看，党员拥有了解党内动态、参加党内活动的权利和途径，向党组织提出自己的看法主张；有权自主分析并在党内讨论、批判其他党员或各级党组织的行为或决定，以及向党组织有凭据地提出处分有关党员和罢免干部；面临集体决定，党员有权自我救济，在个人与组织看法不一致时可以在坚决执行的前提下向上级组织提出建议，个人不认同组织对自己作出的鉴定或处分时，党员拥有申辩权；组织有义务保护少数意见者，有义务向提出请求、申诉或控告的党员给以说服或答复。然而，也需要说明的是，党员享有民主权利有两个方面的前提和条件，首先，党员一切民主权利的享有以党员身份为依托、以党组织为界限，党员身份的确立必须通过党组织的认可，党员身份及其民主权利的持续必须伴随着履行党员义务、参与党内生活、定期缴纳党费等活动，党员的民主权利只能在党组织内部享有和行使。另外，党员行使个人的民主权利必须服务于组织运营和集体行为。党组织的正常运行以党员民主权利的形式为条件，党员须按规定全面行使权利而不可带有随机性、选择性，例如，党员可在执行组织决定的同时，向上级反馈意见建议，再如，党员必须认真践行在党内的建议权、批评权，这关乎党组织决策的正确性、党员队伍的先进性和纯洁性。

2. 党内民主包含党的地方组织、基层组织的民主

研究党内民主，不能忽视党的地方组织、基层组织的主体性，作为党的一部分也享有相应的民主地位。虽然苏俄（联）共产党、中国共产党不同年代颁布的党纲党章中对此没有明确表述，但是，其条文中有关党的地方组织和基层组织职责的规定、民主集中过程中上级组织对下级组织意见的尊重等，实际上都包含了这一思想；同时，马克思主义经典作家一贯地重视尊重和发挥党的地方组织、基层组织的积极性，也实际

---

① 《斯大林选集》上卷，人民出版社 1979 年版，第 159 页。

地体现了这一点。

从马克思主义民主理论来看，党的各级组织不仅仅是客观存在的办事机构，更重要的是，它还是由义务和权利为纽带联结而成的党员集体；因此，党内民主主体应不仅包括党员个人，也应该包括党的各级组织，这种观点也符合马克思主义对人的本质的看法——人有个体和共同体两种存在形式；同时，这种在政党中重视集体主体性及其意志的，体现了党内民主区别于西方民主的独特之处，也是马克思主义经典作家否定资产阶级个人主义政党思想的体现。随着社会主义运动的发展，在共产党的组织结构、政治诉求整合机制中，党的各级组织的定位和职能也更加明确。由列宁、斯大林参与创建的共产党的组织体系一直被中国共产党在内的各国共产党所沿袭，民主集中制提出以后，共产党由一个相对松散的党派联盟转变为一个集中统一、党内无派的政党，党的各级组织日益建成覆盖各级行政单位的层级化、规范化的组织结构，这个体制一直为中国共产党等各国无产阶级政党所坚持。1919 年 12 月《俄国共产党（布尔什维克）章程》首次明确党的各级组织间的关系："从属关系、工作报告、党的一切决议的上行下达和批准否决，其次序（从上级到下级）如下：全俄代表大会，中央委员会，区域代表大会、区域委员会，省代表会议等等。"① 同时，地方基层组织的权力也受到了党章的认可，苏共党章长期把"一切党组织对于地方性的问题有自主决定的权利，但这些决定不得同党的政策相抵触"② 这一条文保留着，中共党章中也长期有类似的规定"凡属下级党组织处理的问题，如无特殊情况，上级领导机关不要干预"③。因此，从组织结构和权责划分上来看，党的地方组织、基层组织的主体性是客观存在的。另外，在党的具体事务中，党中央也十分强调鼓励和挖掘地方组织、基层组织的积极性。共产党人善于从主动性或积极性等角度考察党内民主问题，中共十四届四中全会提出："发展党内民主，充分发挥广大党员和各级党组织的积极性

---

① 中共中央党校党建教研室编：《苏联共产党章程汇编》，求实出版社 1982 年版，第 19 页。
② 同上书，第 209 页。
③ 《中国共产党章程汇编：从一大到十七大》，中共党史出版社 2007 年版，第 226 页；《中国共产党章程》，《人民日报》2012 年 11 月 19 日第 1 版。

主动性创造性，是党的事业兴旺发达的重要保证。"① 斯大林也认为，只有党内民主，才能带动党及其领导的工人阶级一起积极起来，"必须使我们的各级组织吸引那些决定我们党的命运的广大党员群众来参加我国建设问题的讨论"②。

3. 党内民主的核心精神是民主集中制原则

党内民主的核心精神表现为党对自己的根本组织原则——民主集中制的切实遵循，这是马克思主义经典作家曾多次表述过的。党内民主是民主与集中的有机结合，列宁指出，"我们在自己的报刊上一向维护党内民主。但是我们从未反对过党的集中。我们主张民主集中制。"③ 自然，我们几乎可以在党内民主和民主集中制之间画等号，或可谓，党内民主是民主集中制在党内坚决执行的结果。民主集中制，辩证地来讲，就是民主基础上的集中和集中指导下的民主，即列宁讲的"行动一致，讨论和批评自由"④，毛泽东曾在七千人大会上系统地谈过党内外民主集中制的内涵和操作过程，他说，民主就是要让大家彻底了解问题、反复发表意见建议，集中就是让各级党组织及其成员做到统一认识、统一政策、统一计划、统一指挥、统一行动，领导机关就是以基层党员群众的各类真实意见为原料的"加工工厂"，生产出统一的方针政策等。在现实中，民主集中制确立了党内个人与集体之间、不同级别集体之间、少数意见与多数意见之间的结构性关系，并以此为基础搭建出党员与组织、下级组织与上级组织、地方组织与党中央之间的组织架构、意见整合程序、集体决策模式。从苏共、中共两党的党章来看，民主集中制的实施让党员、下级组织和上级组织之间的职责定位、权利（力）划分更加明确，各个主体的权利（力）之间形成了有效的相互约束，在决策程序上各主体之间也次序分明、前后连贯（见表1）。正如有些学者所评论的，对于上级而言，要以民主为前提实行集中，对于下级而言，不能

---

① 《中共中央关于加强党的建设几个重大问题的决定》，《人民日报》1994年10月7日第1版。
② 《斯大林选集》上卷，人民出版社1979年版，第478页。
③ 《列宁全集》第27卷，人民出版社1990年第2版，第89页。
④ 《列宁全集》第14卷，人民出版社1988年第2版，第121页。

否认和抗拒上级的集中指导;① 此言对于定位党员和组织之间的关系也是适用的。

表1　苏联共产党、中国共产党党章中关于"民主集中制"基本原则的规定

全苏联共产党（布尔什维克）党章 （1934年1月）	中国共产党党章 （2012年11月）
1. 党的一切领导机关从下到上都由选举产生。 2. 党的机关定期向自己的党组织报告工作。 3. 严格地遵守党的纪律，少数服从多数。 4. 下级机关和全体党员绝对服从上级机关的决议。	1. 党员个人服从党的组织，少数服从多数，下级组织服从上级组织，全党各个组织和全体党员服从党的全国代表大会和中央委员会。 2. 党的各级领导机关，除它们派出的代表机关和在非党组织中的党组外，都由选举产生。 3. 党的最高领导机关，是党的全国代表大会和它所产生的中央委员会。党的地方各级领导机关，是党的地方各级代表大会和它们所产生的委员会。党的各级委员会向同级的代表大会负责并报告工作。 4. 党的上级组织要经常听取下级组织和党员群众的意见，及时解决他们提出的问题。党的下级组织既要向上级组织请示和报告工作，又要独立负责地解决自己职责范围内的问题。上下级组织之间要互通情报、互相支持和互相监督。党的各级组织要按规定实行党务公开，使党员对党内事务有更多的了解和参与。 5. 党的各级委员会实行集体领导和个人分工负责相结合的制度。凡属重大问题都要按照集体领导、民主集中、个别酝酿、会议决定的原则，由党的委员会集体讨论，作出决定；委员会成员要根据集体的决定和分工，切实履行自己的职责。 6. 党禁止任何形式的个人崇拜。要保证党的领导人的活动处于党和人民的监督之下，同时维护一切代表党和人民利益的领导人的威信。

资料来源：中共中央党校党建教研室编：《苏联共产党章程汇编》，求实出版社1982年版，第69页；《中国共产党章程》，《人民日报》2012年11月19日第1版。

4. 落实党内民主须把握好四个核心关系

党内民主能否落实，主要看民主集中制在具体运行过程中的四个重点议题。

其一，如何协调党内个人与各级组织之间的关系，这属于党内民主的基础性问题。民主是民主集中制的根本，党内民主是群众路线在党内

---

① 张慕良：《关于列宁民主集中制的两个认识误区》，《北京日报》2013年7月29日第18版。

的运用；民主首先体现在党员个人民主权利的全面享有上，民主集中制"民主"的过程就是让党员的个性化声音更加高效、准确地帮助集体意志和集体行动贴合社会关系的实情。民主与集中的关系是辩证的，民主的过程中，党员个人在党内拥有讨论、批评、建议、质询、选举等权利，集中为统一的意志后，党员必须遵照组织决议坚决执行。民主集中的过程，是个人意志与集体意志的彼此尊重、反复沟通、相互融合的过程，是将多数人意见集中为集体意志、不断摆事实讲道理说服少数人的过程，即便是十分严厉的反对意见、批评意见。另外，还有一条马克思主义民主理论的原理，在面向党外人士和普通群众时，党员不仅仅以个人身份出现，更是所属党组织的代表，或者说是集体形象的代表；进一步来讲，党内不存在绝对独立的个人和组织，党是一个整体，党员权利和义务、党的各级组织的权责都是由党组织这个集体决定和授予的，中共十二大后的党章第十六条即规定："党员个人代表党组织发表重要主张，如果超出党已有决定的范围，必须提交所在的党组织讨论决定，或向上级党组织请示。"[1]

其二，各级委员会与选举它们的各级党员代表大会的关系，这体现了党内权力的授受方向。党员通过选举代表组成各级代表大会（或称代表会议），并选举党的各级委员会处理该组织辖区党务；委员会及其工作部门作为党的常设机构，如何在同级代表大会的有效监督下准确地落实党员群体的要求，这是一个体制层面的问题——即建立健全规范化的权益整合和决策机制，这对关系涉及民主集中制的体制机制问题，也是贯彻党内民主、实现党内民主的必经之路。几乎每一个马克思主义经典作家都关注过这个问题。马克思恩格斯积极参与起草的《共产主义者同盟章程》即规定，中央委员会是全盟的权力执行机关，代表大会是全盟的立法机关，中央委员会须向代表大会报告工作；恩格斯后来评价，各级委员会委员由选举产生并可以随时罢免，这种组织形式是完全民主的。[2] 1905 年，以普列汉诺夫等孟什维克为代表的俄国社会民主工党总

---

[1] 《中国共产党章程汇编：从一大到十七大》，中共党史出版社 2007 年版，第 114 页。

[2] 《马克思恩格斯全集》第 4 卷，人民出版社 1958 年版，第 574—575 页；《马克思恩格斯文集》第 4 卷，人民出版社 2009 年版，第 236—237 页。

委员会，不同意列宁等布尔什维克因获取代表大会总票数一半以上提请召开党的第三次代表大会的建议，列宁批判道："是总委员会属于党呢，还是党属于总委员会？是总委员会向党报告工作和受党监督呢，还是党向总委员会报告工作？"① 列宁提起了质问也给予了答案，总委员会是党的权力之受托者，党的代表大会可以监督之甚至收回授权。

其三，下级组织与上级组织的关系，这涉及全党体制的整合程度。从权力产生方式、职责内容上看，党的各级组织都具有主体地位；按照事务属性，涉及全国、跨区域的事务通常由党中央管辖或协调，局限于某一区域内的事务一般由该地区党组织按照党内法规自主处理，各级组织之间的界限相对分明。然而，在面对一些新生事物、界限模糊的事务等时，苏共和中共党章中也分别规定，地方组织、基层组织和党员有权利开展讨论、自主决定，但一旦党中央或上级组织作出了裁断，下级组织即必须完全服从；对于中央或上级组织的不恰当规定，党章也允许下级组织申请调整。党的各级组织的主体地位不意味着否定上级组织采取的集中手段，马克思主义经典作家严厉反对党内有派别、分散主义、山头主义、地方主义，倡导党内各级组织间信息通畅，强调中央和上级组织对地方组织、基层组织的示范带动性作用，强调党的一元核心和组织的团结统一。

其四，各级领导机构中集体领导与个人分工的关系，这关乎党的集体意志的规范行使。党的各类权力都归集体掌握、由集体行使，这是马克思主义民主理论的基本原理。各级领导机构行使着所辖区域党员通过同级代表大会（或代表会议）赋予的执行权，按照党章党规、上级指示和同级代表大会作出的集体意志管理所辖区域内的党的各项事务；相比代表大会（或代表会议）的"立法权"、监督权等，执行权主体的用权主动性更强，自由裁量空间更大，涉及面更广，这些繁复的行政工作以集体或团队的形式开展，比个人较易于减低瑕疵和失误；在各级领导机构中实行集体领导和个人分工相结合的组织原则，有利于权力在制衡下高效行使。从马克思恩格斯参与起草的"共产主义者同盟章程"、参与

① 《列宁全集》第9卷，人民出版社1987年第2版，第291页。

召开会议的文字记录来看，各地区党务工作由委员会集体领导，同时各委员也有自己的分工，会议议题由工作负责人汇报、与会者集体表决。①列宁、斯大林时期的苏俄（联）共产党党章都坚持了集体领导和个人分工相结合的原则，列宁在俄共（布）九大上对中央委员会的运作机制再次作了说明："党中央书记只执行中央委员会集体作出的决议，即由组织局或政治局或中央全会作出的决议。否则，中央委员会的工作是不能正确进行的"，个人负责制与苏维埃民主并不抵触，反而更有利于事务的操作。②

（二）党内民主对人民民主具有带动效应

共产党是无产阶级组织的最高形式，共产党的领导是无产阶级及其同盟者建立社会主义制度、向共产主义过渡的坚强依靠。党对社会主义运动的领导本质上是对全体人民群众的领导，即政治领导、思想领导和组织领导，不等于对具体事务的管理和执行。这里需要廓清一个概念——"人民民主"。在定义上，人民民主有广义和狭义的分别，广义上看，学术话语中的人民民主，就是本文所说的社会主义阶段的"民主"，它包括政治民主、经济民主等，具体而言，即广大人民群众在经济、社会和政治等各领域中通过由人民群众自主控制的公共组织控制生产生活资料、协调生产生活中社会关系的状态，党内民主则为民主的政治属性中的一种，应归属于人民民主。然而在现实生活中，党内民主作为一个相对独立的领域，有自己的行使主体、作用范围和实施影响，以区别于与广大人民群众享有的社会主义民主（即狭义上的人民民主）。如此，"以党内民主带动人民民主"，就有两个层面的寓意：党以自身的民主建设推进人民民主；党内民主融于人民民主，其带动作用属于一种内在动力。

1. 党内民主与人民民主的基本原则是同质的

党内民主与人民民主具有同质性，民主集中制是无产阶级政党和社

---

① 《马克思恩格斯全集》第 4 卷，人民出版社 1958 年版，第 574—575、588—591 页。
② 《列宁全集》第 38 卷，人民出版社 1986 年第 2 版，第 267、302 页。

会主义国家各项活动共同贯彻的根本组织原则和制度。以党内民主带动人民民主，就是在党和国家、社会的公共生活中一同落实民主集中制精神，以党内民主作为人民民主的先锋和示范。一方面，在精神实质上，党内民主和人民民主均把个人或下级组织的民主、自由、积极性、创造性等作为集中统一的前提和归宿，讲究全体人民对国家、社会公共权力的有效控制，例如，列宁是用民主集中制论证地方自治、民族自治合理性的，他认为，要用民主保证基于民族成分、地域经济和生活特点之上的自治，以促进生产力和生产关系的自由迅速发展，"民主集中制决不排斥自治和联邦制，同样，它也丝毫不排斥各个地区以至全国各个村社在国家生活、社会生活和经济生活方面有采取各种形式的完全自由，反而要以这种自由为前提"。① 国家权力属于人民全体，人民代表由民主选举产生，政府等机构由权力机关产生并向其负责，地方服从中央，一切个人和组织必须遵守国家宪法和法律等。另一方面，在实施目的上，党内民主与人民民主都致力于领导权的一元化、决策权的集中化、执行权的统一化。当然，马克思主义经典作家同时指出，经济民主与党内民主的基本原则也是同质的，前文笔者也有提及；这里再举两例，列宁在苏俄建立初期认为："我们目前的任务就是要在经济方面实行民主集中制，保证铁路、邮电和其他运输部门等等经济企业在发挥其职能时绝对的协调和统一。"②

党内民主只有主动地带动同质的人民民主的发展，才能减少被人民民主发展和成长过程中的某些不良状态干扰的可能。对此，马克思主义经典作家秉承着一贯、一致的对策，即在推动整个社会民主化的进程中，党内民主必须保持主动地位、主导地位和示范地位。

2. 党内民主支持人民民主各种具体制度和形式的规范行使

党内民主是共产党平稳运行、持续执政、科学决策、服务群众的前提；一个组织生态良好的共产党是社会主义国家、社会一切公共活动顺利开展的前提。共产党是最广大人民群众利益的代表者，自身没有任何

① 《列宁选集》第 2 卷，人民出版社 2012 年版，第 358—359 页；《列宁全集》第 34 卷，人民出版社 1985 年第 2 版，第 139 页。
② 《列宁全集》第 34 卷，人民出版社 1985 年第 2 版，第 139—140 页。

利益；没有党内民主，党的基本路线和各项方针、政策就不可能正确实施，为人民服务就会成为一句空话，人民民主的各项事业就会缺乏有力的政治、组织和思想支撑。设置在各级国家机构、人民团体、企业、社会组织、城乡社区、高校院所和其他公共组织的党组织是支撑其开展各项工作的重要依托，这些组织是党内民主带动人民民主的主要介质。苏俄（联）共产党和中国共产党的章程对此都有规定，这些党组织负责宣传与执行党的理论、方针政策、决议部署，决定该组织的重大问题，发掘和管理人才，教育党员，了解党内外群众意志并团结他们落实党和所在公共组织的职责等，被视为各类组织的政治核心。这些公共组织分别承担着社会主义经济民主、社会民主和政治民主等各方面的实际职能，其党组织和党员在组织的思想政治、人事抉择、具体职责和社会关系等方面拥有重要影响力，党内民主的实现将极大地保证党的意志在具体公共事务的成功落实，各类党组织依各自定位推进党内民主，人民民主也会因此全面、系统、协调地不断完善。即便是今天，党组织已经完成对国家、社会各类公共组织的全覆盖，党内民主对人民民主的支持行为不能超出马克思恩格斯民主理论的外围：国际工人协会和德国工人党的章程中写入的"工人阶级的解放应当是工人阶级自己的事情"，"工人阶级的解放应该由工人阶级自己去争取"等条文的精髓被延续下来，共产党要始终坚持和尊重无产阶级和人民大众的主体地位，尊重其在民主运动中的独立性和首创性。①

3. 党内民主对人民民主的带动功能一般体现为组织间的示范作用

党内民主的正常状态为人民民主形成示范作用。虽然民主集中制原则指导的党内民主与人民民主存在一致性，但是由于行使主体和范围的差异，两者之间存在着客观的结构和功能上的界限；从这一角度来看，党内民主对人民民主的带动功能一般体现为组织间的示范作用。从行使主体上来看，党内民主为国家机关，群团组织，民主党派，企业、社会组织、城乡社区等公共组织内部的民主形式提供示范。党内民主的基础是民主集中制，民主基础上的集中、集中指导下的民主，不仅仅是共产

---

① 《马克思恩格斯文集》第3卷，人民出版社2009年版，第437、226页。

党的组织原则，而且是所有团体都要贯彻实施的组织原则，这是马克思主义民主理论的精髓。共产党作为社会主义事业的领导核心，以身作则、率先垂范是党推进现代化进程的一般逻辑，同由党内民主推动整个社会系统的民主化进程一样，共产党还提出过"以增进党内和谐促进社会和谐"①。

苏俄（联）共产党领导建立的苏维埃政体、中国共产党领导建立的全国人民代表大会政体，就是党内民主示范带动人民民主的典型证明；中国改革开放后的民主化进程几乎都是党内政治生态率先恢复后展开的，人民团体的政治生活与党有很高的相似度，党内民主中关于少数服从多数、委员会与代表会议关系的经验教训也为建立居民自治、村民自治制度提供了借鉴。在党际关系上，《共产党宣言》明确指出，"共产党人不是同其他工人政党相对立的特殊政党"，但是"共产党人是各国工人政党中最坚决的、始终起推动作用的部分"，并且时刻纠正其他党派的错误思想和做法。②

另外，以人民群众的视角看待民主问题，是马克思主义经典作家的重要出发点，因此，党内民主必须通过党员群体，才能与普通群众紧密联系，示范和带动人民民主。共产党员作为人民群众的一部分，生产生活中与普通群众保持联系，在组织的指导下有意识地从思想、情感和行为等方面发挥积极影响，加上人类自身也带有学习先进、模仿榜样的特性，民主精神就顺着"党员—群众"这一人际纽带从党内延伸到党外；另外，简单地从数量上看，斯大林去世前后苏联约670万党员、中国当前8000多万党员，党组织和党员群体在人民群众中的巨大占比是保障党内民主发挥带动作用的重要条件和原因。

五　结语：马克思主义民主思想及其贡献

受西方的影响，学者们把民主简单地同视为民主制度、民主过程或

---

① 《胡锦涛文选》第2卷，人民出版社2016年版，第653页。
② 《马克思恩格斯文集》第2卷，人民出版社2009年版，第44页。

民主理念等，以意识中的想象、静态、逻辑的民主框套和解释鲜活的人类社会，殊不知，马克思在《黑格尔法哲学批判》《关于费尔巴哈的提纲》等文献中早已批判过这种思维与存在的本末倒置。当前，很多学者迷信，引入或嫁接欧美的民主体系有益于后发国家的经济发展和社会进步，而选择性地无视那些客观存在的移植失效的案例。生产力决定生产关系、经济基础决定上层建筑的马克思主义基本原理，阐明了马克思主义方法论的特点，即，一是从实然层面认识社会，进而寻求发展方案；二是从人的生活和人的基本属性出发，叙述社会构成机理和运动规律，定位社会发展阶段。"民主"，作为一个概念来讲，那是人类意识对客观社会现象的主观反映；作为一个客观社会现象，民主是指社会关系的一种健全状态，即人类群体发展的均衡程度、个人在社会关系中的生活形态；就此而言，民主理念、民主制度和民主过程至多是民主的表现形式或它的介质。

同时，虽然民主问题在现代社会科学知识体系中处于中心地位，但是，在马克思主义视阈中，民主议题并非马克思主义经典作家的关注中心，而只是其核心问题——"人类解放"议题的一个维度；马克思追求的"人类解放"需要解决困扰人的发展的自然与社会问题，而实现民主涉及的问题则局限于社会领域，主要是对个人与个人、个人与集体、集体与集体之间的社会关系进行规范和变革。

以社会关系为视阈而不仅仅从政治关系角度谈论民主问题，是马克思主义经典作家对社会科学的贡献与坚守；也就是说，只从政治领域谈民主，或言把基于权力授受理论的政治共同体视为人类共同体的最终形式，也正是"资本主义民主的实质"（列宁言），或也可称是资本主义社会关系的病根。马克思主义经典作家从生产关系出发把握整个社会关系的运行规律，凸显经济民主之于政治民主具有本原地位；另一方面，他们也发现，政治民主进程对推进经济民主的能动作用。马克思主义经典作家认识到，资本主义的公共生活有经济和政治的分野，前者以个人之间争名夺利为宗旨，后者则诉求于建立政治共同体以保护这种人剥削人的社会关系。即，虽然资本主义时代的人类社会在政治领域与经济领域存在分化，但是，它们之间共享着同一个主体和同一套社会关系，也就是说，关于经济民主抑或政治民主，它们存在领域的界限，但因为均属于民主的不同方面而具有相似的特征与规律。另外，在马克思主义经典作家看来，党内民主，是政治性组织内部的民主状态，它是政治民主和经济民主的前提。党内民主，即无产阶级政党内部规范的关系状态——人际关系和谐平等、政见表达自由畅达、集体行动连贯统一等，在党与无产阶级队伍、党员与无产阶级及其同盟者的互动关系中，党内民主带动整个社会向着民主的状态发展。究其根底，马克思主义经典作家们发现，民主，就是发达的生产力水平下，个人、集体和人类群体之间基于生产生活而相互合作、共享成果的社会关系。本文着墨众多的经济民主、政治民主和党内民主是不同社会关系场域中民主的不同方面，三者因涉及人类生产生活的主要环节而成为现代民主的主干属性；从方法论的角度来讲，对经济民主的认识有利于我们界定政治民主的含义及其目的，进而把握民主的实质。然而，如果机械地将对三者的认识简单相加，也未必能窥觊民主的全貌，只有学会把握人的本质，才能把握民主的精要。

重新发现并定义"人"及其生活，是马克思主义经典作家对民主理论的最大贡献，同时也正是由此才显露出马克思主义民主观的思想轮廓、独到之处。

一是民主作为一种文明形式被马克思主义者设置在人类的发展进程中。唯物史观长时段的时间视野，让人类找回复归共同体的记忆。民主，即平等自由地生产生活、集体占有生产资料，是共同体生活的一个重要形式，是人类原初的、正常的、健康的生活方式和社会状态。不断地推进民主进程就是向共同体复归、向人类自由联合体发展。从社会状态更迭的历史视野中考察民主，能让人们摆脱对个人私利最大化的执念，让人们自觉培养集体主义的坚定精神和人类自我治理的牢固意识，这一点对即将进入或正在经历市场化社会阶段的第三世界人民更具现实意义。唯物史观的长时段视角也让人类认识到自觉对自发的认识和改造作用。在资本主义社会及其以前的人类历史上，利益对立的两个社会阶级遵守同一套社会逻辑，奴隶和奴隶主、农民和封建地主、工人和资本家总是因为劳动与所得的巨大差异而产生冲突；马克思发现剥削的根源——剩余价值的存在，创立了历史唯物主义理论。人类群体内世代轮替的激烈斗争促使马克思主义者引导广大群众衍生了历史自觉，引导人类互相尊重、在和平的条件下协调生产不平等引起的社会失衡，剥削社会的民主把"协调"的原则诠释为劳动者们最低程度的生活水准和最大限度的容忍，社会主义社会和共产主义社会将"协调"落实为基于人的身份而拥有的社会关系所允许之最大程度的平等。因此，也可以说，民主的方法论精髓在于以人类集体的历史自觉替代个人的利己自发，马克思主义教育下的广大人民群众会因痛苦的历史记忆而始终致力于摆脱痛苦，因对未来人人富足、人人平等的向往而不忘构建高度民主。

　　二是在民主的运行机理中确证了另一个主体——集体。对集体的关注，并非马克思主义的创举，但是以"类"定义集体，并且以"类"来建构社会正义以限制部分个人和阶级在生产活动中的极端逐利行为，以集体力量均衡个人利益，这些行为是马克思恩格斯及其后继者们的新意。类意味着社会主体的同质和平等，同样，人作为一种类存在物，每个人都可以平等地自主且自由地通过实践改造现实世界、通过劳动创造自己的产品。类是人基于社会关系的紧密联合，人在社会实践形成的人际状态就是以生产关系为核心的社会关系，类生活的维系需要人与人之间的尊重以及激发个体对自主自由的生活的珍视和向往。类与类生活，是马克思主义经典作家对社会关系之理想状态与发展目标的客观性认识和阐释，同时为现实世界的民主生活（社会关系状态中的一种）创设了基本原则与精神旨趣。然而，现实生活远未达到类生活的境界，在社会主义运动中，马克思主义经典作家、无产阶级及其同盟者选择了以"集体"这一形式或渠道尽可能实现个人平等，促进人际合作的增效与公平。在生产生活中倡导集体生活，并不等于倡导抹灭差异、绝对平等，而是为了在个人秉性竞争中以集体予以制约和平衡，所有人共享社会资源和发展机会，消解社会矛盾、促进社会和谐、提升民主质量；另一方面，马克思主义经典作家们一再强调，集体行为和个人行为一样，在社会规则面前一律平等，不能在秩序之外以集体或多数的名义武断地侵害个人利益。另外，集体与集体之间的社会关系协调，也是人类通往类生活、完全实现民主的主要方式。

三是廓清了民主的最高价值——社会关系的平等化、合作性和协调性。在马克思主义经典作家的观念中，不民主即社会关系的失衡，根本上体现为生产关系中剥削阶级与被剥削劳动阶级的对立，也就是说，没有经济民主，社会民主、政治民主等也只是变相剥削的幌子。马克思主义经典作家在构想社会关系平衡状态的恢复方案时，也探知了民主理想形式的根本原则。民主的第一要义就是社会关系的平等化。在理想的社会状态中，个体通过共同体拥有相同的机会使用生产资料、自由劳动并获取维系生命的物质产品和精神产品，由普选产生的公共管理机构协调共同体的生产事务和各项社会事务；个体不仅有决定自己各类社会活动的自主权，同时也作为与他人无异、与他人因社会活动紧密联系的自由主体，而拥有组成共同体、参与共同体、分享共同体发展成果的机会。在客观世界面前，个体之力总是绵薄的，为了共同提升生产活动以及各类社会活动的质量，即无法离开个人之间的集体合作，在认识和实践两个层面都能够达到"1＋1＞2"的效果。作为民主核心内容，合作是人类有意识的自主联合，以个体平等为合作前提构成的集体或共同体是整合公众意志、提升生产效率和维持社会联系的组织依托和具体场所。此外，社会关系的协调性作为民主价值的一部分，一般会被研究者们忽略，其实也是马克思主义民主理论区分于西方资产阶级民主理论的部分。在现实社会和已有的民主理论中，经济民主和政治民主之间往往视为"两张皮"。在个体层面上完成民主之不同属性的复合，是民主的起码要求与发展趋向；完成政治民主和经济民主的统合，也体现了马克思主义民主观的科学性和彻底性。

四是明确了民主化进程的基本路径——自觉改造与自发发展的磨合，即民主的最终达成需要在以党内民主为动力的政治民主的带领下、经济民主的内驱下，不断相互作用、曲折向前。马克思主义经典作家都意识到，剥削现象的根源在于生产关系的不平等，政治、社会等领域的不民主也都源于生产剥削的决定性影响。马克思主义民主理论倡导的是基于历史自觉的公共权力对生产关系的改造，是以政治民主推进和统筹经济民主。从革命的步骤程序上看，广大的无产阶级及其同盟者必须要有一个思想成熟、信念坚定、组织民主和成员团结的政党指导自己。在马克思主义的视阈中，民主化本质上是人类在复杂的客观世界中认识和实践历史唯物主义的过程。一个认识和实践上都能够坚定贯彻历史唯物主义信念的无产阶级政党，必然也能汇集认识科学、实践严谨的党员，他们在政治上率先尝试和探索民主的理想途径，建立民主的政党、选举民主的人民政权，用集体的意志指导生产关系的改革。无产阶级政党的党内民主及其指导的政治民主，也通过社会关系和社会活动让民主原则在所有社会组织和全体社会成员中推广。然而，民主化进程并非一马平川。一方面，在党内民主、政治民主的实践过程中，民主与集中之间的关系是相互磨合的，无产阶级政党对民主政权的领导环节中也有不断改革的空间，另一方面，含有自觉意识的共产党和民主政权对自发性较强的生产关系、社会关系的改造也存在波动和反复。因此，民主的彻底实现不会因某次革命和改革一蹴而就，而是要在社会主义阶段党内民主、政治民主和经济民主同步发展、彼此促进。

我国政府治理现代化的
战略要义分析[*]

——以十八大以来习近平总书记系列
重要讲话为典型文本

李锋 禹樑 海洋

（国家行政学院；北京大学政府管理学院，
北京大学国家治理研究院；北京大学国家治理研究院）

摘 要 习近平总书记系列重要讲话中蕴含着极其丰富的政府治理现代化战略思想。笔者根据十八大以来习近平总书记系列重要讲话文稿，运用词云、高频词分类统计、语义网络等文本分析工具，发现、解读高频词汇和凝聚子群，归纳习近平总书记关于政府治理现代化的战略思想，揭示我国政府治理现代化的基本含义、逻辑主线和发展路径。在此基础上，笔者通过百度指数分析人民群众对于习近平总书记系列重要讲话关键词的关注焦点，解读我国政府治理现代化战略。

关键词 政府治理现代化 习近平总书记系列重要讲话 文本分析 战略要义

党的十八大以来，习近平总书记发表了一系列关于政府治理的重要

---

* 本文为万人计划哲学社会科学领军人才项目"当代中国治理模式研究"成果。

讲话，为我国推进政府治理现代化提供了思想指导和价值引领。

本文根据习近平总书记系列讲话的文本，认真学习其关于政府治理现代化的经典论述，把握其深刻要义和宏观战略。为此，笔者选取 2012 年 11 月 30 日至 2017 年 12 月 8 日之间习近平总书记关于政府治理现代化的系列重要讲话文稿，运用文本分析技术，对关键词进行词频统计和计量分析，力图揭示我国政府治理现代化的战略要义。

为避免文本量化分析失准失焦，笔者遵循文本分析规范，先由两人对文稿进行识别，再对比两人的识别结果，针对不一致的情况进行第三人编码，由此确定选入的分析对象。笔者使用词云、高频词分类统计、语义网络等文本分析工具，按照词频统计规则，区分高频词，并采用可视化方法，呈现关键词汇的变化。

一　习近平总书记政府治理现代化思想的核心概念及其基本内涵

本文首先对习近平总书记关于政府治理现代化的系列重要讲话文稿进行中文分词和数据清理，即从文稿中提炼出实词（如名词等）与短语，删去无关词（如"坚持""实现"等）、标点符号、数字等信息，最后统计出与政府治理现代化相关的高频词，提炼政府治理现代化的核心概念及其基本内涵。

图 1 中列举出习近平总书记最经常提及的 20 个词语。不难发现，使用频次最高的词语是"发展"，其次为"党""人民""社会主义""国家""经济""全面""社会""政府"等，以及"安全""制度""改革""世界""市场"等。这些词语显示，在总书记看来，政府治理现代化涉及国家的政治、经济、社会等各个领域，政府治理现代化的措施包括"改革""创新"等，政府治理现代化的重要依托是"市场""制度"等。

词云是一种按照文本中的关键词的词频高低，以字号大小或色彩分别表现的图形化文本分析工具。词云分布图中，字号大小与其词频成正比。

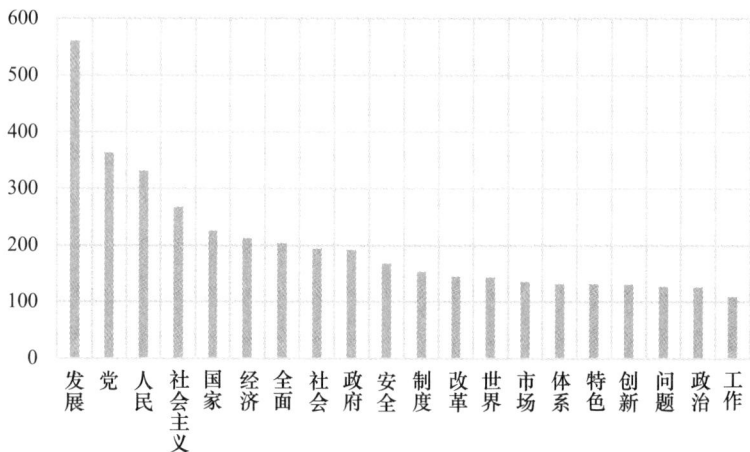

图1　习近平总书记关于政府治理系列重要讲话中的高频词

图2　习近平总书记关于政府治理系列重要讲话中的词云分布

　　如图2显示，除了上文提及高频词外，习近平总书记还特别关注"企业""治理""法治""宪法""文化"等。这表明，在政府治理现代化过程中，习近平总书记特别重视"企业"与政府协同治理的机制和作用，强调宪法和法律的规范作用，把法治作为政府治理的基本方式，重视以文化发展助力政府治理现代化进程。需要指出的是，在屏蔽"政府治理现代化"整体用词后，"治理"一词出现的频率仍然排在将近30名，足见习近平总书记对治理理念的重视。

　　词云分布图还表明，习近平总书记在论述政府治理现代化时，尤为关注以下几个重点议题，例如市场配置资源、建设社会主义市场经济、维护国家总体安全、促进互联网发展与创新互联网治理等。

　　对比分析高频词分布图和词云分布图，笔者进一步发现习近平总书记关于我国政府治理现代化的战略设计：

　　第一，政府治理现代化，必须坚持中国共产党领导、坚持中国特色社会主义道路。政府治理体系是中国共产党领导现代化建设，推进经济社会发展的治权体系，也是实现国家治理的执行机制①。近代以来，我国社会主义革命、建设和改革的实践成果表明，党的全面领导，是人民群众战胜风险挑战、不断夺取胜利，实现中华民族伟大复兴的关键。因此，政府治理现代化也必须坚持党总揽全局、协调各方的作用，充分发挥中国共产党作为中国特色社会主义事业领导核心的作用。同时，必须遵循社会主义初级阶段这个最大国情予以规划和设计，坚持社会主义发展方向和时代要求，确定政府治理现代化的任务和要求。

　　第二，政府治理现代化必须坚持以人民为中心的发展理念。政府治理现代化是以习近平同志为核心的党中央基于我国当前国情的战略设计，最重要的依据是我国的社会主要矛盾和人民群众的切实需求。党的十九大报告直接提及"人民"的次数就高达 203 次，报告指出："我国社会主要矛盾已经转化为人民日益增长的美好生活需要和不平衡不充分的发展之间的矛盾"②。政府治理现代化的途径与目标必须取向于满足人民群众多样化、多层次、多方面的特点③，必须认识到"人民是历史的创造者，是决定党和国家前途命运的根本力量"④。可见，政府治理现代化的根本动力在于人民群众的积极参与，必须充分发挥人民群众首创精

---

① 王浦劬：《国家治理、政府治理和社会治理的含义及其相互关系》，《国家行政学院学报》2014年第 3 期。

② 习近平：《决胜全面建成小康社会 夺取新时代中国特色社会主义伟大胜利》，《人民日报》2017年 10 月 28 日第 1 版。

③ 人民日报评论员：《人民对美好生活的向往就是党的奋斗目标》，《人民日报》2017 年 8 月 3 日第1 版。

④ 习近平：《决胜全面建成小康社会 夺取新时代中国特色社会主义伟大胜利》，《人民日报》2017年 10 月 28 日第 1 版。

神，必须最大限度激发其参与社会主义政治建设的巨大热情。

第三，政府治理现代化必须处理好政府与市场、社会的关系。政府调控是市场经济的"有形之手"，政府职能转变的目标是让市场在政府调控中更好地发挥资源配置的作用。此外，政府作为社会管理主体，在党委领导、政府负责、社会协同、公众参与和法治保障的体系下，对于社会公共事务进行管理①。然而，发挥政府作用并不意味着包办市场和社会，必须合理明晰政府的职权边界，减少政府对于市场运行和社会运行微观领域的干预，加强对于市场的服务和监管，加强社会领域的公共服务，积极培育和引导社会组织的发育。

第四，政府治理现代化必须以经济发展为基础和前提。按照历史唯物主义，经济基础决定上层建筑，因此，经济发展相对于政府治理现代化具有基础地位。从现实政治而言，市场经济发展，使得社会呈现多样性，不断涌现新问题、新现象，此外，互联网经济、共享经济等新兴事物的出现，也对政府提升化解矛盾、供给制度、有效治理、公共服务、市场监管等能力提出了新要求。所有这些，都要求政府创新治理格局，提高治理水平。

第五，政府治理现代化是从传统型管制型政府到现代型服务型政府的发展过程。发展是政府治理现代化的核心要义，政府发展是为了更好地服务经济和社会的全面发展与进步。习近平总书记在党的十九大报告中3次直接提及"促进人的全面发展进步"这一马克思主义的根本命题，同时，他还提出"建设人民满意的服务型政府"，坚持依法理顺政府与市场、与社会的关系，依法明确政府职能，"深化简政放权"，建设有限又有为的政府等重要观点。②

第六，政府治理现代化必须结合具体现实问题与国际视野。从政府治理现代化的目的来说，必须能够解决市场资源配置、互联网经济发展、共享经济等具体问题；同时，还需要具有国际视野，加强与其他国

---

① 王浦劬：《国家治理、政府治理和社会治理的含义及其相互关系》，《国家行政学院学报》2014年第3期。

② 习近平：《决胜全面建成小康社会 夺取新时代中国特色社会主义伟大胜利》，《人民日报》2017年10月28日第1版。

家的比较，坚定不移走中国特色社会主义道路，坚持人民为中心的发展理念；另一方面，积极吸取其他国家有益发展经验，对标国际成功治理经验，提高治理能力。

二 习近平总书记政府治理现代化思想的阶段性特征

笔者按照时序变化，考察习近平总书记在党的十八届三中全会之前、十八届三中全会至十八届五中全会前、十八届五中全会至十九大前、十九大之后等四个阶段的关键词变化情况。

十八届三中全会以前	十八届三中全会至五中全会前	十八届五中全会至十九大前	十九大及以后
宪法	政府	发展	党
人民	市场	安全	发展
党	发展	政府	人民
发展	党	经济	社会主义
国家	法治	合作	全面
社会主义	社会	国家	安全
政府	全面	全球	经济
社会	改革	企业	国家
群众	社会主义	党	世界
法律	国家	改革	特色
制度	资源配置	治理	政治

图 3　习近平总书记关于政府治理的系列重要讲话中关键词的阶段性对比

图 3 显示，在党的十八大以后至十八届三中全会之间，习近平总书记最常用的词语包括"宪法""党""人民""社会主义""国家"等。这一段时期恰逢我国现行宪法公布施行三十周年，习近平总书记把"依宪治国"作为推进政府治理现代化的"先手棋"，同时，他强调在开展政府治理活动时，要坚持社会主义政治发展方向，坚持党的全面领导，坚持人民主体地位。由此可以认为，政府治理现代化的含义包括党领导

人民依据我国宪法和法律，完善和发展中国特色社会主义政治体制和行政体制，按照人民意志和生活需求，推进政府治理现代化。

十八届三中全会以后，"政府""市场"的词频明显上升，"发展""法治""全面""社会"等同时成为这一阶段的重要词语。这表明，在确立全面深化改革的总目标后，政府治理现代化更加注重理顺政府与市场、政府与社会的关系。十八届三中全会对全面深化改革作出了总体部署，强调"经济体制改革仍然是全面深化改革的重点，经济体制改革的核心问题仍然是处理好政府和市场关系"①，在政府对市场进行监管时，"要最大限度减少政府对微观事务的管理。对保留的审批事项，要推行权力清单制度，公开审批流程，提高审批透明度，压缩自由裁量权。对审批权力集中的部门和岗位要分解权力、定期轮岗，强化内部流程控制，防止权力滥用"②。并且提出"要紧紧围绕使市场在资源配置中起决定性作用深化经济体制改革"，由此可见，市场、资源配置等词语提及频率较高。而对于社会管理来说，需要在保证活力的基础上保证秩序，一方面，"要发挥社会力量在管理社会事务中的作用，因为有些事情是政府管不了也管不好的，可以让群众依法实行自我管理、自我服务"。另一方面又要和谐有序，"要加强对各类社会组织的规范和引导，特别是要注意防范一些别有用心的人打着社会组织的旗号干非法勾当"。③

十八届四中全会提出"全面依法治国"战略，通过依法治国协调好政府与市场、社会的关系，通过依法治国确立公共权力边界保证公民基本权利，"建设职能科学、权责法定、执法严明、公开公正、廉洁高效、守法诚信的法治政府。"④ 因此，深入推进依法行政，加快法治政府建

① 习近平：《关于〈中共中央关于全面深化改革若干重大问题的决定〉的说明》，《人民日报》2013 年 11 月 16 日第 1 版。
② 中共中央文献研究室：《习近平关于全面依法治国论述摘编》，中央文献出版社 2015 年版，第 63—64 页。
③ 中共中央文献研究室：《习近平关于全面深化改革论述摘编》，中央文献出版社 2014 年版，第 54 页。
④ 中共中央文献研究室：《习近平关于全面依法治国论述摘编》，中央文献出版社 2015 年版，第 60—61 页。

设，全面推进依法治国，成为这一时期我国政府治理现代化的战略侧重点。这也可以从这一阶段"法治"的较高提及频次得到体现。

十八届五中全会后，"发展"成为重要的关键词，提及频率显著提升。此外，在习近平总书记关于政府治理现代化的系列重要讲话中，"安全""经济""企业"等词频的上升，表明他认为，政府治理现代化需要关注更加微观、更加贴近人民群众日常生产生活的领域，例如关注企业运行、关注安全生产等。需要特别指出的是，紧随这些词语尚未列入前10名的词语还有"互联网安全""网络"等词语。在这其中，政府治理现代化之所以与互联网、网络安全发生关联，主要基于如下原因：

第一，"供给侧改革"与"创新驱动发展"，形成经济社会发展新业态、新动能、新平台、新模式、新制高点，针对这些新现象，政府必须主动提供服务，鼓励共享经济和创新产业发展，同时加强对互联网企业的监管。

第二，互联网技术为党和政府联系人民群众，反映民意、监督政府提供了便利。习近平总书记提出，"各级党政机关和领导干部要学会通过网络走群众路线，经常上网看看，了解群众所思所愿，收集好想法好建议。"[①] 因此，需要通过保障公民政治权利的实现，来规范和优化权力，促使政府职能的转变。

党的十九大报告向世界宣布，中国特色社会主义进入新时代，并指出实现伟大梦想，必须进行伟大斗争、建设伟大工程、推进伟大事业，其中起决定性作用的是党的建设新的伟大工程。从党的十九大以来对政府治理现代化的规定来看，最突出的就是坚持党对一切工作的领导，其中"党"出现的频次最高，其次为"发展""人民""社会主义"，而且"特色""政治"等词语也首次进入词频排名的前10位。

依照时序变化来看，从注重转变政府职能，到依法治国、依法行政，到关注人民群众日常生活，到关注互联网治理等新兴领域，再到坚持党的全面领导，习近平总书记关于政府治理现代化的战略思维和精神

---

① 习近平：《在践行新发展理念上先行一步 让互联网更好造福国家和人民》，《人民日报》2016年4月20日第1版。

内涵一以贯之、紧密相扣。不过，在不同阶段和时期，习近平总书记对政府治理现代化的战略阐述各有侧重。

三 习近平总书记政府治理现代化思想中核心概念的语义关联

笔者进一步用"语义网络（semantic network）"方法分析各个关键词之间的联系。语义网络可用来表示事实或者事实之间的关系，如因果关系、聚集关系、分类关系等。具体而言，各个关键词作为节点，之间的线条表示关键词之间的语义关系；字号越大表明该关键词的出现次数越多，连线则代表关键词之间更可能形成同一模块，连线越粗表明两个词共现的频次越高，多个关键词之间的共现关系与节点联系频繁则形成模块，构成一个凝聚子群。

图 4 显示，习近平总书记关于政府治理现代化的系列重要讲话中，具有两个相对系统的关键词凝聚子群。一是"党""社会主义""人民""法治""立法""体系"等词语经常共同出现，二是"政府""经济""企业""创新""管理""市场""社会""改革"等词语经常共同出现。前者反映出党的领导、社会主义道路、制度与法治体系建设是政府治理现代化的路径与方法，后者则反映出市场治理和经济发展是政府治理现代化过程中至为重要的治理领域。

另外，从图 4 可知，"党""国家""人民""体系""建设""管理"等词语是两个凝聚子群所共有的。由此可以认为，在习近平总书记看来，党的领导，坚持人民主体地位，完善制度体系，重视政府的建设、保障和管理功能等，在政府治理中具有主轴性功能。

总之，通过对习近平总书记系列重要讲话进行的语义网络分析，可以再次确认和凸显我国政府治理现代化的特征。

从政府治理现代化的发展方向和落脚点来说：

第一，政府治理现代化，以中国共产党为领导核心，必须坚持中国特色社会主义方向，在宪法和法律的框架内依靠法治来推进政府职能调整。

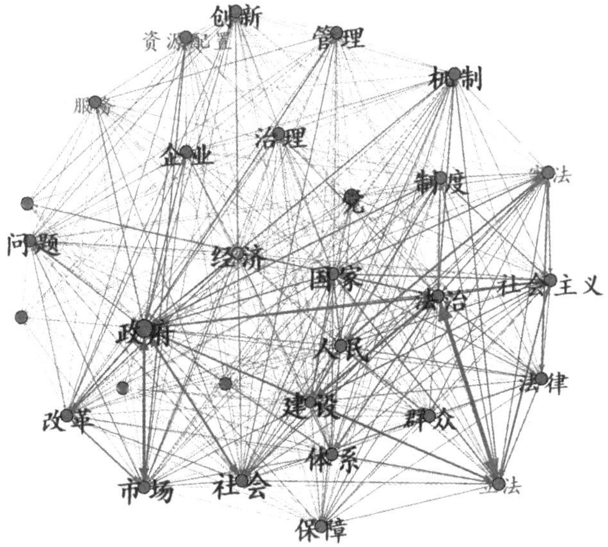

图4 习近平总书记关于政府治理现代化系列重要讲话的语义网络分析

第二，政府治理现代化的落脚点是保证人民群众的主体地位。坚持以人民为中心的发展理念，坚持发展为了人民，发展依靠人民。在政府治理现代化的过程中，通过政府职能调整，规范政府权力，保证公民权利，促进权力主体和权利主体的良性互动。

从实现政府治理现代化的举措来说：

第一，伴随着改革进入深水区，各项新生事物层出不穷，对政府的治理方式、治理技术和治理职能提出新要求。因此，政府必须不断创新政府治理体系和方式，创新政府监管，通过多种手段鼓励"大众创新、万众创业"，激发社会活力，鼓励经济社会发展的新动能、新业态、新实体、新优势。

第二，政府治理面临新问题，改革是政府工作的重要任务，也是解决问题的必由之路；唯有继续深化改革，才能解决发展中存在和发生的问题。

第三，政府必须处理好与市场、社会之间的关系，通过科学定位，使政府、市场和社会三个机制各自在本领域中发挥好自身作用，达到合理资源配置和良好运行状态。

四　网民对习近平总书记政府治理现代化思想的关注焦点

前文通过对习近平总书记关于政府治理现代化系列重要讲话的文本分析，显示总书记的重要关切。在此基础上，本文将继续分析人民群众对于习近平总书记系列重要讲话关键词的关注焦点变化，进一步解读政府治理现代化战略。

"网络搜索热点"是指人们在网络上主动检索形成的关注焦点，本文利用百度搜索指数来进行测度，分析习近平总书记关于政府治理现代化系列重要讲话关键词的热度变化规律。需要指出的是，在这里呈现的结果并非是网民关于政府治理现代化本身的热度，而仅仅是关于这些关键词的热度，显示出网民对于这些词语的感兴趣程度，可以从侧面揭示出网民对这些词语，乃至这些词语背后所包含意蕴的态度。

从百度搜索指数演变可知，"党""政府""宪法""社会主义""人民"从 2012 年至 2017 年均经常被搜索，平均热度最高的为"宪法"。党的十八届四中全会提出在我国设立国家宪法日后，其后每年的 12 月 4 日，"宪法"一词的搜索热度都会有极为明显的上升，在 2017 年 12 月份达到峰值。此外，"人民"一词的搜索热度处于第二位，在 2017 年 4 月中下旬之间达到峰值。"党""政府""社会主义"的搜索热度则一直较为平稳。

"创新"被搜索的次数最多，热度最高达到 6500 次，其次为"社会"和"市场"，尤其是"社会"在 2015 年 8 月达到峰值，"发展"的搜索次数则相对稳定。

结合网络搜索热点可知，网民更加关心的是政府治理现代化的方向和方法问题，即坚持社会主义道路，坚持党的领导，坚持依法治国，不断推进政府创新等。

除此之外，笔者以 2017 年 12 月 18 日的百度图谱为例，进一步利用百度指数的图谱功能，分析人们在互联网络上搜索重点词语时的关注焦点。由于重点词语较多，仅列出以下几个词语。

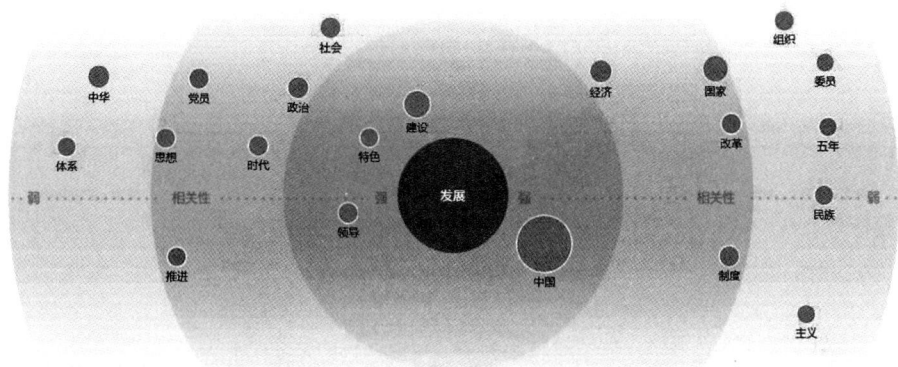

图5　以"发展"为关键词时网民的关注焦点

图5显示了以"发展"为关键词时的互联网关注焦点，离该词语越近显示出相关关系越强烈，形状越大表明出现次数越多。图5显示，与"发展"一词有较强相关性的词汇包括"建设""领导""中国""经济""社会""改革"等，而且"改革"的提及频次不断上升。这与习近平总书记系列重要讲话中的相关共现关系非常类似。这表明，提及"发展"时，人民群众仍对经济社会的进步成果保持高度关注，更加注重现代化政府治理的方式方法和实际成效，另外还表明，以习近平同志为核心的党中央作出的顶层设计与人民群众的实际意愿之间具有高度吻合性。

图6显示，在以"改革"为关键词进行分析时，其与"特色""发展""社会""经济""政治"等词语共同出现，此外还有"制度""体制""体系"等词语。这可以表明，人民群众在关注改革时，注重改革的全面性、系统性和协调性，希望从政治、经济、社会等各方面协同开展。同时，"深化""发展"的搜索热度也较高，这表明人民群众尤为关切改革与发展的平衡。

在以"治理"为关键词进行分析时，笔者发现"发展""社会""经济""改革"等词语经常共同出现，而且"发展""社会"等词语的

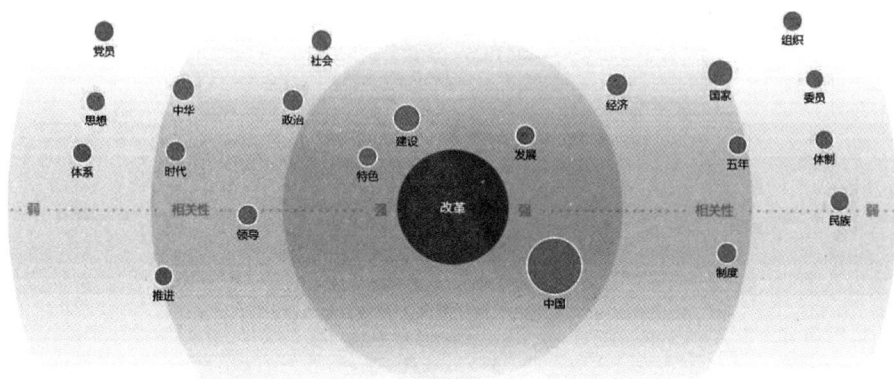

图6 以"改革"为关键词时网民的关注焦点

热度仍有上升趋势。此外，"治理"经常与"创新""协调""小康"等词语共同出现，此外"综合""环境""开放"等词语也是经常共现的词语（如图7）。这说明，"治理"是一个与国家各项事务紧密关联的行为，党和政府在推进政府治理现代化的过程中，需要特别重视协调各领域的改革，关切人民群众的多样性需求。

结合上述分析结果可见：一方面，以习近平同志为核心的党中央关于政府治理现代化的战略规划，通过互联网传播，与广大人民群众之间形成了良性、正向、即时的互动；另一方面，广大人民群众热切关注改

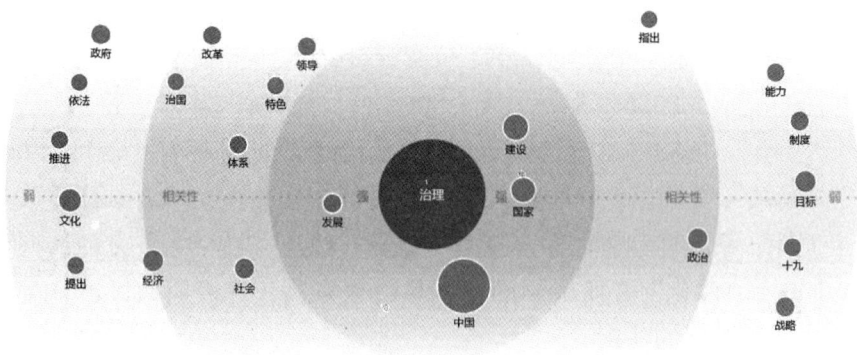

图7 以"治理"为关键词时网民的关注焦点

革和发展问题，尤为关心全面深化改革的方法与策略，这是党中央统筹推进政府治理现代化的关键依据。

五 结语

文本分析与文本计量的研究方法，提供了整体性和阶段性两个视阈，呈现了习近平总书记关于政府治理现代化的战略思想，揭示了政府治理现代化的基本含义、逻辑主线和发展路径。

根据研究结果，可以把党的十八大以来"政府治理现代化"的战略任务归纳为：在中国共产党领导下，通过调整和创新政府职能和治理方式，实现政府、市场与社会的协同共治，培育和落实公民权利，促进权力主体和权利主体的良性互动，实现经济、政治、文化、社会和生态等各领域的整体现代化。

从关键词的出现频率来看，习近平总书记关于政府治理现代化的战略思想，拥有一个明显的主线，形成了两个相对系统的治理举措。在习近平总书记看来，政府治理现代化必须坚持始终在党的领导下，坚持人民当家作主，通过完善中国特色社会主义制度，发挥政府的建设、保障和管理等现代化职能。政府治理现代化应该着力从两个方面推进：其一，稳步推进全面依法治国战略，统筹推进法治国家、法治政府和法治社会建设，把制度精神和法治原则落实在政府治理的全过程。其二，把经济建设作为政府治理的中心工作，发挥市场在资源配置中的决定性作用，通过政府创新带动市场创新、企业创新和社会创新。

令人欣喜的发现是，以习近平同志为核心的党中央与人民群众通过互联网实现了信息传递，产生了思想共鸣。习近平总书记关于政府治理现代化的系列重要讲话得到广大人民群众的高度赞许和肯定，广大人民群众对美好生活和改革进程的热切关注，与习近平总书记和党中央整体设计政府治理现代化的战略方略和路径高度契合，显示了党和人民在政府治理现代化方面的高度一致性。

Government Governance

政府治理

新时代中国政府治理现代化的
逻辑主线和实施战略[*]

王浦劬

（北京大学国家治理研究院，北京大学政府管理学院）

摘　要　中国政府治理现代化是国家治理现代化的重要组成部分。政府治理的发展目标有明确的理论依据、战略依据和现实依据。政府治理现代化的思想逻辑以唯物论作为本体论、以辩证法作为认识论、以人民为中心作为价值论。政府治理现代化意味着政府治理的结构化、网络化、互动化和共治化。总体上，政府治理现代化以建构性治理为实施战略。

关键词　政府治理　现代化　唯物辩证法　建构性治理

2012 年中共十八大以来，中国执政党与政府在确定国家治理现代化为全面深化改革总目标的进程中，把政府治理现代化作为政府管理改革和发展的目标。

---

*　本文为中国国家哲学社会科学重大项目"推进国家治理体系现代化研究"（批准号：014ZDA011）和万人计划项目"当代中国治理模式"研究成果。

一 政府治理现代化的依据

中国确定政府治理现代化为政府治理发展目标，主要有三方面依据：

1. 理论依据。辩证唯物主义与历史唯物主义关于社会结构矛盾统一关系的唯物辩证论。中国社会发展进程中生产力与生产关系、经济基础与上层建筑之间存在着相互矛盾，在社会主义初级阶段和新的历史时期，其体现为人民群众不断增长的物质文化需求与落后的生产之间的矛盾，这样的分析和判断，构成了中国政府治理现代化的哲学依据。

中国共产党人在中国的现代化实践中，结合中国国情政情，构建了中国特色社会主义理论，成为中国政府治理现代化的理论依据。

2. 战略依据。政府治理现代化以国家治理现代化为战略依据。中共十八届三中全会《关于全面深化改革若干重大问题的决定》明确提出，"完善与发展中国特色社会主义制度，推进国家治理体系和治理能力现代化"。[①] 在新时代，中国执政党进一步形成了治国理政的新思想新理念新战略。所有这些，构成了政府治理必须遵循国家治理现代化的总体战略，由此构成了中国政府治理现代化的战略依据。

3. 现实依据。政府治理现代化以政府与市场、政府与社会以及政府自身的相互关系及其矛盾为现实依据。在这其中，首先是市场经济的发展与政府治理市场体制机制和能力之间的矛盾性，"科学的宏观调控，有效的政府治理，是发挥社会主义市场经济体制优势的内在要求"。[②] 其次，人民群众需求持续增长日益多样化与政府治理社会、供给公共服务的体制机制与能力之间的矛盾性。在这其中，一方面，保障社会秩序和公共权力运行的有效性，另一方面，遵循人民意志，保障社会公平正义的实现。这两个方面构成了稳定秩序要求与政府公平正义制度供给的矛

---

① 《中共中央关于全面深化改革若干重大问题的决定》，2013 年 11 月 15 日，新华网（http: // news. xinhuanet. com/2013 – 11/15/c_ 118164235. htm）。
② 同上。

盾。再次，是政府自身的体制机制与现代化发展之间的矛盾，包括政府层级间、部门、地方政府之间的矛盾，政府内部机关事务管理与现代化要求之间的矛盾，政府运行方式与经济、社会、文化、生态和网络环境优化要求之间的矛盾。

根据这些矛盾和问题，中国执政党和政府确定政府治理现代化的任务，就是在全面深化改革过程中，使得"政府的职责和作用主要是保持宏观经济稳定，加强和优化公共服务，保障公平竞争，加强市场监管，维护市场秩序，推动可持续发展，促进共同富裕，弥补市场失灵。"[①]

二　政府治理现代化的内涵

在中国社会发展的当前阶段，政府治理现代化，就是在中国共产党领导下，强化公共权威和公共理性，在社会主义市场经济发展和社会变化新的历史条件下，把多元化多样化多层次的市场主体、社会主体和价值观念整合一体，按照合理性、合法性和有效性原则，调整创新政府公共权力结构，推进政府职能全面正确转变和合理配置，优化政府权力体制机制和运行方式，提升政府治理能力，实现政府与市场、政府与社会的协同共治，推进经济社会文化生态的创新发展，提供优质公共服务，全面建成小康社会。

显然，政府治理现代化的内容，主要包含调整、改革和优化政府与市场、政府与社会、政府与公民、政府部门与部门、层级与层级、政府与虚拟社会之间的关系，包含全面正确转变和合理配置政府职能，包含创新国家治权运行体制和方式，改革政府机关事务管理体制机制。

三　政府治理现代化的逻辑主线

唯物辩证法是中国执政党执政和政府治政的哲学思维和理论根源，

---

① 习近平：《关于〈中共中央关于全面深化改革若干重大问题的决定〉的说明》，《人民日报》
2013 年 11 月 16 日第 1 版。

是中国共产党人本体论、认识论和价值论有机结合的思维。

政府治理现代化的逻辑主线，正是基于这样的思维形成的。按照这样的思维，分析中国执政党和政府对于政府治理现代化的顶层设计，把握执政党治国理政新思想新理念新战略，提炼中国政府治理现代化的实践经验，可以对政府治理现代化的思维逻辑作如下表述：

1. 政府治理现代化以唯物论作为本体论

中国政府治理现代化的哲学基础是唯物论的本体论，以生产力和经济建设为基础和动力，从人与自然关系体现的生产力的"物性"出发，把握中国市场经济联系、社会历史结构和价值观念取向条件下，这种"物性"转化而来的人与人关系的"人性"，由此出发，设计和确定政府治理现代化。

中国执政党和政府确认，唯物论的核心是实事求是，从实际出发，推进政府治理现代化。当前，中国最大的实际、最大的国情，就是国家处于社会主义初级阶段，因此，推进政府治理现代化，需要充分认识中国处于"社会主义初级阶段这个最大国情，牢牢立足社会主义初级阶段这个最大实际"①，认识和把握中国社会发展的阶段性特征和不断变化的特点，并以此作为构建中国特色政府治理现代化的逻辑起点。

2. 政府治理现代化以辩证法作为认识论

以辩证法认知和设计政府治理现代化，把握政府治理现代化的逻辑，确定遵循辩证逻辑的法则，设计和构建"一"与"多"的相反相成的治政结构，贯彻"一"与"多"共存、"一"优先于"多"的逻辑顺序，"一"与"多"之间矛盾运动又相互印证，是中国执政党和政府对于政府治理现代化的认识论辩证逻辑。

在政府治理现代化发展的实际进程中，中国政府治理现代化发展的这种"一"对"多"的内在逻辑，集中体现为如下基本特征：

（1）在经济生活方面，贯彻公有制为主，多种经济成分共同发展；以按劳分配为主，以多种生产要素为分配依据，是中国政府治理"一"

---

① 《习近平在省部级主要领导干部"学习习近平总书记重要讲话精神，迎接党的十九大"专题研讨班开班式上发表重要讲话》，2017 年 7 月 27 日，中国政府网（http：//www.gov.cn/xinwen/2017－07/27/content_ 5213859. htm）。

与"多"辩证逻辑的经济体现。

（2）在治理主体方面，实施党政一体的治理主体主导、多个主体参与的政府治理。中国政府治理现代化的主体，是中国共产党领导和统筹协调的公共权力和政治体系，这种治理主体结构具有领导和引领功能，由此形成的治理权力结构，是党政一元主体主导，包括参政党在内的多种主体参与的政府治理模式。

（3）在治理出发点方面，奉行公共利益优先、兼顾个人利益的治政要领。在政府治理的意义上，这种优先性集中体现为在建设和发展中国家主权和公共利益处于至高地位；治理的公共性优先，意味着政治实现和归宿于公共性，与此同时，政府治理兼顾个体人性和权利，高度重视公民的权利实现。因此，中国政府治理现代化在社会利益实现中，体现着"一"与"多"并列的逻辑构造。

（4）在治理体制和机制方面，维护和保证根本制度的优化和稳定。与此同时，积极鼓励和开创多种治理体制机制，鼓励和开创制度创新、机制创新、政策创新和管理创新。同时，由于中国政府治理现代化对于制度的高度重视，政府治理及其发展的出发点和归宿常常指向制度的变迁。因此，通过政策创新实现制度和机制创新，被视为政府治理的路径选择，正因为如此，在实践中，解放思想，不断创新体制机制，成为中国政府治理现代化的重要路径特征。

（5）在治理的基本价值方面，弘扬"和而不同"的政治精神。政府治理现代化贯彻"和而不同"的复合共和原则，体现了人民民主与共和精神。因此，政府治理现代化奉行一元价值主导，多种价值共存的建构取向。同时，以核心价值引领社会多种和多重价值。在实际进程中，以政治稳定有序和运行优效为表现形式的合理性和科学性作为支配价值。与此同时，允许和开放多种价值生成和发展，积极努力实现社会生活多重价值的均衡和结合。由此在治理精神与价值层面，贯彻"一"与"多"的有机结合。

3. 政府治理现代化以人民为中心作为价值论

中国政府治理现代化的根本宗旨和价值取向，是为了最广大人民群众的幸福，是"人的全面发展、社会全面进步"。① 因此，政府治理现代化，来源于人民、服务于人民、验证于人民，一切以人民群众的伟大实践和需求为归依，体现以人民为中心的改革和发展价值取向。这里的"人民"是集体含义和个体含义的综合，既包括全体人民的共同利益和公共利益，也包含每个个体权利和利益的实现。

政府治理现代化的根本动力，在于人民群众的实践。政府治理现代化，往往缘起于人民的实践要求；政府治理现代化的深化推进，须依靠人民的伟大创新和广泛自主的政治参与。因此，政府治理现代化，本质上属于以人民为主体的治理现代化，是释放和激发人民蕴含的历史发展伟力和巨大创造力的治理现代化，是从传统的政府部门"配菜"式管理，全面转向人民"点菜"式治理的现代化。

政府治理现代化的检测标准是人民的实践，政府治理现代化的检测标尺，是13亿人民实践及其结果，是人民的获得感和对于政府的满意度。而政府治理现代化的最终目标，是社会财富惠及全体人民，实现民族复兴和人民幸福。

综上所述可见，中国政府治理现代化所确定的逻辑主线可以概括为：贯彻以人民为中心的发展理念，以优化政府权力与公民权利关系为主线，深入规范和优化权力，积极培育和实现公民权利，推进政府公共权力与公民权利的良性互动，达成政府与公民的合作共治，全面深化政府权力治理与公民权利实现的体制机制改革，提升经济社会文化效率，促进其公平发展。

四 政府治理现代化以"建构性治理"作为实施战略

政府治理现代化，意味着政府治理的结构化、网络化、互动化和共治化，因此，政府治理现代化，以建构性治理为实施战略。

在现实性上，建构性战略鲜明地体现为以中国执政党和政府作为战

---

① 《习近平在省部级主要领导干部"学习习近平总书记重要讲话精神，迎接党的十九大"专题研讨班开班式上发表重要讲话》，2017年7月27日，中国政府网（http://www.gov.cn/xinwen/2017-07/27/content_5213859.htm）。

略实施主导型主体，同时，以参政党、社会团体和公民等作为参与主体。

1. 建构性治理战略的实施对象

建构性治理战略，以政府治理相关的结构性关系作为作用对象。

如上所述，这种结构性关系主要包含（1）政府与市场的关系，其中包含政府与企业的关系；[①]（2）政府与社会的关系，包含解决社会矛盾、提供公共服务和保障社会公平正义；（3）中央与地方的关系，包含作为单一制国家的央地之间事权、财权和治权的合理划分和有效运行；（4）政府不同部门、不同地方政府之间的关系；（5）现实政府与虚拟社会之间的关系，包括政府与网络社会、与网民之间的关系等。

由此可见，所谓"结构性"，主要体现为中国政府治理现代化的多维度关系的构成。而作为结构性优化的政府治理现代化，实际上是这些关系的优化和创新。

2. 建构性治理战略的基本内容

建构性治理的战略内容，是构建执政党为主导、多主体参与、多机制复合的治理性结构，实现政府权能的结构性调整、优化、创新和治理。

在这其中，所谓"建构"，就是在既有关系基础上，对于原有关系的改造和革新，因循和超越这些关系轨道，实施的治理创新、设计和构建。这里的建构，既包含制度的建构，也包含人格的塑造；既包含涉及公共权力的制度和人的建构，也包含涉及公民权利的制度和人的建构。而所谓"治理"，就是设计和构建一个中心、多个主体参与形成的公共秩序和格局，并且付诸实施。

由此可见，"建构性治理"实际上意味着改革与创新的统一，治理中心与多个参与主体的协同。因此，政府治理现代化的"建构性治理"模式，意味着政府治理的深刻全面改造和创新。

---

① 当前，中国领导人提出要建立新型的政商关系。参见《习近平看望参加全国政协十二届四次会议的民建工商联委员》，2016 年 3 月 4 日，新华网（http：//news. xinhuanet. com/photo/2016－03/04/c_ 128774616_ 3. htm）。

3. 建构性治理的根本动力

经济社会改革发展，构成了建构性治理的根本动力。

解放和发展社会生产力是中国特色社会主义的根本任务，以经济建设为中心，是中国执政党和政府一切工作的基本路线，而新时代，创新协同共享开放绿色发展，是科学发展新理念。

当前，中国全面深化改革也以经济体制改革为重点，以供给侧改革为"主引擎"。新时代深化政府治理体制改革，以供给侧改革为核心内容的经济体制改革作为牵引，以创新协同共享开放绿色发展为动力。与此同时，中国政府治理的建构性发展动力，还在于激发和培育政府与市场、政府与社会的双引擎和双动能，建构和塑造政府治理的双形态和双结构，推进和实现政府改革和发展的双优化和双创新。

4. 建构性治理的实施方式

以权威治理整合社会，建构现代体制机制，是建构性治理的实施方式。

统一、有力、强大和有效的权威，是建构现代政府和政府治理体系的必要条件，也是通过政府治理现代化促进市场和社会治理现代化的重要前提。中国的实践表明，恰恰是中国共产党强大而有效的权威性，有力整合了市场经济带来的多元化和多样性的经济和社会，有效地制定、供给和实施公共规则，规范了经济和社会生活，使得个人理性整合为公共理性。因此，统一强大的权威性与多元多样的民主民意的有机融合，恰恰是中国共产党推进政府治理现代化的有效性和正当性所在。

5. 建构性治理的策略选择

建构性治理的策略选择，是"优化治理优先"。

基于这一优先性，建构性治理战略在实施过程中，根据社会经济生活和公民权利的发展，在保障国家和社会优化治理的前提下，回应性、渐进性、适切性和有效性地发展和建设民主政治。"治理优先"的战略选择，意味着在实际政治发展过程中，治理而非选举民主作为政治发展战略的优先考虑和逻辑起点；治理优先要求优化治理优先的本质，必然要求强化"责任政府""能力政府""绩效政府"的建设。同时，在治理优先的战略选择下，采取国家治理法治优先、优化制度和优化机制优先的实施步骤，并且辅之以社会主义核心伦理和道德治理。

在优化治理优先战略选择的前提下，中国政府治理现代化选择逐步发展"可治理型民主"。这就是说，"如何有效地代表和实现公共利益，取代保护公民权利和自由，成为民主治理的首要目标。"① 从其基本内容来看，中国公共治理中实施的"可治理型民主"，典型地体现为以公共治理的"治理民主"和"民主治理"作为发展民主的重点选择，其具体形态表现为协商民主、参与民主、共识民主、监督民主、政务公开、行政问责、服务行政等。

6. 以治理绩效作为治理评估标准

中国政府现代化过程中，逐步根据治理过程的后果，而不是治理过程之先定价值评估治理绩效。这一评估标准和方式，实际形成了对于政府治理制度机制状况和治理主体决策力和执行力的要求。这种绩效管理以经济社会的创新、协同、共享、开放和绿色发展要求，以人民群众的获得感和满意度予以实施。

7. 建构性治理的目标

建构性治理的目标，是建构中国特色现代化的政府、市场和社会。

通过这种治理模式的建构，强化执政党和政府权威性、法治性、服务性、正当性、合理性、治理性、效能性和创新性，努力创建效能政府、有限政府、协同政府、廉政政府、透明政府、节约政府、信息政府和智慧政府，同时，努力培育成熟的社会主义市场经济，全面小康的民主、法治、协作和创新社会，形成政企、政资、政事、政社和政群之间界限清晰、权责明确、协同共治的新型关系。②

---

① 赵成根：《民主与公共决策研究》，黑龙江人民出版社2000年版，第49页。

② 2016年3月4日下午，中共中央总书记、国家主席、中央军委主席习近平看望出席全国政协十二届四次会议的民建、工商联界委员并参加联组讨论。习近平就构建新型政商关系作了阐述，他指出，新型政商关系，概括起来说就是"亲""清"两个字。对领导干部而言，"亲"就是坦荡真诚同民营企业接触交往，帮助解决实际困难；"清"就是清白纯洁，不搞权钱交易。对民营企业家来说，就是讲真话说实情建诤言，遵纪守法办企业、光明正大搞经营。参见《习近平看望参加全国政协十二届四次会议的民建工商联委员》，2016年3月4日，新华网（http://news.xinhuanet.com/photo/2016-03/04/c_128774616_3.htm）。

行政体制改革与国家治理体系和治理能力现代化[*]

行政体制改革与国家治理体系和治理能力现代化[*]

冉　昊

（中共中央党校科学社会主义教研部，北京大学国家治理研究院）

摘　要　行政体制改革之于国家治理的价值性，体现在中西方关于国家治理逻辑差异背景下行政体制改革的核心特征，以及行政体制改革与国家治理之间的有机逻辑关联。进一步，通过对我国改革开放以来行政体制改革的历史变迁回顾，我们可以发现这场行政体制改革的最大特点在于市场化和多元化，这恰体现了国家治理体系和治理能力现代化的内在要求。最后，我们对我国行政体制改革的类型学方法论进行简要阐释，并就以行政审批事项改革为核心的简政放权进行过程分析，并论述其所体现的国家治理体系与治理能力现代化的趋向。

关键词　行政体制改革　国家治理　政府—市场—社会关系

党的十八届三中全会上作出的《中共中央关于全面深化改革若干重

＊　本文为2017年教育部重点基地重大项目"国家治理现代化发展战略研究"（17JJD81003）阶段性成果。

大问题的决定》中提出，"全面深化改革的总目标是完善和发展中国特色社会主义制度，推进国家治理体系和治理能力现代化。"①"国家治理体系和治理能力现代化"这一概念，首次出现在中央的文件中。党的十八届五中全会进一步指出，"各方面制度更加成熟更加定型，国家治理体系和治理能力现代化取得重大进展"。② 这表明了党中央对于推进国家治理体系和治理能力现代化的坚定决心和信心。

然而，国家治理体系和治理能力，毕竟是一个较为宽泛的概念。从中央文件来分析，它似乎是一个手段，即完善和发展中国特色社会主义制度的手段。但又应当不仅是手段，因为"现代化"既是过程，也是目标。因此，我们需要一个抓手来把握国家治理体系和治理能力现代化。这个抓手就是行政体制改革。

为什么这么说？我将从三个方面来分析。第一，初步分析国家治理体系与治理能力现代化关键在于行政体制改革的原因是什么，两者之间有着怎样的内在逻辑关联，或者说行政体制对国家治理体系和治理能力现代化起到了什么样的作用。第二，简要分析行政体制改革的内容。第三，对行政体制改革的历史过程进行简要分析，以及如何从中发现行政体制改革之于国家治理体系和治理能力现代化的重要性。

一 行政体制改革之于国家治理的价值与内在逻辑

1. 国家治理的中西方逻辑差异

首先，行政体制改革是实现国家治理体系现代化的重要抓手。我们可以从"国家治理体系"这个概念的内在逻辑演变来理解。

"国家治理"这个提法西方是没有的，但若追本溯源，则来源于西方。最早的提法更为简单，是"治理"（governance）。"治理"具有

---

① 参见《中共中央关于全面深化改革若干重大问题的决定》，人民出版社 2013 年版。
② 《中共十八届五中全会在京举行》，2015 年 10 月 29 日，人民网（http：//cpc. people. com. cn/n/2015/1030/c64094 - 27756155. html）。

多元性，包含政府、市场和社会等多种主体。① 随后概念发生了演变，在"治理"前面加了个限定语，成为"国家治理"，它意味着国家或政府具有更重要的责任。毫无疑问，正是由于国家或政府成为了主导要素，使得行政体制必然构成"国家治理"的一部分，因为政府的运作，以及政府和市场、社会之间的关系，都会涉及行政体制以及行政管理问题。

但在我国，其使用却有着完全不同于西方的逻辑。目前国内学界关于国家治理大致可以分为如下六种研究路径：一是关于国家治理的理论建构与内在逻辑分析，基于国家治理、政府治理与社会治理等多重治理概念的异同性分析的基础上，构建中国特色的国家治理理论体系。② 二是国家—社会理论框架下的国际治理研究，它着力于转型社会中国家作为政府—市场关系中的主体所发挥的主导性作用。③ 三是基于我国社会治理经验归纳的国家治理理论。社会治理是国家治理的重要组成部分——虽然其侧重点在于基层，尤其是乡镇和街道以下的治理层面，包括其中所涉及的基层政府与社会关系、社会组织关系④，以及基层非政府层面的权力制衡问题——诸如农村小微权力清单的探索⑤、城市社区治理过程中的党政角色定位问题等⑥。四是国家治理理论的制度主义路径，把国家治理现代化视为一个复合权力和制度体制运行的过程，注重国家治理的制度化方法。⑦ 五是以国家治理的效果作为衡量依据，通过治理绩效的评判与指标设定，对国家治理进行比较政治学视角的研

---

① 参见王浦劬《全面准确深入把握全面深化改革的总体目标》，《中国高校社会科学》2014 年第 1 期。

② 王浦劬：《国家治理、政府治理和社会治理的含义及其相互关系》，《国家行政学院学报》2014 年第 3 期。

③ 徐湘林：《转型危机与国家治理：中国的经验》，《经济社会体制比较》2010 年第 5 期。

④ 燕继荣：《中国社会治理的理论探索与实践创新》，《教学与研究》2017 年第 9 期。

⑤ 冉昊：《农村小微权力清单的社会治理之维：基层自治组织权力制衡的探索》，《教学与研究》2017 年第 9 期。

⑥ 田栋：《社区治理中的党政同构效用——基于北京市三个社区工作实践的对比分析》，《教学与研究》2017 年第 9 期。

⑦ 林尚立：《以制度的现代化推进国家治理现代化》，《中国社会科学报》2014 年 1 月 15 日。

究。① 六是基于西方民主逻辑的治理理论解析，通过对"治理"与"统治"等相似概念的辨析，强调国家治理的民主与法治特征。②

对于国家治理的论述，中央有明确表述。虽然党的十八届三中全会决议公告首次提出了"国家治理"的概念，但我们仍然可以从历史中寻找到一些关于"治理国家"的端倪。新世纪初召开的中国共产党十六大的报告明确提出了"党领导人民治理国家"的理念。中国共产党十七大报告进一步提出，"要坚持党总揽全局、协调各方的领导核心作用，提高党科学执政、民主执政、依法执政水平，保证党领导人民有效治理国家。"中国共产党十八大报告多处采用"治理"的概念，并且在治理国家的意义上深入阐述指出，"坚持依法治国这个党领导人民治理国家的基本方略"，"要更加注重改进党的领导方式和执政方式，保证党领导人民有效治理国家"等等。③ 因此，"国家治理"虽然是个新的提法，但却反映了我党治国理政的一贯逻辑。而行政体制则必然是这种逻辑之下的组成部分，行使各种执行功能。

此外，所谓"现代化"就是使旧有的标的物由内而外进行更新，使之和它所处的客观环境更加相匹配。而"国家治理体系"则意味着国家或政府对一个特定地区管理方式的更新和改进，并且这种更新和改进是以某种参照物作为标尺的，这一标尺本身被认为是现代的。因此，我国的国家治理体系，就是国家或政府要对市场和社会的治理方式上进行更新和改进。我国的行政体制，经历了中华人民共和国六十余年的演变，虽然很好地保障了经济的快速发展和社会的基本秩序，但是也逐渐积累起各种问题。正是因为这些问题的存在，我们的国家治理体系距离现代化的治理体系还有一定的距离。因此，要缩短这个"距离"，某种程度上说，就是要通过行政体制改革来解决那些阻碍我们的治理体系达到现代化的各种问题。故此，行政体制改革必然成为实现国家治理体系现代

---

① 胡鞍钢：《中国国家治理现代化的特征与方向》，《国家行政学院学报》2014 年第 3 期。
② 俞可平：《沿着民主法治的轨道推进国家治理现代化》，《求是》2014 年第 8 期；何增科：《理解国家治理及其现代化》，《马克思主义与现实》2014 年第 1 期。
③ 以上关于"国家治理"逻辑的分析，参见王浦劬《全面准确深入把握全面深化改革的总体目标》，《中国高校社会科学》2014 年第 1 期。

化的重要抓手。

2. 行政体制改革与国家治理的逻辑关系

行政体制改革是国家治理体系和治理能力的有机延伸。行政体制改革不仅是实现国家治理体系现代化的重要抓手，还是国家治理体系和治理能力的有机延伸，因为行政体制改革本身不单单是行政管理的革新，同时它也涉及政府和企业关系，政府和市场以及社会的关系，等等。故而行政体制改革的成败，不仅关系到国家或政府的良好运转，也关系到社会的稳定和发展，以及人民的福祉。

例如，政府购买公共服务，是行政体制改革的重要方面。在西方发达国家，政府往往通过外包的形式把一些原本由政府承担的职能转移给社会团体或企业，这样一方面减轻了政府的责任，缩小了政府的职能覆盖面，使政府能够集中更大精力在更为重要的管理事项上，另一方面也提高了运转效率，使得这些公共或半公共产品的供给能够更快速有效地实现。我国在这方面，也在借鉴西方发达国家的相关经验。以地方为例，广州从2008—2013年，用于购买公共服务的财政资金从522万元增至3.2亿元，购买项目从3项拓展到21项，如今包括残障康福、精神康福、社区矫正、社区戒毒、移居人士服务、民族融合、异地务工人员服务等。① 在这里，行政体制改革就不单单是对政府本身制度的改变，也涉及社会或企业一方。行政体制改革就不单单影响政府公务员的工作状况以及政府本身的管理情况，也涉及社会的方方面面，这就不仅仅是"国家治理"的问题了，因为治理的主体在治理体系和治理能力现代化的过程中发生了变化，从过去单一的主体政府演变为多元共享共治的主体结构。

因此，从某种程度上说，行政体制改革进行得顺利与否，不仅体现了国家治理体系和治理能力的程度，也关系到我们国家本身的现代化程度。所以说，行政体制改革是国家治理体系和治理能力的有机延伸。

3. 以"社会治理"为切口的国家治理与功能性指标的探索

行政体制改革是国家治理体系现代化程度的重要衡量指标。世界银

---

① 《广州今年投3.2亿元购买165项公共服务》，《广州日报》2013年8月8日A2版。

行用二十个指标来衡量政府管理市场的程度和状况。美国学者弗朗西斯·福山借用来描述其"国家建设"（state building）的理论，并被福山称为"国家功能的范围"，[①] 包括提供纯公共品，解决外部性，产业政策，国防，立法和秩序，教育，环境，财富再分配，产权，管制垄断，宏观经济管理，克服不平等教育等等。

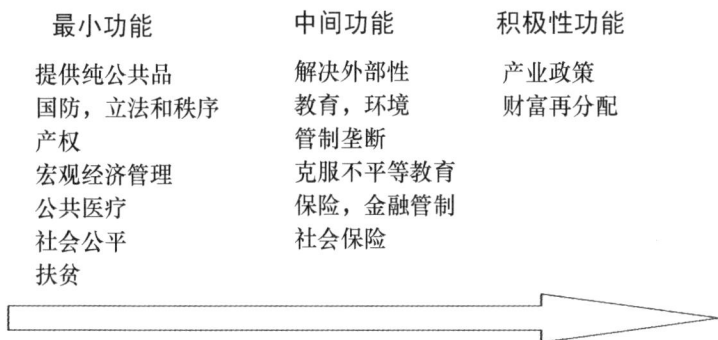

最小功能	中间功能	积极性功能
提供纯公共品	解决外部性	产业政策
国防、立法和秩序	教育，环境	财富再分配
产权	管制垄断	
宏观经济管理	克服不平等教育	
公共医疗	保险，金融管制	
社会公平	社会保险	
扶贫		

资料来源：Fukuyama，F（2004）. State-building：governance and world order in the twenty-first century. London：Profile Books. p. 13.

图1 政府角色的测量变量

这里福山所指的"国家功能"，其本质是指现代国家的功能，或者说是以发达国家作为重要参照标志而制定的衡量指标。我们所提出的"国家治理体系"的目标，无非也就是在上述这些项目的功能上实现现代化。因而，福山所谓的"国家功能"和"国家建设"，与我们所说的"国家治理体系"，在外延上具有较大的吻合度。其中，提供纯公共品、解决外部性、产业政策、宏观经济管理等多项，都涉及行政体制。

上述20个指标被世界银行和福山认为是衡量现代"国家功能范围"的有效指标。那么，我们有没有可能"依样画瓢"，构建出我国国家治

[①] Fukuyama F（2004）. State-building：governance and world order in the twenty-first century. London：Profile Books. p. 13.

理与功能的相关指标呢？如果说国家治理的概念过于宏大，那么我们首先考虑的，应当是针对上述关于国家治理研究的六种路径，选择其一作为切入口，来探讨国家治理在某一方法论维度的指标特性。其中的第三条路径，即基于我国社会治理经验归纳的国家治理理论——社会治理是国家治理的重要组成部分——虽然其侧重点在于基层，尤其是乡镇和街道以下的治理层面，包括其中所涉及的基层政府与社会关系、社会组织关系。换言之，以社会治理作为切入口，来探讨国家治理与功能的可能性指标，成为国家治理理论与实践结合研究的一种可能性。

事实上，关于以社会治理为切入口的国家治理与功能指标，我们可依据的指标样本并不鲜见，包括世界银行一年一度的"世界发展指标"（World Development Indicators）及其不平等调整后的修正指数（Inequality-adjusted Human Development Index）、联合国发展署（UNDP）一年一度的"人类发展报告"（Human Development Report），以及中央编译局制定的"中国社会治理评价指标体系"。在此基础上，可以从治理主体、治理体制、治理方式和治理效果四个方面，对以社会治理为切入口的国家治理与功能进行初步的指标设定。

表1   "社会治理"维度下的国家治理与功能的初步指标

治理主体	治理体制	治理方式	治理效果
•基层党的领导能力 •社会组织发展及其能力 •社区（村）发展及治理能力 •政府和社会资本合作	•组织保障 •技术保障	•透明化 •法治化 •协同性	•社会发展 •社会平等 •公共服务 •社会保障 •公共安全 •医疗卫生 •教育 •绿色

资料来源：依据世界银行"世界发展指标"（World Development Indicators）及其不平等调整后的修正指数（Inequality-adjusted Human Development Index）、联合国发展署（UNDP）"人类发展报告"（Human Development Report），以及中央编译局制定的"中国社会治理评价指标体系"综合而成。

通过辨析我们会进一步发现，即便是关涉社会治理领域的国家治理与功能性指标，其中多个指标涉及行政体制。因为，我们由此把行政体制作为衡量国家治理状况的指标、从而进一步把行政体制改革作为衡量国家治理体系的重要指标，也就毫不奇怪了。

在某种程度上，行政体制改革的状态可以衡量国家治理体系的推进程度。如果行政体制改革获得了扎实有效的推进，则很可能意味着我们国家治理体系的推进也是有效果的；反之，如果行政体制改革只是流于表面，口号响而行动少，则很有可能意味着我们国家治理的现代化过程遇到了阻力。

二　我国改革开放以来行政体制改革的历史变迁

行政体制改革不是一蹴而就的改革，而是要经历较长时间跨度的改革。在不同的时间节点上，改革的重点和倾向是不同的。这就需要我们对改革的历史过程进行研究，进而把握行政体制改革的流变。

行政体制改革伴随着我国改革开放的深入而推进，因此它本身持续的时间跨度也基本是按照改革的时间周期进行的。具体说来大致分为以下几个阶段：

第一阶段，20世纪80年代的行政体制改革，主要针对以下几个方面：一是干部老化和终身制问题，因而提出了建立干部离退休制度。二是针对各级政府人员膨胀臃肿的问题，对各级政府进行精简和裁撤。如1982年国务院的机构多达100个，在当年的改革之后，国务院机构精简为61个。① 三是针对政企、政社不分问题，进行了初步的改革，对政府同企业事业单位和人民团体之间的关系，进行初步理顺，并且在1988年改革中首次提出了"转变政府职能"的说法。

具体来说，与经济体制改革关系密切的经济管理部门成为改革的重

① 汪玉凯：《中国行政体制改革的过程、问题与趋势分析》，2005年9月5日，博客中国网（ht-tp：//wyk20. blogchina. com/87662. html）。

点，在经济管理部门中，又以裁减合并专业管理部门和综合部门内部的专业司局为重点，非经济管理部门也被要求按照政企分开的原则，转变职能、下放权力、调整内部结构和精减人员。如，将国家计委和国家经委合并，重新组建国家计委；撤销了煤炭、石油、核工业、机械、电子等一批专业经济部门。第二，加强宏观调控部门、经济监督部门、社会管理部门以及资产、资源和环境管理部门的职能、机构和编制，财政部、中国人民银行与国家计委成为宏观调控的"三驾马车"。第三，通过试点进行定职能、定机构、定人员编制（"三定"），在取得经验后总结推行"三定"制度。第四，力图解决、理顺中央政府各部门间的关系。

第二阶段，90年代的行政体制改革，则在之前基础之上进一步深化。1993年的改革，是在1992年中共十四大提出了建立社会主义市场经济体制的背景下出台的，因此提出了建立适应社会主义市场经济需要的组织机构。尤其是1998年开始，"进行了一场建国以来规模最大的政府机构与行政体制改革"。[①] 这次改革的主要内容是：第一，按照发展社会主义市场经济的要求，转变政府职能，实现政企分开，把政府职能切实转变到宏观调控、社会管理和公共服务方面来，把生产经营的权力真正交给企业。第二，按照精简、统一、效能的原则，调整政府组织结构，实行精兵简政，加强宏观调控部门，调整和减少专业经济管理部门，适当调整社会服务部门，加强执法监督部门，发展社会中介组织。第三，按照权责一致的原则，调整政府部门的职责权限，明确划分部门之间的职能分工，相同或相近的职能交由一个部门承担，克服多头管理、政出多门的弊端。第四，按照依法治国、依法行政的要求，加强行政体系的法制建设。[②]

具体来说，1993年改革的一个重大举措是，实行了中纪委机关和监察部合署办公，进一步理顺了纪检检查与行政监察的关系。而1998年的改革由于力度非常大，所以在精简机构方面有突出的表现：撤销了几

---

① 汪玉凯：《中国行政体制改革的过程、问题与趋势分析》，2005年9月5日，博客中国网（http://wyk20.blogchina.com/87662.html）。

② 同上。

乎所有的工业专业经济部门，共 10 个：电力工业部、煤炭工业部、冶金工业部、机械工业部、电子工业部、化学工业部、地质矿产部、林业部、中国轻工业总会、中国纺织总会。改革后除国务院办公厅外，国务院组成部门由原有的 40 个减少到 29 个，各部门内设司局级机构减少200 多个，机关人员由 3.2 万人减为 1.6 万人。省级政府工作机构由平均55 个减少为 40 个，平均减少 20%；人员平均精减 47%，共减编7.4 万。①

第三阶段，新世纪以来的改革，是针对国内外形势的变化作出的相应调整。比如对于我国加入世贸组织应当如何应对，对于政府和市场关系应当如何进一步调整。所以在 2003 年 2 月召开的党的十六届二中全会审议通过了《关于深化行政管理体制和机构改革的意见》，随后十届全国人大一次会议审议通过了《国务院机构改革方案》。这次改革的主要内容有：一是深化国有资产管理体制改革，设立国务院国有资产监督管理委员会，从而完善对国有企业的管理和调控。二是完善宏观调控体系，将国家发展计划委员会改组为国家发展和改革委员会，从而较为彻底地摒除计划经济的残留。三是健全金融监管体制，设立中国银行业监督管理委员会。四是继续推进流通管理体制改革，组建商务部。五是加强食品安全和安全生产监管体制建设，组建国家食品药品监督管理局。②

通过对行政体制改革三个阶段的回顾，我们发现，虽然每个阶段的改革内容各异，但有一个基本的改革趋势，即市场化和多元化。市场化体现在政府向市场放权，更多地发挥市场在资源配置中的基础性作用、乃至决定性作用；多元化体现在治理主体的多元化，从单一的政府主导逐渐转变为政府、社会和市场共享共治的新格局。这种市场化和多元化体现了国家治理体系和治理能力迈向现代化的过程。

① 汪玉凯：《我国行政管理体制改革 30 年回顾与展望》，社会科学文献出版社 2008 年版。
② 参见《十一届全国人大一次会议举行第四次全体会议：听取关于国务院机构改革方案的说明》，2008 年 3 月 12 日，新华网（http://jjckb.xinhuanet.com/2h/2008-03/12/content_88917.htm）。

三 行政体制改革的类型学方法论与行政审批制度改革

首当其冲的是行政体制内容划分的方法论问题。行政体制改革涉及的层次多、覆盖面广，有各种方式来对其内容进行划分。核心类型学划分方法是两种：

其一，按政府职能划分。其依据是行政主体乃政府，因此应当按政府不同部门及其承担职能划分，比如财政体制改革、教育行政体制改革和医疗卫生行政体制改革等等。[1]

其二，按政府、市场和社会之间的关系划分。这种划分方法的依据在于根据行政改革的趋势，政府在一些方面必然会放权于市场和社会，从而形成多元共治的国家治理主体。因此，按照理想的治理主体边界划分，具有可持续性。具体而言，可以划分为如下几个方面。一是政资分开与国资管理，它主要涉及政府和企业之间的关系调整问题。二是政社分开与协会兴起，它主要涉及国家和社会之间关系的调整问题，即如何减少国家对社会的不必要干预，以及如何能够更好地调动社会力量参与到国家治理中来。三是政事分开，即政府的责任和权力匹配的问题。四是行政审批制度改革，它会涉及政府、市场和社会三者之间的关系调整，我会在下面的部分对此进一步分析。五是公务员制度改革。六是经济调节与综合部门演变，它涉及我国经济发展不同阶段，相关部门的整合问题。七是市场规制与行政监管，它也会涉及政府和市场关系的调整问题。[2]

以上关于行政体制改革的不同划分方法，尤其是根据理想的国家治理主体的划分方法，恰恰体现了行政体制改革正是依据国家治理体系和治理能力现代化的趋势进行的。

如若按照第二种方法论的逻辑，则我们可以把行政体制改革的内容聚焦在简政放权，尤其是取消或下放中央部门行政审批事项权上——因

[1] 薛刚凌主编《行政体制改革研究》，北京大学出版社 2006 年版。
[2] 参见周天勇《中国行政体制改革 30 年》，上海人民出版社 2008 年版。

为它在本质上涉及政府—市场—社会的三维权界问题。一般说来，我国近些年来政府简政放权包括三方面权力关系的变化：一是中央政府的哪些权力下放给地方政府，即中央和地方政府关系调整问题；二是政府的哪些权力和功能让渡给市场，即政府和市场关系调整问题；三是政府的哪些权力和功能委托给社会组织代理，即政府和社会的委托—代理关系问题。因此，简政放权不仅关涉到我国行政体制改革的关键，它在更大的理论视野维度反映了国家治理体系和治理能力现代化的构建。

我国的行政审批制度改革大体可分为两个阶段：

第一阶段从2001年到2012年。2001年9月24日，国务院办公厅下发《关于成立国务院行政审批制度改革工作领导小组的通知》，成立国务院行政审批制度改革工作领导小组，推进行政审批制度改革，改革工作全面启动。此后持续了十年的时间至2012年，分六批取消或调整了行政审批项目。其中取消的项目，一般是释放给市场和社会进行自我调控或管理；而下放的项目，即下放审批权力给省一级相关部门。此外，还有部分合并的项目以及报批待定的项目。如第四批中，有7项拟取消或者调整的行政审批项目是由有关法律设立的，国务院将依照法定程序提请全国人大常委会审议修订相关法律规定。

第二阶段从2013年至今。自2013年中央政府开始了力度更大的行政审批制度改革。2013年3月新一届政府成立之初，国务院各部门的行政审批事项共有1700余项。李克强总理向社会承诺，本届政府至少要取消和下放其中的三分之一，即567项。而到2014年3月国务院各部门已经实现分批取消和下放416项行政审批事项，截至2015年3月，中央政府再次取消、下放和调整了225项行政审批等事项。[1] 两次相加，已大大超过了李克强总理承诺的在五年任期内取消和下放的行政审批事项数量。具体来说，第二阶段的行政审批制度改革，从2013年5月起，在不到两年的时间内进行了九批。

两个阶段改革的一个共同特点是，改革的行政审批项目，向市场和社会释放的数量远远多于向地方政府下放的数量。如第一阶段中，前者

---

[1]　冉昊：《我国简政放权和行政审批制度改革的过程、问题与趋势》，《新视野》2015年第5期。

为 2069 项，占改革项目总数的 84%，后者只有 346 项，只占总数的 1.5%。第二阶段中，政府向市场和社会放权的事项为 572 项，远高于中央向地方政府放权的 124 项。从具体项目也可以看出改革的基本方向，如第一阶段第六批改革，重点对投资领域、社会事业和非行政许可审批项目，特别是涉及实体经济、小微企业发展、民间投资等方面的审批项目进行了清理，基本集中在政府和市场、社会关系领域。这说明，行政审批改革方向更集中在政府向市场和社会放权的领域，表明改革更多的是调整政府和市场关系，而不是中央和地方政府关系。这实际上是在行政审批改革的具体项目上明确了改革的市场化方向。

要言之，我国行政审批制度改革大体经历了两个阶段。两个阶段的改革方向是相同的，即推动政府向市场、社会释放权力，减少政府对市场和社会的不必要干预，推进改革的市场化。但第二阶段的改革从密度上大于第一阶段，从难度上也大于第一阶段。综上所述，从逻辑上看，行政体制是我国治理体系的重要组成部分；从历史过程上看，行政体制改革的基本路径是市场化和多元化，它体现了政府向市场放权，让市场在资源配置中起决定性作用，也体现了治理主体从一元向多元、从单一向共享共治的变化过程；从内容上看，行政体制改革关涉我国政府、市场和社会三者之间关系的调整，体现了国家治理体系和治理能力现代化的趋向，这正是国家治理体系和治理能力朝着现代化迈进的基本方向。故此，行政体制改革是实现国家治理体系与治理能力现代化的关键。

Collaborative Innovation

协同创新

京津冀协同发展中的政府合作治理研究

赵新峰　袁宗威　蔡天健

（首都师范大学管理学院、北京大学国家治理研究院；
全国宣传干部学院；首都师范大学管理学院）

摘　要　在区域一体化进程中，为实现整体利益，区域政府间协同发展至关重要，而合作治理则是协同发展的核心和逻辑起点。本文通过对京津冀协同发展历史进程加以梳理，基于京津冀协同发展中政府合作治理现状，对区域内协同发展存在的问题进行深入分析，在总结概括国内外区域间政府合作治理实践经验的基础上，分别从组织架构、实现机制和制度安排等方面，提出促进京津冀区域政府间协同发展的合作治理之道。

关键词　京津冀　协同发展　合作治理

引　言

2014年2月26日，习近平总书记在参加京津冀协同发展专题汇报会议时，指出实现京津冀协同发展意义重大，对这个问题的认识要上升到国家战略层面，并提出了京津冀发展的"七点要求"，强调实现京津冀协同发展，是面向未来打造新的首都经济圈、推进区域发展体制机制创新的需要，是探索完善城市群布局和形态、为优化开发区域发展提供示范和样板的需要，是探索生态文明建设有效路径、促进人口经济资源环境相协调的需要，是实现京津冀优势互补、促进环渤海经济区发展、带动北方腹地发展的需要，是一个重大国家战略，要坚持优势互补、互利共赢、扎实推进，加快走出一条科学持续的协同发展路子来。这次会议明确了京津冀协同发展的国家战略地位，开启了国家战略层面推动京津冀协同发展的新阶段。2015 年 4 月 30 日，中共中央政治局召开会议，审议通过了《京津冀协同发展规划纲要》。确定了"功能互补、区域联动、轴向集聚、节点支撑"的布局思路，明确了以"一核、双城、三轴、四区、多节点"为骨架，设定了区域功能整体定位和三地功能定位。这一阶段发展理念的变化表明，京津冀协同发展的瓶颈得到突破，合作意识、统筹观念、协同理念和发展动力等问题基本得到解决，从中央到地方形成了推动京津冀发展的一股合力，京津冀协同发展的国家战略地位已经明确，顶层设计取得重大突破，京津冀协同发展进入全面深化阶段。

实际上，京津冀协同发展并不是一个全新的概念。[①] 自古以来，京津冀区域内部之间在地理空间上相互连接，长期的社会交往和经济活动使得该区域客观上形成了一个统一的经济体。在明清时期，京津冀区域在行政上基本是一体化管理。如明清时期的顺天府，除了管辖北京市部分地区外，也包括今天津市和河北省的部分地区。[②] 现在的京津冀区域，包括北京、天津两个直辖市和一个河北省，面积为 2167.6 万公顷。是中国沿海地区经济最具活力、开放程度最高、创新能力最强、吸纳外来人口最多的三大核心经济区之一。据北京市统计局发布的京津冀研究报告显示，2014 年京津冀地区常住人口 1.11 亿人，占全国的 8.1%；GDP 总量达到 66474.5 亿元，占全国的 10.4%[③]。

然而，相较于长三角和珠三角这两大经济区，京津冀经济区发展较为缓慢，存在较多问题。一方面，京津冀经济区发展尚未释放出最大活力。2013 年，京津冀经济总量仅相当于长三角的 52.7%；人均 GDP 是长三角的 77.5%，珠三角的 63.6%；另一方面，区域内经济发展不平

---

① 张可云、蔡之兵：《京津冀协同发展历程、制约因素及未来方向》，《河北学刊》2014 年第 11 期。
② 肖立军：《明清京津冀协同发展探略》，《人民论坛》2015 年第 1 期。
③ 薄文广、陈飞：《京津冀协同发展：挑战与困境》，《南开学报》2015 年第 1 期。

衡，政府间合作不足，常常在一些领域和项目上存在竞争和冲突，造成大量公共资源和设施的浪费与重置。① 作为京津冀核心的北京，强势的资源禀赋使得其发展对天津和河北产生"虹吸效应"，进一步加剧了地区间的不平衡。即天津、河北两地的优质资源源源不断涌入北京，而北京对两地的辐射带动作用有限。近年来，京津冀的发展遇到了难以克服的瓶颈，如北京市无法疏解的"大城市病"、河北的"环首都贫困带"、京津冀共同面临的"雾霾"等生态环境问题。这些问题严重制约了三地的发展。长期的发展实践表明，仅依靠京津冀区域地方政府自身的力量，很难打破合作发展的僵局，迫切需要从国家战略的高度，进一步深化京津冀区域的协同发展。

一　京津冀协同发展的历史进程

事实上，京津冀地区是中国比较早开展区域合作试点的地区之一。自20世纪70年代末以来，京津冀经济区大致经历了四个阶段的合作尝试。

第一阶段为合作开端阶段（1976—1993）。1976年，（原）国家计划委员会组织了京津唐国土规划课题研究，开启了京津冀协同发展的最早篇章。1981年，华北经济技术协作区成立，是全国最早的区域经济合作组织。1986年，时任天津市市长李瑞环提出环渤海区域合作问题，京津冀区域经济概念随之提出。在其推动下，环渤海地区经济联合市长联席会设立。1988年，北京与保定、廊坊等六地、市组建环京经济技术协作区，建立市长专员联席会制度，设立了日常工作机构。总体来说，合作开启之后并未取得实质进展。华北经济技术协作区难以承担区域规划和政策协调的职责，解决不了深层次问题。因此，其功能逐步削弱。自成立初至1990年共集中举办了七次会议，1994年之后工作打打停停，步入低潮，最后被撤销。②

第二阶段为盲目竞争、各自为政阶段（1994—2003年）。华北经济

---

① 张可云、蔡之兵：《京津冀协同发展历程、制约因素及未来方向》，《河北学刊》2014年第11期。

② 同上。

技术协作区撤销后，由于缺少统一规划和统筹协调，地方政府专注自身经济建设，在招商引资、基础设施建设、产业发展等方面展开激烈的竞争。京津冀区域协调发展逐步削弱，区域内地区政府直接竞争、企业之间盲目竞争，重复建设也愈演愈烈。

第三阶段为合作积极推进阶段（2004—2012 年）。2004 年，由国家发改委主持的京津冀地区经济发展战略研讨会在河北廊坊召开，达成廊坊共识，决定就京津冀都市圈的基础设施、资源、环境等方面展开合作，并引导区域内行业和企业间的经贸、技术合作，建立京津冀发改部门的定期协商制度，同时启动京津冀区域发展总体规划和重点专项规划的编制工作。2005 年，北京和天津宣布了 8 条战略合作措施。2006 年，北京市与河北省正式签署《北京市人民政府、河北省人民政府关于加强经济与社会发展合作备忘录》。2006 年，国家"十一五"规划纲要指出：已形成城市群发展格局的京津冀、长江三角洲和珠江三角洲等区域，要继续发挥带动和辐射作用，加强城市群内各城市的分工协作和优势互补，增强城市群的整体竞争力。2006 年，国家发改委提出"京津冀都市圈（2 +7）"，即以京津为核心，包括河北省的唐山、秦皇岛、承德、张家口、保定、廊坊和沧州 7 个市，后来又加上石家庄，形成 2 +8。然而，缺乏中央统筹协调下的三地合作，很难放弃各自的利益而形成妥协。如在区域合作各自的定位上，北京认为自己是三地规模最大的城市，理所应该成为核心，一切合作以推进"首都经济圈"建设为定位，而天津则定位为"北方经济中心"，河北提出打造"环首都绿色经济圈"。因此，即使三方高层彼此签订多份合作协议，却没有推动务实的基于利益的共赢协调机制，区域合作缺乏成效。[1] 2011 年，"首都经济圈"写入国家"十二五"规划。2012 年，建设"首都经济圈"、河北省"沿海发展战略"、"太行山、燕山集中连片贫困区开发战略"纳入国家"十二五"规划。

第四阶段为合作深化阶段（2013 年至今）。十八大以来，以习近平总书记为核心的新一届中央领导集体高度重视和强力推进京津冀协同发

---

① 薄文广、陈飞：《京津冀协同发展：挑战与困境》，《南开学报》2015 年第 1 期。

展。2013 年 5 月，习近平在天津调研时提出，要谱写新时期社会主义现代化的京津"双城记"。8 月，习近平在北戴河主持研究河北发展问题时，提出要推动京津冀协同发展。此后，习近平多次就京津冀协同发展作出重要指示，强调解决好北京发展问题，必须纳入京津冀和环渤海经济区的战略空间加以考量。在此背景下，2013 年成为京津冀三地关系大突破的重要一年。3 月 24 日，京津合作协议签订；5 月 20 日和 5 月 22 日，河北省分别与天津和北京签署了合作框架协议。2014 年 2 月 26 日，习近平在参加京津冀协同发展专题汇报会议时，提出京津冀协同发展的"七点要求"，明确了京津冀协同发展的国家战略定位。2014 年 3 月 5 日，李克强总理在政府工作报告中指出，加强环渤海及京津冀地区经济协作。随后，国务院成立了京津冀协同发展领导小组及办公室，由国务院副总理张高丽任组长，同时成立京津冀协同发展专家咨询委员会。京津冀协同发展领导小组的一项重要任务就是编制《京津冀协同发展规划纲要》。2015 年 4 月 30 日，中共中央政治局召开会议，审议通过了《京津冀协同发展规划纲要》。这一切表明，从中央到地方已经形成了推动京津冀发展的一股合力，京津冀协同发展的国家战略地位已经明确，顶层设计取得重大突破，京津冀协同发展进入全面深化阶段。

二 京津冀协同发展中政府合作治理现状与存在的问题

在 30 余年的区域合作发展历程中，中央、京津冀三地四方逐渐建构了纵向统筹协调（见图 1）、横向沟通协商的区域合作治理体系。但显然，这一体系还存在诸多不足。

（一）政府合作治理现状

1. 纵向统筹协调机制

（1）中央层面

国务院成立了京津冀协同发展领导小组与专家咨询委员会，相关部委牵头成立了领域内京津冀协同发展工作小组。

国务院牵头成立京津冀协同发展领导小组与专家咨询委员会。2014

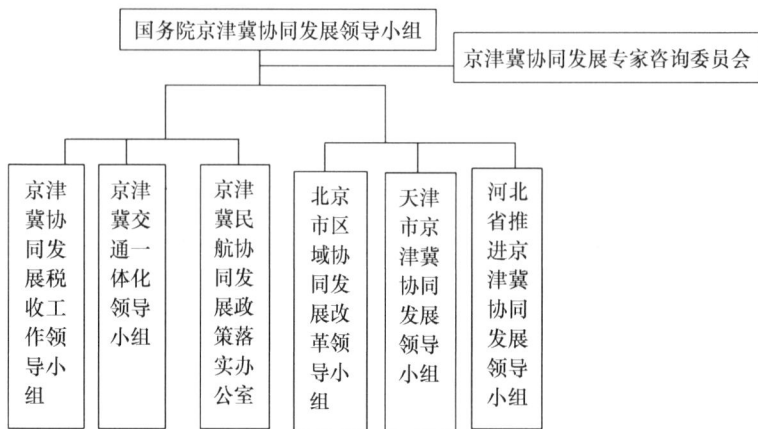

图1 京津冀协同发展纵向统筹协调体系

年习近平同志2·26讲话之后，国务院着手成立了京津冀协同发展领导小组及办公室。领导小组主要负责京津冀协同发展的战略制定、规划编制工作和统筹协调等工作。组长由国务院副总理担任，成员包括相关部委及两市一省的主要领导。办公人员由北京市、天津市和河北省的发改委副主任，以及交通部、环保部、民航总局等相关部门人员组成。目前，其编制的《京津冀协同发展规划纲要》已被中共中央政治局会议审议通过。同年，京津冀协同发展专家咨询委员会成立，负责京津冀协同发展的战略研究与政策咨询任务。委员会由中国工程院院士、全国政协副主席徐匡迪任组长，共有16名相关领域的专家入选。委员会分为规划和交通小组、能源环境小组、首都功能定位与适当疏解小组和产业小组。

相关部委牵头成立领域内京津冀协同发展工作小组。2014年7月，京津冀协同发展税收工作领导小组成立，税务总局副局长任组长，相关司局和京津冀三省市国税局、地税局为成员单位，成员单位负责人任小组成员。2014年，交通部"京津冀交通一体化领导小组"成立，统筹推进京津冀交通一体化，组长由交通运输部部长担任。目前，在该小组领导推动下，三省市政府成立了京津冀交通一体化协作领导小组，并建立了由三省市的交通运输部门组成的京津冀交通一体化联席会机制。

2015 年，该小组牵头制定的《京津冀交通协同方案》已获国务院通过，预计年内可以出台。2014 年，国家民航局成立"京津冀民航协同发展政策落实办公室"，并于 12 月发布《民航局关于推进京津冀协同发展的意见》。

（2）地方层面

京津冀三地成立了区域协同发展领导小组，负责各地区域协同发展的组织领导和统筹协调工作。2014 年，北京市区域协同发展改革领导小组成立，组长由北京市常务副市长担任。办公室设在北京市发改委。2014 年，天津市京津冀协同发展领导小组成立。组长由天津市委书记担任。2014 年，河北省设立"推进京津冀协同发展工作领导小组"。

2. 横向沟通协商机制

（1）环渤海区域合作市长联席会。前身为环渤海地区经济联合市长联席会，成立于 1986 年，由时任天津市市长李瑞环牵头倡议，环渤海14 个沿海城市和地区共同发起成立，是中国最早成立的地方政府间区域性合作组织。目前，该组织成员市已发展至 41 个。是现有的唯一囊括京津冀地区城市的协调机制，每两年举办一次，成员城市轮流举办，常设机构设在天津市经济协作办公室。但是，长期以来，该联席会被诟病为形式大于内容。

（2）京津冀发改委区域工作联席会。2008 年 2 月，"第一次京津冀发改委区域工作联席会"召开。京津冀发改委共同签署了《北京市、天津市、河北省发改委建立"促进京津冀都市圈发展协调沟通机制"的意见》，建立联席会和联络员制度，建立发改委区域工作信息发布制度等。

（3）部门协同工作联席会。如在交通运输部领导推动下建立的由京津冀交通运输部门组成的京津冀交通一体化联席会。另外，2013 年启动的由六省区（北京、天津、河北、山西、内蒙古、山东）七部委（国务院办公厅、国家发改委、工业和信息化部、财政部、环境保护部、住房和城乡建设部、中国气象局、国家能源局）协作联动的京津冀及周边地区大气污染防治协作机制，通过主要领导参与的正式会议制度，协商区域内大气污染防治问题。其下在北京设有办公室，由北京市政府和环境保护部负责。办公室委托隶属于北京市环境保护局的"大气污染综合治理协调处"，负责京津冀及周边地区大气污染防治协作小组办公室文电、会务、信息等日常运转工作。

3. 法制建设

京津冀协同发展的法制建设也迈出了步伐。2014 年，河北省人大常委会向京津两市人大常委会书面递交了《关于加强京津冀人大协同立法的若干意见》的征求意见稿，得到两地人大的积极响应。2014 年 5 月至 8 月，京津冀三地人大常委会和法制工作机构分别进行了交流和磋商。9 月，京津冀三地人大常委会商定，先由天津市人大常委会法工委负责起草一个文件讨论稿，研究修改后召开三地人大常委会负责同志会议具体商定。2014 年年底，京津冀人大常委会法制工作机构在天津市对意见讨论稿进行共同讨论和修改。2015 年 3 月 31 日，在天津市召开的京津冀人大协同立法工作座谈会上，三地达成一致认识，形成意见草案。5 月，由北京市人大常委会、天津市人大常委会、河北省人大常委会联合出台《关于加强京津冀人大协同立法的若干意见》，明确表示，构建与协同发展相互适应、相互支撑、相互促进的立法机制，加强重大立法项目联合攻关，建立三地轮流负责的京津冀协同立法组织保障机制。①

（二）存在的问题

1. "一亩三分地"的思维定式和"碎片化"的治理理念长期占主导地位

目前，京津冀区域的合作多数以北京为中心，合作主体没有形成平等关系。② 此次京津冀协同发展上升到国家战略高度，与中央政府的强力推动密不可分。《京津冀协同发展规划纲要》的审议通过，更是从顶层设计层面，明确了京津冀协同发展的目标和各地的发展功能定位，有利于打破三方政府的"一亩三分地"思维。然而，中央的推动，实际上使得京津冀协同发展变为三地四方关系，中央虽然不作为独立的一方参与到京津冀的协同发展中，但三地都要服从中央政府的要求和命令。在

---

① 王涵：《区域协同立法的"京津冀"尝试》，《民主与法制时报》2015 年 5 月 20 日。

② 丛屹、王焱：《协同发展、合作治理、困境摆脱与京津冀体制机制创新》，《区域经济》2014 年第 6 期。

某些方面，由于中央利益和作为首都的北京利益之间没有严格界限的划分，因此，一些从中央视角出发的制度设计和政策规定有可能维护北京的利益，而牺牲津冀的利益。① 如河北省主要负责人在多个场合表示，京津冀协同发展，河北扮演好服务的角色。这种只服务、不索取无论在河北省领导人还是中央看来都是顺其自然的。但不平等的合作、牺牲一方利益而成就另一方并不是协同发展的本质内涵。此外，长期行政区划体制下的政府惯性思维，各地方政府在跨区域合作治理时考虑地方自身利益、各自为政现象，很难在短时间内有根本的改善，需要一个较长的自我革新和适应过程。

2. 横向的政府间沟通协商机制不完善

目前，已有的横向沟通协商机制还很不完善，尤其缺乏省级层面的沟通协商机制。并且，已有的协商机制在权威性和协调性方面均显不足。如京津冀发改委区域工作联席会，很难进行省级层面的决策协调。环渤海区域合作市长联席会，多是务虚的合作会议，实际合作效果大打折扣。专项领域的协商合作机制也存在诸多问题。如京津冀及周边地区大气污染防治协作机制，具体协调联络则有北京市环保局下的一个处室来负责，鉴于组成成员的级别和权威性的缺失，其具体运行必然存在困难。

3. 区域合作法规体系建设不足

虽然京津冀协同发展的法制建设取得了一定进展，但从协同发展历程可以看出，京津冀间政府合作大多靠政府政策文件而非法律来协调各个方面。政策文件的权威性不足和约束力不强，不利于区域合作向深层拓展和建立长效机制。目前，全国性的区域合作法规体系建设还比较薄弱，全国性的区域合作法律法规较为匮乏。中国宪法和地方组织法中关于政府合作的具体规定和条例几乎是空白，法律只明确了各级政府对其辖区内事务的管理，及上级机关在跨辖区事务中的角色，没有涉及地方政府间合作的问题。② 此外，京津冀的地方协同立法工作也面临挑战。

---

① 顾梦琳：《去年京津冀 GDP 达 66474.5 亿元占全国 10.4%》，2015 年 7 月 9 日，新浪网（http://news.sina.com.cn/c/2015-07-09/083532089304.shtml？from＝wap）。

② 刘亚平、刘琳琳：《中国区域政府合作的困境与展望》，《学术研究》2010 年第 12 期。

一方面，京津冀在立法上没有形成一些固定的交流机制，缺乏实践经验。另一方面，中国新的《立法法》赋予设区的市地方立法权。京津冀区域内享受立法权的城市多达十几个，如果每个地方都制定各自的法律，必然会加剧多头立法和重复立法。

4. 区域内地方合作的市场功能弱化和社会力量参与不足

相对于市场化程度和发展水平较高的珠三角以及长三角地区，京津冀地区的市场化发展程度较低，市场力量发展较为滞后，国有经济仍然占据主导力量，经济行为带有明显的政府行为特征，政府对企业的控制力较强，对产业发展首先考虑的是本行政区的利益最大化。相对于国企的强势，京津冀特别是天津和河北省的民营经济发展较为迟缓，知名的大型民营企业较少，其市场力量还不足以打破区域之间利益分割的限制，资金、技术、信息等生产要素难以形成自由流动的区域市场，使得自下而上的京津冀协同发展进展迟缓。另外，在社会组织力量发展方面，京津冀区域由于地处首都及周边，具有特殊的区位，政府力量比较强大且对政治敏锐性较强，对于非政府组织的发育和公民社会的参与，政府的态度比较谨慎，因而缺乏扶持其发育的积极性和动力，导致区域内各种社会组织的发育和发展相对滞后，难以和政府及企业形成三方互动，进而承担推进区域协同发展的职能。①

三　国内外区域间政府合作治理的实践与启示

（一）国外区域间政府合作治理的实践

1. 松散性的政府间协议模式

这是一种结构化程度较低的自愿合作模式。区域内城市政府地位平等，并没有一个统一的政府机构来统筹区域内公共事务，主要通过区域间政府相互协商、签订政府间协议来完成都市区内公共事务的治理。政府间协议规定双方或多方协作的主要领域、相互的权利义务等。但其执

---

① 丛屹、王焱：《协同发展、合作治理、困境摆脱与京津冀体制机制创新》，《区域经济》2014年第6期。

行主要依靠区域间政府的自觉力，不会单独设立机构来监督协议执行，协议并没有实质的问责效力。如美国纽约大都市区，整个大都市区域内没有一个主导的政府机构来统辖区域所有公共事务，无论是中心城市、县、还是特区，彼此间地位平等，各自独立，相互之间通过协商来完成大都市区域内公共事务的治理。城市间协议在实现和提供某些服务上是有效率的，但并不适合实现区域范围的协调。①

2. 整体性的区域委员会模式

委员会一般由都市区内不同层级的政府（县、自治市以及特区）通过自愿协商组成，主要目的是加强地方政府之间的交流、合作与协调，统筹管理大都市区范围内的大小公共事务，包括制定区域发展规划、提供公共服务等。区域委员会名称多样，有区域规划委员会、区域联合会、发展特区等。

德国鲁尔地区联合会成立于1970年，是由鲁尔大都市群的53个自治城市联合建立的。虽然这个组织并不是联邦政府、州政府的派出机构或者下属机构，但是对于促进鲁尔区区域化发展发挥了巨大作用。首先，联合会对于本地区统筹规划工作发挥了重要作用。如政府机构的设置、公共服务设施的建设、教育培训问题的解决，都通过联合会在城市群范围内统筹，进一步优化了资源配置。其次，通过联合会解决了区域内一些跨城市、跨地区的大型建设项目。如2010年鲁尔区成功申报欧洲文化城项目的尝试就是典型案例。②

在美国，共有大大小小的区域委员会450多个，并成立了全国性的区域委员会协会。如华盛顿大都市区的华盛顿大都市委员会，明尼阿波利斯—圣保罗大都市区的政府联席会等。委员会设日常管理机构，其人员主要由政府的重要民选官员组成，机构运行资金部分依赖于成员政府。美国区域委员会的发展，一定程度上与联邦政府的诱导和刺激相关。联邦政府的法令授予区域委员会制定大都市区发展规划、审查地方政府拨款申请的权利。对那些与大都市区整体规划不符的发展规划，区

---

① 尹来盛、冯邦彦：《中美大都市区治理的比较研究》，《城市发展研究》2014年第1期。

② 《区域协同发展的内部协调机制不可或缺》，《北京日报》2014年7月4日。

域委员会可以予以拒绝，这在一定程度上促进了大都市区的有序发展，消除了地方政府相互竞争所产生的负面影响。

不过，美国的区域委员会在协调大都市区发展方面，也存在权威性不足和效用不足的问题。首先，成员政府可以自主决定加入或退出的自愿性组织性质，加之财政资金不独立，缺乏执行权，导致区域委员会对成员政府有较大的依赖性，甚至受制于成员政府；其次，成员间的平等协商决策达成机制，使得区域委员会一般只关注自然开发和土地使用规划等问题，对诸如低收入住房分配和少数民族歧视等社会问题则尽可能回避。原因在于：区域委员会成员间尽管规模、层级大小不一，但在决策达成方面，大部分委员会采取成员代表制，赋予成员政府一律平等的投票权利和地位。这就要求，区域委员会的工作推进，必须取得各成员政府的支持。而一些成员政府往往基于自身利益，在一些敏感性问题上投反对票或申请退出，致使区域协调工作无法推进。[1]

3. 网络性的协商治理模式

协商治理强调政府与社会的广泛合作，寻求建立区域内互惠、合作和共同发展的网络体系。参与区域治理的主体力量来源于大都市区不同层次政府间、地方公民团体间或各地方政府与私营组织间形成的社会网络。它们组建成区域治理的协作性或合作性组织，采取多种形式来解决区域性公共问题。[2] 其中，最为典型的是美国匹兹堡大都市区的治理模式。匹兹堡是美国的钢都，在美国城市发展中曾经辉煌一时，但高度的资源依赖和严重的环境污染很快让匹兹堡城市发展陷入困境，中心城市逐渐衰败，环境污染问题愈发严重。1943 年，在匹兹堡 150 余位企业精英的努力推动下，旨在集中城市内企业领袖的力量、获得广泛社会支持、推进城市长远规划与发展的社会组织——阿勒根尼社区发展联盟诞生。该组织很快与匹兹堡政府达成协议，建立了公私合作关系，通过项目形式，促进区域内环境治理、基础服务设施建设等问题的改善。同年，来自匹兹堡市及阿勒根尼县的 80 个社会团体组成烟雾控制理事会，

---

① 刘彩虹：《区域委员会：美国大都市区治理体制研究》，《中国行政管理》2005 年第 5 期。
② 张紧跟：《新区域主义：美国大都市区治理的新思路》，《中山大学学报》2010 年第 1 期。

旨在加强对公众进行治理烟雾的教育。该理事会成立了一个委员会，专门研究新的除烟设备以及无烟燃料的供应情况，并组建了一个执行局，帮助匹兹堡防烟局，致力于推动全县范围内的防烟法令的通过。后来，烟雾控制理事会与阿勒根尼社区发展联盟合并。① 网络性的协商治理模式最大的特点是，强调治理而非管理，强调跨部门而非单一部门，强调协作而非协调，强调过程而非结构，强调网络化结构而非正式结构。② 然而，区域协商治理的成功依赖于多种因素，如地方政府人员与社会组织自身的能力，因此，协商治理也面临合作不充分、合作执行不力等尴尬。

（二）国内区域间政府的合作治理实践

1. 中央统筹的区域协作领导小组

由中央出面设立区域发展领导小组，负责确定合作的原则、方针以及重大问题决策。如西部地区开发领导小组、振兴东北老工业基地领导小组等，都是中央统筹的高层次、跨部门跨区域的工作机制。两个领导小组的层级都比较高，由国务院总理担任组长，副总理担任副组长，领导小组成员包括各部委的主要负责人。领导小组下设办公室，目前都是在国家发展和改革委员会内单设机构，具体承担领导小组的日常工作。国务院西部地区开发领导小组成员单位及国务院有关部门设立了西部开发工作联络员，西部12个省区市成立了西部开发领导小组及其办公室或西部开发办公室，以此来协调西部大开发的推进落实。在振兴东北地区老工业基地方面，建立了东北地区四省（区）行政首长协商机制，定期研究协调跨省（区）重大基础设施项目建设、产业布局，以及区域协调发展等问题，并对老工业基地调整改造的重大事项提出意见建议。③

2. 基于地方的行政首长联席会

行政首长联席会主要负责协调、沟通情况、商定具体问题处理。如

① 姜立杰：《匹兹堡——成功的转型城市》，《前沿》2005年第6期；郭斌、雷晓康：《美国大都市区治理：演进、经验与启示》，《山西大学学报》2013年第9期。
② 张紧跟：《新区域主义：美国大都市区治理的新思路》，《中山大学学报》2010年第1期。
③ 连玉明：《试论京津冀协同发展的顶层设计》，《中国特色社会主义研究》2014年第4期。

我国的长三角、珠三角地区的不同层次行政首长的联席会等。

（1）长三角经济区的政府间合作实践

长三角地区已经基本形成了层次分明、分工合理的四级区域合作与协调机制①。

第一层是沪苏浙（现在已经包括了安徽）等省市主要领导出席的定期会商机制，主要决定长三角区域合作方向、原则、目标与重点等重大问题。该机制于2004年启动。

第二层是常务副省（市）长主持每年一次的"沪苏浙经济合作与发展座谈会"机制，主要任务是落实主要领导座谈会的部署，协调推进区域重大合作事项。该机制于2001年启动。

第三层是每年举办一次的长三角16城市（现在已经扩大到22城）市长参加的"长江三角洲城市经济协调会"机制，主要任务是将宏观的合作目标变成合作专题，在城市之间以专题形式进行不同领域内的合作，主要开展交通、港口、规划、旅游、科技、信息及产权等专题项目的合作。于1992年诞生，首批参加的有上海、南京、苏州、杭州、嘉兴、湖州、宁波等14个城市，现在已经扩大到22个城市。经济协调会制定了章程。常任主席方和执行主席方，常任主席方由龙头城市上海担任，执行主席方由各城市按城市排名轮流担任，常设联络处设在上海市政府合作交流办。

第四层是部门间及行业间的合作机制，长三角城市政府相关职能部门间也建立了联席会、论坛、合作专题等合作机制。如"长三角道路运输一体化联席会""长三角创新体系建设联席会"，根据协作发展需要，不定期举行。

（2）珠三角经济区的政府间合作实践

2014年泛珠三角区域合作行政首长联席会签署《泛珠三角区域深化合作共同宣言（2015—2025年）》，明确了该地区经济合作的主要协商体制，包括：

---

① 薄文广、周立群：《长三角区域一体化的经验借鉴及对京津冀协同发展的启示》，《城市》2014年第5期。

行政首长联席会制度。行政首长联席会按照轮流承办的方式，每年选定 9 省区一个省会城市或香港、澳门举行一次，研究决定区域合作重大事宜，审议重大合作项目目录，举行双边和多边会晤，务实推进区域合作。

政府秘书长会议制度。在每届行政首长联席会结束后次月召开专项工作会议。主要职责是督促落实行政首长联席会议定事项，协调推进重大合作项目进展，组织有关单位联合编制推进合作发展的专题计划，并向行政首长联席会提交区域合作进展情况报告和建议。在每届行政首长联席会前，召开秘书长协调会议，商议行政首长联席会的地点、内容和形式。

设立泛珠三角区域合作行政首长联席会秘书处，负责区域合作日常工作，泛珠秘书处设在广东省发展改革委。合作各方分别在发展改革委设立推进泛珠三角区域合作工作办公室，香港、澳门特别行政区由特区政府确定相应部门负责。

建立部门衔接落实制度。各方责成有关主管部门加强相互间的协商和与泛珠秘书处的衔接，对具体合作项目及相关事宜提出工作措施，制定详细的合作协议、计划，落实本协议提出的合作事项。

从国内外实践来看，我国区域间政府合作表现出较自上而下浓厚的行政色彩，上级政府的统筹和同级政府的积极推动是区域间政府合作的主要推动力，非政府组织、企业、个人等在其中的作用还不显著，表达途径还不顺畅。而国外区域间政府合作更多体现的是一种自下而上的发展路径，尽管政府也表现出了积极介入的努力和行动，但比较重视政府间的平等协商合作，也特别重视与公民、非政府组织等的合作。[①]

四　结论和对策建议

凝聚共识，是合作的前提。京津冀协同发展的前提是三地就协同发展的内涵及目标取得了共识。目前，随着《京津冀协同发展规划纲要》

---

① 张紧跟：《新区域主义：美国大都市区治理的新思路》，《中山大学学报》2010 年第 1 期。

的通过，京津冀协同发展的顶层设计工作已经打开局面，明确了协同发展的目标和各地的功能定位。在纲要指导下，各地应本着"统一筹划、共同发展、成果共享、责任分担"的思想展开合作，积极构建科学有效的区域协同发展协调机制，打破多年来制约合作的体制机制性障碍，为协同发展提供制度保障。

（一）明确中央层面纵向统筹协调作用和角色

中央层面成立京津冀协同发展领导小组，打破了京津冀协同发展的困境，有效助力京津冀协同发展的全面深化。但中央层面在京津冀协同发展中的作用和角色要清晰和有效地界定，不能单纯依靠中央指令、财政投资的短期方式解决问题，而应通过相关制度和政策调整，来激发市场化解决京津冀区域发展问题的力量。因此，京津冀协同发展领导小组及各相关部委的京津冀协同发展领导小组，其主要功能应放在制度设计和规划的顶层设计上，以及凭借三地各自的发展力量无法解决的一些制度性政策壁垒和规定上。如横向转移支付、央地之间的财税制度安排、GDP绩效考核标准、跨区域GDP分计和税收分成机制等。[1]

（二）尽快完善横向沟通协商机制

不同于中央政府的纵向等级协调，横向沟通协商强调区域地方政府之间自行进行协商，主要表现为各级地方政府联席会。联席会成员间通过平等谈判和协商，共谋发展大计，协调各自利益，促进区域协同发展。[2] 主要包括：

第一，建立京津冀协同发展省市长联席会，负责三地协同发展的战略方向、重大政策、重大举措、重大项目的协商，出台协同发展的有关政策，编制共同规划，制定有关法律法规制度等，每年举行一次。联席会领导可由北京市市长、天津市市长和河北省省长轮流担任。主要成员

① 张紧跟：《新区域主义：美国大都市区治理的新思路》，《中山大学学报》2010年第1期。
② 祝尔娟：《推进京津冀协同发展的思路与重点》，《经济与管理》2014年第5期。

包括各省（市）的正副省（市）长（各1—2名）。联席会下设办公室，由各省市派工作人员组成，在省市长联席会闭会期间，做好事务的处理和协调、出台共同的政策、督促各地工作的落实、沟通协同发展信息等工作。办公地点设在北京，可以方便与中央保持联络。

省市长联席会下可成立京津冀协同发展专家委员会和顾问委员会，由三省市共同决定人选，包括一定比例的有经验的官员、专家学者（聘用）等，主要为促进京津冀协同发展的科学决策提供咨询建议。

第二，完善京津冀省级发改委区域工作联席会。虽然这一沟通协调机制在2008年就已启动，但其已开展的工作主要集中在区域工作信息发布、区域经济社会发展、合作和工作进度的信息统计与发布方面。下一步，除承担已有的工作外，省级发改委区域工作联席会应承担起落实省市长联席会工作部署、协调推进区域重大合作事项等任务。每半年举行一次。

第三，建立区、市（县）长层次的联席会，负责对重点项目进行专项落实。由北京、天津各区（县）和河北主要市（县）的主要负责人组成，任务是将宏观的合作目标变成合作专题，就需要协调的产业政策、产业转移、大型基础设施建设以及环境污染的治理等问题进行协商，达成有实际约束力可操作的行政协议。联席会每年举行一次。

第四，建立部门、行业层次的部门和行业联席会。如已经建立的京津冀及周边地区大气污染防治协作机制，正在积极筹建的京津冀国土部门联席会、京津冀民政部门联席会、京津冀交通部门联席会、京津冀消协联席会等。部门或行业联席会的成员主要由部门负责人组成，主要工作是完善领域内京津冀协同发展的对口联络及工作联动机制，推动领域内与协同发展相配套的政策制度、规范标准和实务流程的完善和制定。联席会可根据工作需要不定期举行。

（三）搭建社会组织参与的沟通交流平台

行业协会、中介机构、研发机构等各种社会组织在区域合作中的作用越来越重要，能够有效弥补看得见的政府之手和看不见的市场之手的不足，在市场失灵和政府失灵同时存在的领域，各种社会组织具有不可替代的作用。① 因此，要积极搭建利于社会组织参与京津冀协同发展的沟通交流平台，为社会组织参与京津冀协同发展提供制度化的参与渠道。目前，有一些研究机构组织的合作论坛就是不错的尝试。如由河北省社科联发起，北京市和天津市社科联共同支持的"京津冀协同发展论坛"，首都经济贸易大学主办的"京津冀首都发展高层论坛"等。不过这些论坛多限于学术交流，其影响力有限。

（四）完善区域合作法制建设

在国家立法层面，要在清理和废除现有不利于区域合作的政策法规的基础上，从顶层设计和专项法规两方面着手，加快推进区域合作法制建设。在顶层设计方面，要加快促进区域协调法、推进区域合作法等法规的研究制定，从战略和全局层面对深化区域合作作出法律约束和安排。在专项法规建设方面，要在妨碍区域合作的各个环节方面形成法律管控：如地区垄断、行政封锁、限制要素流动、实施不正当竞争等领域。同时，对有利于深化区域合作的环节如发挥比较优势、实行合理分工、建立合作信用、理顺区际利益关系等建立法律保障。② 在地方立法层面，尽快完善地方协同立法机制。

---

① 薄文广、陈飞：《京津冀协同发展：挑战与困境》，《南开学报》2015年第1期。
② 范恒山：《关于深化区域合作的若干思考》，《经济社会体制比较》2013年第4期。

论依法行政中的跨部门协同
问题及治理路径*

赖先进

（中共中央党校政法教研部）

摘 要 推进依法行政、建设法治政府是深化依法治国实践、实现国家治理现代化的重要任务。在现有自上而下多层级、多部门的治理体制和架构之中，要推进依法行政，面临许多来自内外部协同的问题和挑战。科学分析和解决这些问题、挑战，是从整体系统地推进依法行政、建设法治政府的关键。本文从跨部门协同实现的六大关键要素（价值理念—体制结构—机制设计—信息共享—能力培育—文化塑造）出发，构建初步的学理框架，并针对依法行政跨部门协同的主要问题，提出解决依法行政中跨部门协同问题的主要治理路径。

关键词 依法行政 协同治理 治理机制

推进依法行政、建设法治政府是我国推进全面依法治国和国家治理现代化的重要目标。作为一个整体性的目标，依法行政在实践中的落地，必然受到治理体制架构中"条块关系"的影响和制约，产生出不协同的问题，甚至产生冲突乱象。从上到下、从左至右，建立多层级政府[①]与多部门构成的条块关系网络，虽然有利于依法行政目标的分解与

---

* 本文为北京市法制办委托研究项目"依法行政中的跨部门协同问题研究"的阶段性成果之一。

① 一般意义上，中国政府体制是五级政府结构，包括中央、省级、地级市、县级和乡镇。每一层级政府都承担着推进依法行政和建设法治政府的相关职能。

落实；但也容易产生目标任务分散化、碎片化的负面效应，影响依法行政目标的整体实现。具体来看，依法行政"条块关系"中，"上下"关系是领导与被领导关系，比较容易处理；但"左右"条条之间关系是平行的关系，处理依法行政中的跨部门间关系相对比较困难，面临许多理论与现实难题，容易陷入碎片化、分散化困境。以执法为例，执法部门往往接受双重领导，作为块块的地方党政，一般是具体执法部门的"领导"，并在实践中进行归口管理；与此同时，条条中的上级对下级对口职能部门有法定的指导或领导权，下级要服从上级的指挥，下级党委政府也负有配合上级政府部门工作的义务①。上下之间（含部门）的协同、平行部门之间的协同、体制内斜向主体之间的协同、内外主体之间的协同都是推进依法行政实践需要正确处理和应对的协同问题。

一 依法行政中跨部门协同问题的类型学分析

政府依法行政是现代政府履行职能的基本方式，包括的主要内容有：行政立法、行政执法（含行政处罚、行政强制等）、行政许可与审批等。从依法行政的内容来看，依法行政主要面临的跨部门协同问题可分为三类：行政执法活动中的跨部门协同问题、行政许可与审批中的跨部门协同问题、行政立法中的跨部门协同问题。

（一）行政执法中的跨部门协同问题

行政执法活动中的跨部门协同问题是最主要的问题，也是依法行政跨部门协同的突出问题。

1. 行政执法职责交叉、重叠，产生多头执法、多重执法现象

由于执法职责的交叉和重叠，多头执法、多重执法现象时有发生，增加市场主体和社会的成本和负担。在我国政府体制之中，按照专业分工，分层级、分部门地进行"分段式治理"是我国行政执法体制的特点。目前，在我国的许多行政执法领域中，不但相关的各个执法部门都有执法队

---

① 陈柏峰：《党政体制如何塑造基层执法》，《法学研究》2017 年第 4 期。

伍，同一个部门各层级之间也存在着多支执法队伍。执法队伍林立，缺乏有效的协同与整合，容易导致多头执法和多重执法问题的普遍发生。以北京市为例，2017 年 9 月，北京市法制办建设的北京市依法行政信息服务平台显示，北京市共有执法系统 54 个，执法部门 826 个，执法主体 2236 个。数量众多的执法部门与主体难免产生执法重叠和交叉问题。从平行来看，执法部门之间缺乏协同，出现多头执法现象。从纵向来看，层级之间执法机构缺乏协同，容易出现多重执法现象。虽然我国行政体制上下高度对应，各部门从中央到地方层层对接。很多行政部门虽然在各级机关均设置了行政执法队伍，但并未按照每级完全排他的方式对各级机关的行政执法职权进行分割。由此，对于同一个事件，由于同一个部门的各级机关均有执法权限，多重执法的问题就时有发生。

2. 执法职责空白与模糊，产生执法缝隙、执法真空地带

职权法定，越权无效是依法行政的主要原则之一。该原则要求行政机关职权的来源、存在的依据和权力范围是法定的，法律之外不享有行政职权，否则将被宣告无效并承担相应法律责任。职权法定的核心要求是一切行政机关不得自我授权，从根本上杜绝行政权的自我膨胀。另一方面，行政机关一些环节职责空白与模糊的问题也时有存在，对公共事务管理造成不利影响。以食品安全监管为例，目前我国的食品安全由多部门分段监管，国务院及各省（区、市）的食品安全委员会负责总协调。但由于这一体制尚处于调整、完善过程中，仍存在着各部门工作衔接不紧密，有些责任不明确、不具体等问题。在实际监管工作中监管交叉和监管空白同时存在，不同食品品种、不同环节，都有不同的部门在管理。甚至不同地方，监管体系都有所差别，一些地方在发生问题后甚至出现相互推诿的现象。目前，我国正处于工业化、城市化、信息化加速发展的新时代，各种跨部门跨界的社会问题凸显，出现了越来越多的诸如社会治安、环境保护、食品安全等由单一的公共部门无力解决的公共事务。[①] 这些事务经常体现在执法领域。由于目前跨部门协同执法在监管体制方面存在制度缺陷，部门之间缺乏配合协调，基层监管执法能

---

① 周志忍、蒋敏娟：《中国政府跨部门协同机制探析》，《公共行政评论》2013 年第 1 期。

力薄弱，跨部门协同执法的效果并不理想，不但执法出现了缝隙和空白，对市场的监管也出现了真空地带。

3. 执法主体与社会的不协同，行政执法的回应性较低

我国传统的行政执法方式构建的是一种以政府为中心主导，由单一的行政机关意志为目标，通过强制性行政手段来实现公共利益最大化的压制型单向性行政执法模式。传统的行政执法过分强调行政执法主体的优越性和强制性，忽略相对人的权利，只根据行政主体的意志决策，单向性地从行政主体向行政相对人下达命令，固化了一种命令与服从的不对等关系。公民对于社会公共事务只是被动地服从参与，只能顺从行政主体的意志，没有机会提出自己的建议和意见。压制型行政模式忽略了相对人的主体性和认同感，剥夺了相对人表达意见与想法的权利，导致扭曲了正确的民政关系，抑制了公民对社会公共事务治理的创新意识，在不断发展更新的社会里，只能按部就班地按照传统的单一性的强制执行的手段进行治理。而且行政机关在追求公共利益最大化的同时往往以牺牲少数公民的个人利益为代价，但在这样的情况下，公民就没有自我维护权利、共同参与协商的机会。损益性的行政决策必然遭到公民的反对，容易引起民众的抵触情绪，即使行政目标最终有利于维护公共利益，但是缺乏交流互动还是难以得到公民的理解与支持。行政主体单向性的以政府为中心，用强制性的手段推行公共行政并没有与行政相对人建立良性协商关系，这种做法与行政主体的初衷本末倒置，也造成了执法主体与社会的不协同问题。

（二）行政立法中的跨部门协同问题

行政立法是依法行政的源头。追根溯源，依法行政跨部门协同问题产生的源头是在立法方面。立法层面存在不协同，必然导致行政执法活动、行政许可活动不同程度地出现不协同问题。

1. 部门立法体制中行政立法的不协调与冲突

国家法律和行政法规、地方性法规在本质上应是协调、一致的。法律和行政法规发生不协调与冲突的现象反映了法制建设的不足和缺陷。一方面，它将增加公众运用法律的难度，公众不仅要掌握同一问题涉及

的所有法律法规，而且还须防止落入法律法规冲突造成的"制度陷阱"；另一方面，它还可能给某些人带来"寻租"的机会，因为法律的不统一必然扩大执法人员的自由裁量权，给执法犯法带来一定空间。本来一些只要法律法规相统一就不会发生的问题，现在由于法律法规相冲突而出现了。法律和部门规章相冲突，或者用部门行政规章、地方性法规随意解释法律，有立法技术和法规审查、备案制度不完善的原因，但同时也还有更深刻的原因。我国立法权分层次行使的客观现状，导致一些行政法规、部门规章与法律不衔接甚至其中一些内容相互冲突。国家法律多为原则性规定，在执行时往往需要制定相应的行政法规或者地方性规章进行细化。而个别部门规章和地方性规章的出台过程由于存在某种利益动机，便可能放大法律和行政规章、地方性规章冲突的程度和范围，甚至出现极个别行政法规架空国家法律的不正常情形。这些问题的存在，损害了法律和执法机关的威信，许多时候，也使一些人的合法权益难以得到充分保障。

有基层政府法制工作人员在访谈中也表示：在实际工作中也感到确实存在一些因为立法不完善，存在空白、交叉，导致法律规定对某个领域多个部门都有权管，但实际工作中谁也不管，相互推诿的现象；或是法律赋予行政机关的执法手段、力度不足，与实践要求不一致、不协调，难以达到治理的目标要求，导致相关执法部门履职不积极的问题；或是执法部门对法律法规的理解不一致，导致相互推诿，不作为。

2. 缺乏行政立法规范，容易出现部门主义

依法行政首先要解决有法可依的问题，在此基础上，不断提高立法水平。但目前一些有关部门的行政立法还不够规范，不利于激发社会活力和竞争力、维护公平正义、规范权力运行的要求，不利于加强和改进政府立法和制度建设。行政立法中还存在部门垄断主义、地方保护主义的倾向。由于我国实行条块分割和层级管理的行政管理体制，加上行政立法主体众多，而法律对中央与地方及中央所属部门的行政立法权限划分又不明确。哪些事项只能由国务院制定行政法规，哪些事项应当由地方政府及部门制定规章，并没有十分明确的界限。以致一些行政机关往往借"法"扩权，以"法"争利，把"法"当

成推行"行政意图"的工具。同时，行政立法中部门利益、地方利益浓厚。《立法法》规定部门规章之间、部门规章与地方政府规章之间具有同等效力，但又未对此作进一步具体、明确规定。以致一些地方和部门常常利用行政立法的机会使自身的利益和愿望法律化，不适当地强化扩大本地区、本部门的权力，擅自设定审批、许可、收费、罚款和强制措施等行政权，甚至各搞各的相互割裂的所谓"法律体系"，使行政立法中部门垄断主义、地方保护主义倾向严重。如部门立法中，由于主管机关与所属企业存在着特殊历史、利益关系（如铁道部之于铁路企业、信息产业部之于电信企业等），所以在制定部门规章时常常会自觉或不自觉地维护所属企业的利益，从而不惜背离法律的原则，损害市场经济的基本法则。

（三）行政许可、行政审批中的跨部门协同问题

1. 行政审批流程与内容的不协同问题

从整体情况看，现行《行政许可法》对行政许可的程序作了法律规定，但没有出台实施条例和细则，现有规定对政府部门行政审批流程的规范和制约还不够明确具体，各部门制定审批流程的情况参差不齐。分析表明，国务院部门保留的行政审批事项中，由部门提出意见报国务院审批的占极少数，绝大多数是部门直接审批或由一个部门牵头会同有关部门审批。这些行政审批，都要求地方、企业和法人申报资料；都需要在一个部门内的几个司局里分别提出意见，其中有些审批需要一个部门牵头其他部门协同，牵头部门还要征求相关部门的意见。涉及多个部门的行政审批流程往往缺乏统一规范，在协同推进方面存在多种障碍。一些部门设计的行政审批流程，往往只考虑属于自己部门的这段流程，没有与其他部门或地方政府那段流程相衔接；有的部门虽然规定了与其他部门的审批衔接环节，但部门规章规范的流程不一定能得到其他部门的认可和配合。由于对跨部门审批流程缺少整体设计和规范，项目申报单位向多个部门报送或重复报送审批材料的现象，在所有需要部门联合审批的行政审批事项中普遍存在。在内容规范方面，各部门制定的审批流程一般包括审批依据、申报资料、受理方式、审查条件、审批程序、办

理时限等规定，但规范程度差别较大，许多部门对在线运行和查询、告知义务、委托中介评估时限、内部会签流程、批与不批理由说明、承担责任主体等重要环节和办事规则，缺乏具体明确的规定，实际操作的弹性空间较大。

2. 行政审批改革中的改革措施协同问题

在上下同构的部门设置体制下，作为一项系统工程，许多行政审批事项都直接牵扯多个层级政府、多个政府部门，这就产生了许多纵向、横向甚至是斜向的协调联动问题。首先，政府横向部门间放权改革不同步、不联动，缺乏改革协同。对同一审批项目，有的部门下放审批权限，但关联部门却没有下放。比如，某省住建厅下放的交通、输变电类工程资质审核，但是与资质审核关联的省交通厅、省供电局的该项权限并未下放，导致项目申请单位和法人在市住建局受理后仍然需递交省交通厅、省供电局等部门审核。其次，政府垂直管理部门简政放权改革与属地政府改革不协调，成为部门间改革措施不协调的突出结构性问题。有的地方发改委将某些行政审批方式由核准改为备案，但是银行仍然要求出具政府对项目的批文才能提供贷款。国家能源局对某省可再生能源发电项目审批简政放权落实情况的监管报告显示，国家能源局、省能源局将项目核准或备案权限下放，但前置审批部门或相关联部门没有同时下放相应审批权限，简政放权的综合成效未能完全体现。

（四）不作为引发的跨部门协同问题

跨部门之间出现的不协同问题不完全是部门之间不能协同合作的问题，有的主要是部门之间工作的主动性和积极性问题。因此，依法行政过程中部门的主动性、积极性与跨部门协同问题有高度的关联性。许多跨部门协同问题之所以存在，一个重要的原因是部门存在不作为或慢作为。行政不作为与跨部门协同之间具有高度相关关系。任何政府行为，包括跨部门协同行为，需要行政组织及其个体具备内在的驱动力。行政不作为现象，表明行政组织与个体缺乏积极作为的内在动力。即使在跨部门协同机制和环境完备的条件下，不作为的行政组织或个体也难以实现跨部门协同合作行为。

二 依法行政中跨部门协同问题产生的主要原因

依法行政过程中，之所以产生上述的跨部门协同问题，原因是多方面的，主要包括行政体制的结构性原因、行政主体的自身原因、行政立法的原因等。

（一）行政法治层面的因素

部门立法不协调和冲突，甚至部分职能缺乏行政立法规范，必然导致跨部门协同无法实现，或者出现失灵现象。产生行政立法不协调的主要原因有：

1. 行政立法中的部门主义

部门在政府作为整体进行行政立法的过程中占据主导地位。在行政立法实践中，行政部门主导立法的情况比较常见，主要表现就是立法草案由一个或几个行政部门负责起草，立法草案从前期调研到落笔起草，均由相关的行政部门主导与包办，形成部门主导行政立法的体制。这种行政立法体制为"行政权力部门化，部门权力利益化，部门利益法制化"留下了空间。政府所属的众多部门频繁地运用部门立法体制，将部门对有关问题的看法，上升为政府的整体意愿，提交行政立法。在部门利益的驱动下，如果缺乏行政立法前的跨部门沟通和整体性协调，部门立法体制的最终势必会形成不协调甚至有冲突的行政立法文本，为部门执行行政立法中的协同问题埋下了隐患。

2. 协同合作有关法治供给不足

实践中，相对缺乏跨部门合作的有关法律法规。任何跨部门合作都可能面临风险和合作部门之间关于权利、责任和利益的博弈。尤其是近年来，我国需要通过跨部门合作治理的问题层出不穷，其涉及面之广、实施之难，都决定了通过法律法规来制度化、正式化、权威化地指导和保障跨部门合作行动开展的必要性。然而我国恰恰缺乏这种专门性的法律法规建设，大大影响和制约了跨部门合作的推进。例如，关于流域治理的跨部门合作不仅涉及对于流域水质的监测，还包括流域生物的保护，流经河岸的治理等等，涉及多个治理领域和行政区划的共同应对，因而不可能单由某一部法律或政策法规就能够解决。同时，资源法和环境法所涉及内容的综合性与广泛性等特点决定了其执法层面也相应具有多部门性的特点。然而从实际情况来看，我国环境相关立法往往零散地分布于不同的法律文件之中，缺乏一致化的整合，不同的法律文件之间存在大量的内容矛盾和交叉，也缺乏对机构设置、职责权限、主管部门与分管部门的详细说明，难以起到权威性的规范作用。以水资源管理的跨部门合作为例，在对水质进行监测的环节中，环保部门构建了自己的水质监测网和监测标准及规定，而其他与水质相关的水利部门、农业部门也都有自己独立的一套监测标准。在这种情况下，同一监测对象所体现的监测数据往往相去甚远，甚至相互矛盾，难以成为有效的指导决策的数据依据。

（二）行政体制的结构性因素

1. 依法行政中的条块关系

我国宪法和地方人民政府组织法都规定了"条条"和"块块"各自的职责和权限。每一个层级的政府都有着自己的条条和块块，而其又会对应着下一级的条条和块块。从纵向政府间关系来看，呈现出了明显的"职责同构"特点。"职责同构"是指纵向的不同层级的政府部门之间机构设置和职能职责上高度一致。这种对于部门设置的简单复制导致了由中央到地方"条条专政"，阻碍了地方政府横向间的协调与整合。具体来说，各个部门有自己在纵向的行政链条中的专业化职能分工，但同时从横向来看又属于水平化管理系统的 个组成部分，部门依据地方政府的各类管理需求被划分成一个个"块块"，在这个"条块分割"的纵横交叉的综合体制结构中，客观上会容易出现政府权力部门化，使部门的很多职能都面临着冲突，归属不清，界限不明，滋生条块矛盾的生成。政府组织划分为若干职能部门，部门间容易形成部门各自为政、扯皮推诿、信息不畅等本位主义弊端；纵向上，权力过于集中在上级，双重领导和交叉运行的方式使得工作开展必须要多部门上下协同才能完成，直线部门"条条"与职能部门"块块"之间目标不易统一，往往陷入条与块多头指挥、双重领导的困境。这种情况不仅很大程度地影响了跨部门协调的可行性和效率，同时还难以确定地分配各部门在跨部门合作中的任务，进而影响到后续对跨部门合作的监督。在条块格局中，专业主管部门仍然偏多、偏强，综合协调部门显得薄弱和缺乏活力。这些问题都对跨部门协调配合形成障碍。

2. 重层级协调、轻跨部门协调

条块关系是我国政府组织体系中基本的结构性关系，它在纵横两个层面影响和制约着整个政府的权力划分与运行架构。具体表现为，地方各级政府的职能部门纵向上从属于上级业务主管部门，存在指导与被指导关系，从而保证不同层级"条条"管理的统一性；在横向上又从属于地方本级政府，保证全面管理本地区的"块块"能协调联动。在处理条块关系、实现协同的过程中，较为重视纵向的层级协调机制建设，轻视横向的部门协调机制建设。政府跨部门协同的纵向协调机制无论是数量、级别还是规模都具有非常大的优势，但过分依赖层级协调，致使横向协调机制受到部门权力化和利益化的限制和约束[①]。

（三）行政组织及个体的因素

1. 组织的自利性与部门利益

作为行政组织，依法行政中的主体有组织理性。行政系统中不同组织有着不同的组织目标，不同的目标必然指引着不同的行动，但组织目标背后的本质都是对组织理性和部门利益的体现。政府作为特殊的社会组织，存在为其自身和部门发展谋求利益的属性，这是政府组织的自利性。博弈论认为，各个部门争相追求各自的组织理性，最终的结果未必实现政府组织的整体理性，甚至可能损害和削弱政府整体的理性。实践上，各个部门基于自身组织利益的驱使，会倾向于在有利可图的领域主动积极地进行管理或规划；但是对于无利可图的领域，通常会选择推诿或不作为。在组织自利性的驱使下，对于有利可图的领域，可能形成跨

---

① 孙迎春：《发达国家整体政府跨部门协同机制研究》，国家行政学院出版社2014年版，第237页。

部门冲突；在无利可图的领域，可能形成执法真空和空白。在各个部门追求不同利益和理性的过程中，对待同一个经济社会发展问题，势必形成截然相反的部门态度和认知，制定出不同的部门政策，体现出部门之间不协同的行为与取向。

以部门立法的不协调与冲突为例，这种现象背后的实质是各有关部门之间的利益之争。在职权法定的原则下，每个部门的权限划分都应该有法律依据。因此，行政机关间的权限冲突在形式上通常表现为法律之争、文件之争。为了扩张权力，将本部门权力法律化，在立法过程中，各有关部门"寸土必争"。有些法律迟迟不能出台，主要原因就是涉及管理权力的个别条款不能在有关政府部门之间达成一致。为了尽快平息各相关部门之间的权限纷争而使立法尽快出台，立法机关在立法条文中通常采取如此这样的表述方式："某部门主管某领域的全国监督管理工作，国务院有关部门在各自的职责范围内负责有关的监督管理工作"。法律是出台了，但"有关部门""负责有关工作"等模糊表述，不仅未从根本上解决权限争议，而且可能导致实践中政府部门权限冲突的"合法化"。此时的法律不仅不能解决矛盾，反而可能制造矛盾。

2. 个体缺乏足够的协同意识和能力

在组织之下，行政个体所具有的价值理念、态度意识是行政个体行为的先导。如果具备足够的协同价值理念、态度意识，行政个体就拥有开展协同合作行为的内生动力。如果缺乏协同合作意识、价值理念，行政个体就容易产生本位主义、部门主义，忽视跨部门协同合作的重要性。尤其是在政府部门的组织惯性和组织文化的驱动下，行政个体考虑问题容易从部门出发、从狭隘的角度出发，缺乏大局意识、整体意识。我国特有的政治文化和官本位意识造成政府跨部门协调机制的人治色彩比较浓厚。[①] 此外，缺乏跨部门协同的合作能力，尤其是沟通能力、协调能力，也可能阻碍跨部门协同行为的有效实现。

---

① 孙迎春：《发达国家整体政府跨部门协同机制研究》，国家行政学院出版社 2014 年版，第 237 页。

三 解决依法行政中跨部门协同问题的治理路径

形成依法行政中的跨部门协同问题的原因是多方面的，解决这些问题的治理思路需要从多个角度着手，既应包括提升行政主体的意愿与能力，也应该包括改进行政主体所处的行政体制，还应包括优化行政系统外部环境和条件。

（一）跨部门协同实现的关键要素与学理框架

1. 部门协同的价值理念。该因素主要为跨部门协同活动提供动力。无论是组织层面，还是个体层面，跨部门协同活动都需要有协同合作的意愿。如果没有协同合作的意愿，甚至没有工作的积极性，那么，跨部门协同活动将无从谈起。许多政府跨部门协同活动之所以失败，协同意愿的缺失或不足是一个重要原因。

2. 部门协同的体制结构。从物理结构来看，作为大型组织，政府始终都是处在一个庞大的政府组织体制之中。一般意义上，中国政府是一个按照"条块分工"组成的五级政府体制结构。在这样的体制结构之中，任何一个政府及其部门的行为，都要受到组织体制的影响和制约。作为结构性的安排，组织体制的分与合，是产生跨部门协同问题的结构性原因。如果从组织体制上进行整合，跨部门协同问题会由此内部化，跨部门协同问题也就随之消失了。

3. 部门协同的机制设计。从化学结构来看，作为大型组织，政府内部有并且能够建立许多跨部门的协同制度，促进部门之间的合作。科学管理理论认为，组织内部的分工能够促进专业化管理，提高管理效率；解决跨部门协同问题不一定就是要消除分工，在不适宜整合的条件下，可以探索和寻找促进跨部门协同的制度、机制，从微观上推动协同合作。

4. 部门的信息协同。该因素主要为跨部门协同活动提供技术支撑。随着科学技术的迅猛发展，科技逐步渗透到社会生活和政府公共事务管理之中，并发挥着越来越重要的作用。技术尤其是信息技术，不仅为政府公共治理提供了手段，也是推进公共治理向前发展的工具。

5. 部门协同的能力培育。人是政府管理中的基本细胞和能动要素，公务员是政府公共管理活动的承担者和实施者。公务员是否具备相应的跨部门协同能力决定着能否有效地开展跨部门协同活动，建设整体性政府。

6. 部门协同的文化塑造。伦理与文化是影响政府组织行为和效率的潜在因素，是政府能力建设中的"软实力"。行政伦理和文化潜移默化地影响公务员个体的意识和行为。建设丰富的跨部门协同合作的伦理与文化，有利于为跨部门协同行为创造良好的氛围和条件，促进跨部门协同活动的顺利达成。

总之，跨部门协同的六大关键要素之间相互联系、相互影响，共同塑造政府跨部门协同行为的生成。其中，跨部门协同价值理念是协同行为产生的动力和方向，是跨部门协同活动的起点；跨部门协同的组织体制与实现机制是协同实现的根本，个体跨部门协同能力是微观基础，技术与伦理是外部支撑。

（二）以大部制改革思路推进行政体制的整合

要解决依法行政中跨部门协同问题，首先需要各级政府从区域发展的整体视角，构建整体性的依法行政促进体制机制。我国目前的行政执法体制主要是条条推进的执法体制，虽然条条的执法推进机制确有效果，但也存在一些问题，块块的治理协同机制才有其"用武之地"。从"块"的视角来看，各级政府应该积极作为，建立整体性的依法行政促进体制和机制，发挥条条的执法推进机制和块块的治理协同机制的互补功能。从结构上来看，跨部门协同主要面临行政权力和行政机构的分散化问题。要解决这两个问题，第一个思路是相对集中行政权力（相对集中行政处罚权和相对集中行政许可权），把分散化的同类权力集中到一个机构行使，从权力集中和整合的视角，实现跨部门协同。另外一个思路是，在集中行政权力基础上，进一步整合行政机构，把分散化的机构集中到一起运行。这就是按照大部制改革的思路进行改革。

1. 推进执法改革，构建行政执法"大部制"

自1997年《行政处罚法》最早提出设立相对集中处罚制度以来，我国先后进行了城市管理综合执法、卫生综合执法、水利综合执法、农业综合执法等综合执法试点，取得了许多综合执法改革经验。党的十八届三中全会提出"深化行政执法体制改革。整合执法主体，相对集中执法权，推进综合执法，着力解决权责交叉、多头执法问题，建立权责统一、权威高效的行政执法体制。"党的十八届四中全会提出，深化行政执法体制改革应根据不同层级政府的事权和职能，按照减少层次、整合队伍、提高效率的原则，合理配置执法力量。综合行政执法体制是政府依据一定的法律程序，将原来分散于各个部门的行政处罚权相对集中，综合形成大的执法机构的执法结构。综合行政执法可以规避重复执法、多头执法、多层执法等现象，既提高了执法效率、增加了执法力度，也将单一、分散的执法部门进行了整合统一，打破部门条块分割，实现多部门执法的常态化，改变了过去联合执法"突击执法""运动式执法"的状况，加速了行政执法合力的产生。为此，要在大部制改革思路的指导下，进一步推进综合执法体制改革，聚焦城市管理、文化市场、交通、农业、金融监管、经济和市场监管等大领域，组建综合执法机构，从根本上解决多头执法、职责交叉等跨部门协同问题。比如，北京市密云区深化体制机制改革，将涉及密云水库一级区执法权授权至密云水库综合执法大队，执法人员编制下沉至各镇，促进了执法与管护相统一。

2. 优化政务服务中心，构建行政许可"大部制"

自2003年《行政许可法》提出设立相对集中行政许可权以来，各级地方政府开始将分散化的行政许可权，集中交由另一行政机关行使，原行政机关不再行使原有的行政许可权。各地先后设立了行政服务中心或类似机构，推行一站式审批、并联审批，推进部门之间的行政审批协同化，大大提高了行政审批效率。十八大以来，天津滨海新区、宁夏银川、四川德阳等地设立行政审批局，将分散在各个部门的行政许可权，集中到行政审批局，由行政审批局对外进行行政许可是构建行政许可"大部制"的新型探索。沿着大部制改革思路，从根本上解决行政许可中的跨部门协同问题，需要集中分散化的行政许可权，组建统一的机构，提高行政许可和审批效率。

（三）推进依法行政中跨部门协同机制建设

在体制改革缺位的条件下，跨部门协同机制的建立是实现跨部门协同的关键。体制整合是推进跨部门协同的"物理学"方案，具有全局性和根本性特征；机制设计是推进跨部门协同的"化学"方案，具有微观性和基础性特征。在社会不断发展、变革的今天，行政部门要高效处理相应的社会问题，整合政府的各项资源，节约社会成本，实现 $1+1>2$ 的效果，必须建立实现跨行政部门协同的相应机制。

1. 优化依法行政中的领导和组织机制

第一，优化依法行政相关的领导小组建设。领导小组是我国推进跨部门协同，打造整体性政府，实现整体性治理的有效机制。从中央到地方，党的组织、各级政府及其组成部门、军队、群众团体、民主党派、企业和事业单位中都有各种类型的领导小组。十九大提出，要建立全面依法治国领导小组。2018 年 3 月，十九届三中全会通过的《深化党和国家机构改革方案》指出，组建中央全面依法治国委员会，负责全面依法治国的顶层设计、总体布局、统筹协调、整体推进、督促落实，作为党中央决策议事协调机构。委员会办公室设在司法部。贯彻十九大和十九届三中全会精神，各级党委也将成立有关机构。在有关机构的建构中，重视对依法行政的统筹与领导。第二，加强政府法治职能建设，打造整体性推进依法行政和实现跨部门协同的政府中枢。克服条条推进机制的弊端，必须充分发挥各级政府作为"块"的整体作用。2018 年 3 月，深化党和国家机构改革，强化了政府法治职能，将国务院法制办和司法部的职责整合，组建司法部。作为负责有关法律和行政法规草案起草、负责立法协调和备案审查、解释等职能的机构，新的司法部门要扮演好依法行政中的统筹和协调角色。加强对各部门依法行政的指导和协调，及时发现各部门推进依法行政中的问题，向政府提出解决跨部门协同问题的对策和建议。第三，建立跨部门的管理平台机制。比如，公安机关与其他部门机关采用了统一的指挥调度系统，将公安－110、火警－119、急救－120"三警合一"，有效地实现了不同部门、不同警区和不同警种之间相互协调、配合①。

2. 推进跨部门的联合执法机制

联合执法是政府多个行政执法部门，为了解决单个执法部门无法解决的社会问题，采取联合方式统一行动、统一执法，从而对行政相对人进行行政执法，但又分别作出处理决定的一种执法形式。联合执法有力地弥补了单一执法部门执法不力的缺点，加强了不同执法部门之间的沟通与配合，有利于多个执法部门的互动与协调，形成执法合力，在一定程度上避免了多头执法、重复执法、无人执法的问题，从而使执法活动更加便民和高效。首先，在城市政府联合执法机制建设中，重要的是要建立街道与政府执法部门之间的跨部门联合执法机制。作为街道，它是城市社会治理的属地机构，但通常没有执法权，对于许多问题"看得见、管不着"；区级政府执法部门拥有执法权，但是由于所处层级高，发现问题能力较差。街道与政府执法部门的有效联动，成为解决城市社会治理问题的关键。北京市朝阳区在这一方面进行了积极探索，建立了街乡吹哨、部门报到的街道与政府执法部门联动机制。其次，不同层级间均应建立联合执法机制。省、市、区级部门联合执法平台具体负责统筹本系统、本层级的联合执法工作，体现"条状属性"，发挥解决重大疑难问题的作用；街道搭建联合执法平台，整合各部门的派驻力量，体现"块状属性"，发挥统筹解决一般问题的作用。

3. 优化实现跨部门协同的法治化机制

在依法行政中跨部门协同问题产生的原因分析中，行政立法问题是跨部门协同问题产生的首要环节，也是问题产生的源头。在跨部门协同机制建设上，应当优化法治化机制，要加强立法工作，为跨部门协调提供法律依据，从立法层面根本上消除跨部门协同问题的产生。首先，要完善立法、增强立法的科学性。立法要尽量避免和减少模糊不清、职能重叠交叉"多龙治水"的立法规定，从立法的源头上杜绝跨部门协同问题。逐步改变部门立法体制，弱化部门在行政立法中的主导作用，发挥人大在立法中的主导作用。在立法过程中，应发挥政府法制机构的作

---

① 张光、魏永忠主编：《国家治理与公安改革》，中国人民公安大学出版社 2015 年版，第489 页。

用。其次，要加强释法工作。相关立法机构要加强对可能产生跨部门协同问题的立法规定进行详细的解释，避免由于部门对法律规定理解错误、导致执法不协调的问题。其次，从立法的角度，也要明确执法协调机制，对职权交叉、界定不清的，明确裁决机关。编制管理机构要从政府机构职能的角度予以明确。

4. 建立跨部门协同问题解决的规则机制

有效的跨部门协同规则要求该规则为各部门切实可执行、可操作的规则，并且满足跨部门协同的要求。但由于各行政部门间的工作方法、方式不尽相同，所以单纯地建立有关工作步骤类的规则是无法穷尽涵盖跨部门协同工作要求的。对于该规则应以框架性规则为主（即类似于跨部门协同工作的原则），而以工作步骤类型的规则为辅，对于跨部门所需的且具有一定共性的规则，可以建立相应的工作流程，而对于其他的工作，则应该参照相应的框架性规则（即原则）去开展相应的工作。在立法的基础上，建立跨部门协同的规则机制。由于政府行政部门掌握着社会的主要资源，并且具有强制性的权利，所以建立跨部门协调相应的法律、行政法规，可以有效地规范公权力的行使，保障私权利的合法利益，一方面可以为跨部门协调工作提供法律依据，这正是行政部门依法行政的基本原则（对于行政机关，法有授权即可为，法无授权即禁止）；另一方面，也有利于公众对于跨部门协同机制的监督，确保跨部门协同的长期有效实施。对于具体的跨部门协作的规则，可从以下几方面进行规范：

第一，对于双方合作的地位、工作效率等的问题。例如：在跨部门协同过程中，部门之间的地位应为平等的，并以此为基础沟通、商讨相应的问题。以节约社会资源为原则，高效、有序地进行相应的工作。

第二，对于跨部门协作过程中，部门之间无法协调的事宜。例如：对于跨部门协作过程中，如果对于部门分工、解决方案等问题无法协调一致，首先应在部门间进行协商，如协商不成，则应提交共同的上一级行政部门作出决定。对于协商结果，或者上一级行政部门提供的解决方案，应由专门的机构进行备案（如与协同部门同级的机构编制委员会），并作为以后类似问题处理意见的参考案例。

第三，关于跨部门协调过程中的监督的问题。应由部门的上一级主管部门作为跨部门协调工作的监督部门，监督在跨部门协同中的相关工作。或者将跨部门协调过程中的工作流程向社会公开，由社会进行相应的监督工作。

第四，对于未按照跨部门协同商定的工作方式开展工作的罚则。应由该部门的上一级主管部门对该部门的行为进行纠正，如对经过纠正后仍不改变其行为的，或者改变后与原行为并无实质差异的，则对该部门的直接主管人员进行处罚。

第五，对于有关的责任分配问题。对于因跨部门协同而造成损失的赔偿方式，应按照各部门对于造成损失的责任大小进行相应的赔偿。对于可以明确该损失由具体某一或部分部门造成的，应由该部门进行赔偿；如不能明确具体部门造成的损失，应由所有部门按照对该损失的过错比例进行责任分担，如无法计算该过错比例，则应按照公平原则，由各部门平均承担责任。

(四) 强化依法行政协同的能力、条件与支撑

1. 以技术为支撑，推进跨部门信息共享

推进跨部门协同，构建整体性政府在相当程度上要依靠信息技术的支持。没有高度发展的电子化政府，就无法跨越政府的层级限制，也无法将数量庞大的行政机构进行无缝连接。没有高度发展的电子化政府，就无法跨越政府的层级鸿沟，也无法将数量庞大的行政机构和单位电脑连接起来，以便向民众提供整合性的服务。大数据专家舍恩伯格等指出：通过挖掘海量数据将会呈现一个充满关联的世界。政府部门掌握社会大部分的数据资源，除了涉及国家秘密、公共利益、商业秘密之外，确保非保密数据的有效共享，可以更好地满足政府的决策、管理和服务，减少其他行政部门重复收集数据，避免浪费社会资源。主要举措有：

第一，强化建立有效的数据共享机制，实现跨部门数字化协同。跨部门协同要求我们在不削弱部门优势、功能的前提下，打破各行政部门的利益壁垒，实现各部门协调统一。而建立跨部门的数据共享平台，是

解决跨部门协同问题的重要手段之一。以不动产登记簿为例，由于不动产登记以电子文本为主，目前全国各级国土资源主管部门的信息已基本实现统一，但是除此之外，我们还应该建立、建全与林业部门、海洋部门、土地部门、税务部门、司法部门等数据的共享，使得各部门之间掌握有效的、统一的不动产登记信息，避免因信息错误给社会、公民造成不必要的损失。

第二，打通各部门内部"金字工程"，打造整体性的电子化政府，推进跨部门协同。"金字工程"是国家为建设中国信息网，实现各行各业信息化而启动的、以金字命名的一系列重大信息化建设工程。1993 年启动的"三金工程"使我国形成电子信息高速公路大干线，并与全球信息高速公路互联。此外，各个部门还有"金税""金财""金融监管""金审"等若干项电子信息化建设工程。部分工程已经建成或基本建成，并开始发挥重要作用。电子化政府发展空间仍然很大，亟待解决的问题也仍然很多，尤其是从中央到基层，各个部门之间"金字工程"相互封闭，是地方推进信息共享的难点。

第三，推广"互联网＋政务"，建立政务信息平台，推进各部门政务协同。"互联网＋"打破了传统互联网的局限性，充分利用网络办公，极大地提高了工作效率及群众满意度。但这是一个循序渐进的发展过程，应充分考虑我国地区发展不平衡的现实国情，合理过渡，避免造成社会排斥与衍生的技术鸿沟。首先，可推进实体政务大厅与网上服务平台融合发展，实现线上线下办事无缝衔接、合一通办。其次，应加强第三方平台以及企业的长期合作机制，建设智慧城市。再次，应加强安全保障工作，对重要数据进行隔离、加密与安全预警等操作。以北京市海淀区为例，建立了"海淀区政府行政办事中心网上申报平台"，并实现了工商、公安、税务等职能部门集中办公，跨部门审批的职能，实现从"群众跑"到"政府跑"的转变，向着服务型政府成功转变。

2. 积极引入社会参与，实现多元协同治理

从广义和立体的视角看，跨部门协同和整体性政府建设包括三个层面：一是狭义的政府内部部门之间的协同；二是自上而下各层级政府的协同联动；三是政府与社会组织、企业及公众之间的协同（见图 1）。

要解决对依法行政中跨部门协同问题，尤其是执法主体对社会需求回应性不强的问题，需要重视第三个层次的跨部门协同，即政府与其他非政府主体之间的协同合作。目前，社会参与依法行政的过程，已经取得了一定的成绩，已形成一定的法制化与制度化的管理模式。如何在跨部门协同作业中使社会参与形成更加良性的互动，应在事前、事中及事后的每个环节都做到制度严谨、分工明确、配置科学、行之有效。

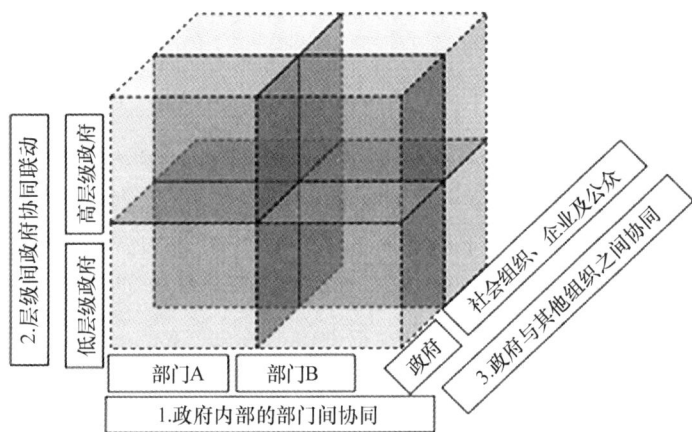

图 1　整体性政府与跨部门协同的立体框架

第一，完善依法行政信息公开制度，拓展公众参与的渠道。信息不对称是影响社会公众参与度的直接因素之一。《政府信息公开条例》虽然明确规定了政府有信息公开的义务，但是政府信息公开的渠道、范围并不明确，很多想参与的社会公众并不能及时获取相关信息。在如今自媒体时代，我们可以建构一种多层次、多渠道的公开方式，除了传统的政府官方网站、报刊、电视广播、新闻媒体、新闻发布会等，还可以借助手机 APP、微信公众号、微博、论坛等群体量大且传播速度快的网络平台，逐步建立统一的信息公开和查询机制。

第二，以引入志愿服务队伍参与为重点，不断丰富公众参与形式。不拘泥于传统的听证等形式，让公众参与其中，树立责任感，传播影响力。例如，2017 年北京市城管执法局、团市委和首都文明办联合部署

"假日文明行动"，在市属重点地区，每周周末及长假期间，对有损市容环境卫生的不文明行为进行宣传、劝阻和教育。在"假日文明行动"中，每次外出巡查时，检查队将至少由两名城管执法队员、3 名志愿者组成。

第三，加强社会对依法行政的监督制约。建立各联合部门之间、执法者与公众参与者之间相互监督与制约机制，相互进行绩效评估，奖罚分明。各执法部门之间应当分工负责，互相配合、互相制约，形成监督合力。公众通过参与到具体的执法实践，增强对执法部门的理解、信任和支持。通过奖惩制度作为激励措施，培养公民主体意识，鼓励和影响更多公众参与其中。

3. 推进协同合作的相关行政文化和能力建设

行政伦理和文化是影响我国依法行政的潜在因素。基层执法体制中，政治伦理的嵌入，使得条块结构中的权责不对等正当化，为基层执法提供政治合法性。推进跨部门协同，要充分发挥行政伦理的积极作用，建设促进跨部门协同行为和活动的协同型行政伦理与文化。首先，转变行政个体传统的"个体户"思想。转变行政部门，特别是行政部门主官的本位主义思想，建立各部门协同合作有效的、平等的行政伦理与文化。其次，在推进依法行政过程中，要强化领导干部的整体意识和大局意识教育。领导干部是依法行政的关键少数，领导干部对跨部门协同和整体性政府建设的认识，直接关系到组织对跨部门协同问题的态度和认知。再次，要培养公务员跨部门的协同合作能力，尤其是要提升公务员个体的跨部门沟通、协调能力。

Reforms and Development

改革发展

构建创新友好型的税收制度

刘尚希　　樊轶侠

（中国财政科学研究院；中国财政科学研究院资源环境研究中心）

摘　要　创新是整体性的，税收制度改革应从整体来设定其路径，并确定其改革导向。我们认为，至少应考虑四个维度：一是整体税负水平。二是公平税负，促进公平竞争。三是基于行为的税收制度构建。四是设计有利于人力资本积累的税收制度。基于"税收环境论"蕴含的整体性思维和创新驱动发展战略的长期性，针对创新发展理念的税制改革要多考虑制度和政策的统筹谋划，以税收法定和创新宏观环境优化为出发点，以税收收入制度和税收征管制度的相互适应和协调为着眼点，将创新理念真正融入现代税收制度建设中去。

关键词　税收制度　创新　税制改革

一　引言

"十三五"规划建议提出"创新、协调、绿色、开放、共享"五大发展理念，为推进国家治理体系和治理能力现代化这一改革总目标赋予了导向性的具体内涵，明确了全面深化改革的新指引、新要求。创新，在五大发展理念中居引领地位，蕴含了理论创新、制度创新、科技创新、文化创新等多维度的全面创新，其中科技创新是核心驱动力。

从全面创新的内在逻辑来看，制度创新或者说治理规则的改革是根本，因为它是一切创新成为可能的前提条件。作为制度创新的主导者，政府在推动全面创新过程中的作用具有不可替代性。作为科技、文化创新环境的制度，不是单一的，而是一个体系。在其中，税收制度是这个体系不可或缺的组成部分。税收制度包括税收收入制度和税收征管制度，与其他制度共同作用于各类创新主体，对创新行为产生重要影响。基于全面深化改革背景下的政府、市场、社会关系重塑，从四个方面展开对税收制度影响的分析：创新的宏观环境、创新的公平竞争、创新的行为激励、创新的社会基础即人力资本积累。这也是分析税收制度对创新产生影响的四个维度，基于促进创新的税收制度改革的逻辑主线也在于此。

二 创新主体与税收制度

（一）创新是在政府、市场与社会的互动中实现的

实现创新驱动发展，必须从整体出发。从世界各国发展史来看，从来没有这样的情况：仅仅是科技创新推动了发展，而法律制度、社会文化可以不变。如果没有专利制度的出现，则很难想象科技创新会日新月异；如果没有在社会文化中嵌入一种创造知识的科学精神，把各种发明创造视为奇技淫巧，那也无法形成创新的社会土壤。

以分析的一般逻辑来看，各种创新是相互关联的，甚至互为因果。没有政府的创新，市场、社会的创新往往被抑制；没有社会的创新，如文化进步、理论新潮，政府、市场的创新则没有土壤，长期看必将枯萎；没有市场的创新，经济发展就会停滞，则政府、社会的创新就会缺乏物质基础的支撑，也使政府、社会创新无法实现。历史的发展过程，实则是创新的历史过程。加入时间因素来观察，总会在某一个历史时点上，创新的发条被以某种历史的方式启动。文艺复兴、科技革命推动了西方工业化和现代化；中华人民共和国成立、改革开放开启了中国的工业化、市场化和现代化之路。以大历史观来看，思想的解放往往成为创新发展的第一动力。在当下的中国更是如此。

当观察聚焦到当下时空条件下，则不难发现，政府自身的创新变得更为重要。作为政府自身创新重要内容的税收制度的改革创新，无疑地

成为市场、社会主体关注的重点之一。税收制度，无论是作为一种制度环境，还是作为一种政策工具，对市场、社会的创新活动都是至关重要的。

（二）税收制度与创新活动

前面分析了创新与政府、市场、社会互动关系的逻辑关联，这里主要分析怎么样的互动才能实现创新。

从创新活动来看，狭义的创新主要是指科技创新。科技创新活动涉及到两个领域和四类主体：市场领域中的经济组织，如国有、民营的公司、企业；社会领域中的社会组织，或非营利组织，如公办，民办的高校、科研院所。这都与政府的税收制度有紧密关联，但税收制度对其产生的影响未必是一样的。从表1的纵栏观察，从所有制来看的税收歧视，在税收收入制度层面已经不存在，但在税收征管制度层面则未必完全消失；从横栏观察，要求区别对待的税收收入制度还未真正形成，社会组织与经济组织的纳税义务是混同的，如企业所得税法规定："企业和其他取得收入的组织（以下统称企业）为企业所得税的纳税人，依照本法的规定缴纳企业所得税。"这就出现了不是经济组织的科研院所等社会组织也在企业所得税法的调整范围之内。就此而言，我国的税收制度还没有整体转向创新激励，仅从税收政策上针对市场领域的科技创新活动出台了一些零碎的激励措施，至于非市场领域的科技创新则还没纳入税收制度改革的视野之中。从广义来看，哲学社会科学领域的创新与科技创新同等重要，也是创新驱动发展不可或缺的组成部分。很显然，对于这类创新活动的税收激励更是在税制改革的视野之外。

表1　　　　　　　　　　　税收制度对创新激励的影响

	市场领域	社会领域
国有单位	有	无
民营单位	有	无

若把政府活动、法律制度、政策等视为科技创新的环境看待，则税收制度无疑是创新活动的外部环境。从"制度环境—创新主体"的反应模式来看，税收制度的变化会很灵敏地反映到创新主体的行为上来。不过创新主体的反应是不对称的，即税收制度的抑制作用与激励作用并非在程度上保持一致。假如一开始的税收制度是中性的，既没有抑制，也没有激励，那么，当税收制度在程度上变坏1%所产生的抑制作用要比变好1%所产生的激励作用大得多。这种不对称反应往往使人难以看到税收制度的激励作用，却很容易看到税收制度的抑制作用。在现实生活中，这样的例子不少。例如，向人要一块钱的负面效应，通常大于比给人一块钱的正面效应，无论穷人还是富人，都是如此。基于这一点来看，税收制度的稳定性是十分重要的。稳定，意味着可以预期。这对创新活动的持续性是必要条件。稳定的税收制度比不断变化的税收优惠政策所产生的激励作用通常要大得多，避免了政策扰动对创新活动产生的不利影响。这也为税收法定原则的必要性提供了重要支撑。

保持税收制度的稳定性，并不意味着税收制度不需要改革创新。根据发展阶段、经济社会条件和创新活动特点，税收制度需要与时俱进，改革创新，以完善创新的制度环境。当税收制度难以整体改进时，可以通过税收政策来替代。税收政策的灵活性可以与税收制度稳定性形成互补。但过于频繁的税收政策改变则会走向反面，很可能抑制创新。频繁的税收政策改变容易产生机会主义行为，与创新行为是相悖的。凡是可以制度化的税收政策，便不应以政策形式来发布，而应转化为制度，甚至法律。

税收的影响是渗透性的、放射性的和非线性的。作为制度环境的税收，对于创新活动的影响，不仅有直接的，也有间接的。影响创新活动的所有因素，几乎都会受税收的影响，如融资、咨询、信息、产权、薪酬、收益分配、人才流动等等，都会受税收的影响，进而间接地影响创新活动。从理论上分析，实行靶向的税收政策，类似于西医疗法，对创新活动的激励是表层的、短暂的，不能从根本上去激励创新主体承担、分担和共担创新风险。任何一种创新都需要其他的创新来匹配，往往是链式结构。好比穿衣，要穿西服，就要有西裤、领带、皮鞋。同样，科技创新，往往需要教育创新、融资创新、组织创新、合作创新、服务创新等多方面的创新来匹配；否则，科技创新是出不来的。这也就是说，税收激励创新不能着眼于点、线、面，而应当从整体出发。"税收环境论"蕴含的就是整体性思维。

三　基于创新体系的税收制度改革：四个维度的分析

创新是关联性的，因而是整体性的。比如研发一个新产品，往往需要新材料来支撑；要实现大规模生产，则需要新工艺；形成新工艺，需要新技术；而新技术的突破，需要新的科学理论；新的科学理论，却需要具有独创思维的人才；培养创新性人才，需要新的教育模式，如此等等，这个创新链条没有尽头，是一个没有边界的立体网状结构，包括自然科学和社会科学。建设世界科技强国，构建中国特色哲学社会科学，需要建设国家创新体系，这个创新体系不是某一领域，而是涉及政府、市场、社会的方方面面。显然，如果用靶向思维来推动税收制度改革，则无从下手。在这种情况下，决策者很可能就会基于点、线、面来出台一些税收政策，以体现税收对创新的激励作用。正如前面所分析的，这样的激励政策效果极其有限。

既然创新是整体性的，那么，税收制度改革就应从整体来设定其路径，并确定其改革导向。我们认为，至少应考虑四个维度：一是整体税负水平。合理的宏观税负是各类创新得以萌发的重要条件，因为沉重的税负会抑制创新。二是公平税负，促进公平竞争。这是推动企业创新，激发市场创新功能的基本条件。不平等的竞争，会全面压抑市场创新活动。三是基于创新行为的税收制度构建。创新的结果是不可预料的，其不确定性特点要求税收制度的激励设计应当以创新行为为基准。四是有利于人力资本积累的税收制度改革。人力资本是创新的社会基础，丰富的不同层次的人力资本，是支撑国家创新体系的必备条件。

也可以说，上述四个维度是税收制度从整体上激励创新的四个基本条件，缺一都可能产生公共风险：抑制创新。推动税收制度改革，解除创新抑制，应从上述四个维度入手，为创新提供必要的"税收条件"，形成由四个维度构成的一体化的激励机制。

（一）分配激励：保持合理的宏观税负水平

宏观税负水平反映出国民收入宏观分配状况，关系到企业、居民的可支配收入以及社会对税收制度的评价。一个相对稳定而合理的宏观税负水平，是激励创新的基石。

何为合理的宏观税负水平，是一个颇具争议性的话题，没有一个放之四海而皆准的结论，取决于多种条件的组合。因为创新既有微观问题，如企业研发，又有宏观问题，如科学、教育、卫生等关系到一个国家的整体创新能力，所以，必须整体考虑，综合权衡。

宏观税负的高与低，这是一个统计学问题，可观测；而宏观税负的轻与重，这是一个社会学问题，难以直接观测。这是在性质上不同的两个问题，但对创新都有影响。前者影响创新的条件，后者影响创新的动机。宏观税负作为宏观分配的结果，直接关系到政府、企业和居民之间的收入分配格局，影响"能不能"创新。当宏观分配过度向政府倾斜时，企业财力有限，会抑制创新。反过来，宏观分配过度向企业、居民倾斜，财政举步维艰，科学、教育、卫生发展受限，各项改革难以推进，也会抑制创新。在统计学意义上，宏观税负有一个适度的问题。

在社会学意义上，宏观税负的轻与重直接影响创新动机。企业、居民的创新动机与"值不值"有内在关系。这与纳税人的身份设定有关：是"经济人"还是"社会人"。如果设定为偏向经济人，纳税就会普遍地与"权利"损害联系在一起，很容易形成一种社会"逆反心理"，哪怕交一点点税，也会觉得税负重，那么，创新就被抑制。反过来，若是纳税人设定偏向社会人，纳税普遍地与应尽"义务"关联在一起，即使税负较高，企业、居民就会当作一种必要的成本来消化，就会努力创新。例如北欧国家，典型的高税负，GDP近一半被政府拿走了，但这些国家的创新在世界上也很突出。这是值得深入思考的一种现象。也许是政府的宏观创新带动了微观创新，也许是较高的税收成本迫使企业、居民更加努力地创新。从已有的资料来看，比较而言，北欧国家确实对较高的税负有较高的认可度，也就是说，并不觉得是一个沉重负担，纳税人的"社会人"意识较强。

再把时间因素考虑进来，合理的宏观税负水平还有一个稳定性与变化性的问题。从作为一个结果来看，宏观税负水平稳定与否取决于多种因素。从作为宏观环境来看，宏观税负主要决定于税收制度。加上时间维度，合理的宏观税负水平还应当是稳定的，可预期的。这样，企业、创业者、投资者都能获得一个稳定的税收环境，有利于稳定创新行为。

宏观税负的高与低、轻与重、稳与变都会从不同角度影响创新，这对税收制度改革提出了新要求，比起静态的单一经济学思维理解的税收制度是不同的。是基于某一个方面的创新，如企业研发，还是从国家创新体系来考虑，激励创新的税收制度改革都会有不同的设想和路径。从当前阶段和条件来看，落实"税收法定"原则，适当降低宏观税负，健全税收民意表达机制，是形成宏观分配激励必不可少的。

（二）市场激励：构建促进公平竞争的税收制度

首先，从税收收入制度看，要紧随产业组织形态的变化完善税收制度。网络化创新模式催生创新治理变革，以组织为单位的研发活动已成为创新的主要组织形态。鼓励集合企业、大学、研究机构、金融机构等的组织优势，发挥创新集群效应，是发达国家创新税收政策的有机组成部分。公共研发平台、孵化器、风险投资、产权交易机构、市场中介、技术标准和规范等，都是创新主体的具体组成部分，要形成有利于专业化分工和新型创新平台发展的税收制度。再如，电子商务、数字金融、共享经济等模式不断涌现，对这些新业态不征税并不会激励创新，而是要通过征税营造公平和中性的税收环境，这恰恰是保护创新的举措。

其次，从税收征管制度整体看，要以有效征管和良好纳税服务实现公平规范的税收外部环境。征管制度作为基础制度，其对宏观创新环境的影响体现在多个方面。良好的征管有利于依法组织财政收入，培育公平、公正、公开、透明的市场环境，营造有利于创新发展的机制体制，确保税收功能的正确实现，是增强各类市场主体创新动力的前提和基础。否则，过头税、偷逃税等都会带来宏观税收风险，再好的税制也发挥不了作用，企业的公平竞争也无从谈起。在税收征管制度设计中，要依托超前谋划和信息化建设，主动适应创新驱动发展的新趋势和新变化，为营造科学高效、公平诚信的创新环境保驾护航。此外，要充分运用大数据税收治理优势，发挥税收征管作为基础制度的技术支撑、信息保障和监督引领作用。

再次，从税收收入制度和税收征管制度改革整体考虑两者的适应性程度。税收收入制度的复杂程度决定了税收征管的难度，而税收征管能力反过来限定了税种及其模式的选择。在新时期税制改革中，应统筹实现税收收入制度和税收征管制度的相互适应、相互协调，避免"单边改革"而降低税制改革的整体有效性。在税收收入制度设计中，要充分考虑"互联网＋税收"带来的征管便利。如在大数据税收治理环境中，个人所得税税制改革的信息和技术保障得以实现，如在筹集收入的同时可以一定程度地调节收入分配差距，以民生为核心的抵扣扣除扩大化、税负公平化就是可以尽快推进的改革内容。

（三）行为激励：基于创新行为的税收制度改革

无论是税收优惠还是财政补贴，目的都是通过分担创新主体的创新风险以促进其创新活力，进而提升经济社会发展内在创新驱动能力。当前税收激励的着力点主要在于：

第一，企业自主研发的税收激励。诸如研发费用税前抵扣、加计扣除、加速折旧、设备投资税收抵扣等税收激励直接降低了企业税负负担，使企业投资于不确定性较强的研发创新项目的动机增强。基于研发创新的累积性，税收优惠可以有效激励企业更多地从事基础性研发活动，从而提高企业自主研发和创新的潜在实力。

第二，强化产学研合作的税收激励。如对国家实验室、大学科技园等提供给孵化企业的特定研发或孵化服务给予税收优惠。

第三，支持新兴产业发展的税收激励。运用税收政策扶持高技术企业和战略性新兴产业发展是具体手段之一。

第四，支持创业和中小企业创新的税收激励。包括对创业企业、创投企业、中小企业的税收减免和扶持等。

第五，促进专利和技术转移的税收激励。如越来越多的国家采用专门的针对专利和技术转移的制度设计，对企业和自然人的专利和技术转让收入给予所得税和流转税方面的优惠。

第六，增加研发人力的税收激励。如从应纳税额中直接扣除研发人员的工资税和社会保险额；直接降低个人所得税税率，降低个人所得税基数；允许个人或企业给予研发类基金的捐赠税前抵扣，等等。

但基于企业或个人创新行为的多样性和不确定性，上述做法存在着众多不尽现实的隐含假定，假定政府可以充分掌握各种信息，假定行为人会知晓并运用这些政策，基于理想化假设的政策设计往往会造成政策效果大打折扣甚至失效。因此，有必要深入把握各类创新行为的特征、条件、行为策略、风险差异等，从行为主义出发，基于创新行为来进行制度设计，推动形成创新友好型的税收制度，并把以临时政策形式出台的税收激励尽可能纳入到税收制度之中。

基于创新行为的激励，不分行业、企业和规模，只要行为主体有创新行为就可以得到法定的税式补贴。这与临时性的税收优惠政策是截然不同的。一是法定的，事先嵌入到税法当中，形成一种新型的税收制度。对于创新主体来说，不是政府给的优惠，不需要审批，不需要找关系，对号入座，自然享有，创新主体编制税式补贴预算，接受监管。二是永久性的，期限决定于税法修订，不同于部门政策确定的优惠政策期限，可预期性强。三是自主性的，是否能得到税式补贴取决于创新行为，而不是取决于政府部门的事先认定手续。只要有创新行为，企业就可以申报税式补贴。政府的监管是事中事后的，只看有无创新行为，即使创新失败了，也认。如果作假，则予以严惩。

实践中，尚存在高新技术企业认定办法不尽合理，研发活动认定困难、执行标准不统一，研发费用加计扣除优惠政策普惠性不足，对创投公司企业所得税和个人所得税优惠门槛偏高等问题，如果按照传统思路来解决这些问题，则需要解决信息不对称的问题。很显然，对政府来说，只有掌握各个领域、行业、企业和个人的所有创新活动，才能公平地激励各种各类创新，否则，就会变异为选择性的激励，对整体创新就会形成抑制。更何况，政府的选择性激励未必是正确的。从行为出发，则把选择权交给了行为主体，信息不对称难题就能迎刃而解，政府需要做的就是事后监管。

（四）社会激励：形成有利于人力资本积累的税收制度

人力资本是全社会创新发展的基础。创新驱动发展需遵循"以人为本"的原则，即把人的素质和能力提升置于基础性地位。企业、家庭（个人）和社会是人力资本积累主体，税收制度要有利于全社会各类主体积累人力资本。

完善促进企业积累人力资本的税收激励。如通过减少企业研发人力成本，激励企业增加研发人员的数量，激发研发热情和企业家精神。针对企业员工培训、教育，给予税式补贴，激励企业积累人力资本。

完善促进个人积累人力资本的税收激励。随着针对自然人的征税范围扩大，自然人税收比重上升，迫切需要考虑个人积累人力资本的税式补贴，并纳入到针对自然人的税法之中。

完善促进社会积累人力资本的税收激励。教育、培训、医疗服务都是积累人力资本的主要途径，除了政府加大投入外，可通过税式补贴来激励各种社会组织加快人力资本积累。针对社会大众的营利性的、非营利性的教育机构、医疗服务机构都应当获得税式补贴，只是程度不同。对于非营利性的，应当永久性免税。

四 简要的结论

从创新驱动发展的内在要求出发，系统构建创新友好型的税收制度，是税制改革的重要方向和目标。当前创新税收激励多基于政策性优惠，临时性、被动性、特惠性的税收激励政策多，而法定性、开放性、普惠性和主动性的制度激励少，其效果有限。基于"税收环境论"蕴含的整体性思维和创新驱动发展战略的长期性，税制改革要有新理念，少搞短期性、补丁式的优惠政策，以税收法定和创新宏观环境优化为出发点，以税收收入制度和税收征管制度的相互适应和协调为着眼点，将创新理念真正融入现代税收制度建设中去。

参考文献

陈宏生：《欧盟研发税收激励政策的实施效果设计原则及发展方向》，《全球科技经济瞭望》2010 年第 2 期。

课题组：《德国科技创新态势分析报告》，科学出版社 2014 年版。

李浩研、崔景华：《税收优惠和直接补贴的协调模式：对创新的驱动效应》，《税务研究》2014 年第 3 期。

刘尚希、樊轶侠：《税收与消费：从理论反思到政策优化》，《税务研究》2013 年第 5 期。

薛薇等：《科技创新税收政策国内外实践研究》，经济管理出版社 2013 年版。

超大城市执法分权改革研究[*]

——北京市的调查与分析

万鹏飞

（北京大学政府管理学院）

摘　要　本文以北京市为个案，首先厘清了与超大城市分权改革主题相关的基本概念，其次考察北京城管执法重心下移的背景和主要内容，再次是对这次改革进度的考察和过程的初步分析，第四是深层次的思考和建议，最后是结论。

关键词　超大城市　城市管理　城市治理　城市执法　分权

首都城市管理体制和机制正处于一个大的转型和变迁之中。以"横向整合、纵向分权"为内容的改革从 2017 年初开始实施，计划于 2017 年底完成。本文以北京市区街城管执法重心下移的改革的调查为基础，首先明晰与这次改革相关的基本概念，其次考察北京城管执法重心下移的背景和主要内容，再次是对这次改革进度的考察和过程的初步分析，第四是深层次的思考和建议，最后是结论。

---

*　本论文根据北京市城市管理综合行政执法局委托的课题"在构建首都城市管理大格局中发挥城管职能作用的研究—北京市下移城管执法重心改革的调查分析"研究报告改编而成，其间得到了北京市和相关区城市管理综合行政执法局、海淀镇城管执法队的大力支持，在此一并表示感谢！

一 基本概念和研究方法

（一）基本概念

1. 超大城市

所谓超大城市，是指城区常住人口 1000 万以上的城市为超大城市[①]。2016 年中国人口超千万的城市增长到 13 个，其中，北京 2016 年年末常住人口达到 2172.9 万人。从世界范围看，困扰超大城市的城市病主要表现为：城市无序蔓延、交通拥堵、社会分化严重、可负担性的住房供给不足、环境恶化问题严重[②]。北京作为一个超大城市，所患城市病和世界其他超大城市大同小异，用中国政府官方的语言说，就是人口过多、交通拥堵、房价高涨、生态环境恶化[③]

2. 城市管理

城市管理（Urban Management）可界定为城市政府利用立法、行政和司法赋予的权力，综合运用政治的、法律的、管理的理论和方法，规划城市、建设城市、维护城市、促进城市发展、提高城市生活品质活动的总称。城市管理确保水电交通、医疗卫生和教育等基本公共服务的提供、公共利益的保护、公共资源的有效和公平配置、基础设施的运营和发展、多元利益的兼顾与协调、冲突的解决等。为确保上述目标，城市政府必须拥有多种工具或手段发挥激发各方创意，释放各方潜能，整合各方资源，建立战略性公私伙伴关系，形成城市发展合力。城市政府不仅仅扮演直接领导角色，更要发挥"四两拨千斤"间接领导作用[④]。

[①] 超大城市的界定主要依据联合国和中国政府的标准：United Nations. 2014. World Urbanization Prospects：The 2014 Revision. New York：Department of Economic and Social Affairs，Population Division；国务院关于调整城市规划分标准的通知，国发〔2014〕51 号。

[②] Daniel Kübler & Christian Lefèvre（2017）：Megacity governance and the state，Urban Research & Practice，Urban Research & Practice，pp. 1 – 17，https：//doi. org/10. 1080/17535069. 2017. 1347810.

[③] 习近平 2014 年视察北京的 2. 26 讲话。

[④] 本定义综合吸收了下述两位学者的成果：戴维•H. 罗森布鲁姆、罗伯特•S. 克拉大丘克关于公共行政的界定，见其《公共行政学：管理、政治和法律的路径》，第 5—6 页，中国人民大学出版社 2002 年版；Claudio Acioly Jr，2003，"Urban Management：an introductory note"，in Azza Sirry，'Urban Management Practices in Secondary Cities in Egypt：the case of Belbeis'，Elias Modern Publishing House，Cairo，Egypt。

3. 城市治理

城市治理（Urban Governance）是指城市政府在合法利用公权力和发挥整合作用的前提下，贯彻共建、共享、共治理念，将政府主导治理与社会自我治理有机结合，联合社会多元主体，通过一系列程度不一的制度化安排，提供服务，实施管理，促进发展，提高民众福祉。城市治理体制机制建设，更注重多元主体的参与、非等级制方法的采用、政府和社会的合作等方面。

从语义学角度看，管理和治理可通用，它们共通的含义是对某些事项照看和做出决定的行为或活动，因此可互换。它们之间的差别是，治理主要用来指国家事务的合法控制。现代治理概念更多强调动态性、多元性、协同性。因此，传统的城市管理特性是政府作为单一管理主体突出，指挥、控制色彩明显，手段简单、粗放；而城市治理则更多集中于包括政府在内的多元治理主体，更多地强调参与、合作和非等级制方法。

4. 城市执法

城市执法（Urban Law Enforcement）是指城市政府在其辖区内为更好管理城市而促使人们守法、改变或终止危害公共利益和公共秩序而采取措施的行动，具体包括：（1）检查：查明义务人有无违法行为；（2）协商：与未遵守法律的义务人进行协商，以便制定双方均同意的旨在认真履行法律义务的日程表和方法；（3）选择执法行动：包括口头警告、书面通知、罚款等；（4）提起法律诉讼：只有在必要时才提起法律诉讼；（5）促进守法：鼓励人们自愿遵守法律规定，如通过教育、技术援助、资金补助等措施，鼓励人们自觉、自愿守法。这里的守法就指全面履行、实施城市管理有关的法律规定，其目的在于，按照城市管理法律规定的要求去作为和不作为，实现法律规定要求的变化和结果。守法者包括所有由相关法律规定涵盖的义务人，包括公民、企业、社会组织，也包括政府自身[1]。

5. 分权

从词源学上看，所谓分权（Decentralization），是指职能和权力的分

---

① 参考和借鉴了美国国家环保局编，《环境执法原理》中关于执法的界定，民主与建设出版社 1999 年版，第 5 页。

配，更具体的是指，政府权力从中央向区域或地方的授权①。本文所指的分权，是指区级政府根据中央政府和北京市政府的要求，将区级执法权力向街道和乡镇分权的举措。人们通常认为，最大限度的分权能实现公共资源分配的最大效率，能够动员地方自身资源更有效地满足地方需要，解决地方面临的问题。分权通常分两大类，一类是具有宪法性法律所规定的分权，具有法治保障的特点；一类是行政指令下的分权，不具有法治保障特性，这里的分权更主要是一种组织系统内部的授权，视上级政府的意愿，可随时收回这种分权。就总体而言，学术界的共识是，为了有效促进效率和公平，有必要实现某种程度的分权化决策和集权化协调的有机统一②。

（二）研究方法

1. 实地座谈

课题组先后赴北京市石景山区、房山区、延庆区、西城区、海淀区实地调研，与上述五区城管执法局进行座谈，走访了海淀镇城管执法队，了解改革进度和遇到的问题。

2. 发放调查表

课题组和北京市城管执法局一道先后设计了城管执法体制改革情况调查表和街道（乡镇）执法队基本情况调查表，汇总全市改革基本数据。

二　北京下移城管执法重心改革的背景和主要内容

（一）2017 年 1 月前北京城管执法体制

北京城市管理工作在建国之初就已经开始，并随着首都政治经济的发展逐步专业化、系统化和综合化，从中华人民共和国成立初期市、区两级分别设有爱国卫生委员会对城市环境卫生的单一管理，到改革开放

---

① https：//www. merriam-webster. com/dictionary/decentralization.

② Kenneth K. Wong & Ted Socha, "Decentralization" in International Encyclopedia of the Social Sciences. Ed. William A. Darity, Jr. . Vol. 2. 2nd ed. Detroit：Macmillan Reference USA, 2008, pp. 250 – 251.

之初形成市、区（县）、街道（乡）三级管理体制，再到九十年代初出现分散的多个专业部门共同执法格局，再从共同执法逐步发展成为城市综合行政执法的管理模式。

1. 北京市城管执法总体管理体制

到 2016 年底，北京市形成了"两级政府、三级管理"和"三级政府、三级管理"的综合执法体制。所谓"两级政府、三级管理"，是指市区两级政府，加市、区、街三级管理，因街道办事处为区政府派出机构，不是一级政府，但是承担一级政府的管理工作。所谓"三级政府、三级管理"，是指市、区、乡镇三级政府，加市、区、乡镇三级管理。市局和区局之间是业务指导关系，区局和街道的关系是领导和派出之间的关系，即街道和乡镇是区局的派出机构，以区执法局的名义执法。具体职责分工如下：（1）市局主要负责制定政策法规和标准规范，指导、监督、考核区级城市管理执法工作，查处跨区域和重大复杂违法违规案件。（2）区局主要负责组织落实本辖区内执法工作，负责街道乡镇执法队人员的招录培训和重大执法活动的指挥调度、指导监督。（3）街道乡镇城管执法队是区局的派出机构，代表区局负责本区域内的日常执法工作。

改革前，北京市城管执法力量如下：北京城市管理执法局 1 个，区级执法局 20 个，街道执法队 139 个，乡镇执法队 154 个，特殊地区执法队 36 个，市直属执法队 49 个。市区街（乡镇）三级执法力量履行的处罚权力有 14 大类 402 项（见表 1）

表 1 　　　　　　　　　　改革前北京城管执法事项[①]

执法类别	处罚权数
市容环卫	153
公用事业	82
食品安全	35

---

① 北京市城管执法局，2017 年 12 月。

执法类别	处罚权数
施工现场	30
环境保护	29
园林绿化	29
市政	22
停车	15
工商（无照经营）	3
城市规划（违法建设）	2
交通运输	1
旅游	1
总计	402

全系统共有执法人员 6600 余人，皆为公务员编制，其中，大专学历占 16.85%，本科学历占 71.91%，博士、硕士学历占 11.24%。中共党员占 80%，非党人员占 20%[①]。

2. 区和街乡镇执法权力关系模式

1997 年北京城管执法力量成立之初，城管执法力量、管理重心就完全在街乡镇。2004 年北京召开第五次城市管理工作会，将区城管执法部门和街乡镇双重管理执法队伍的体制调整为由区城管执法部门对街乡镇基层执法队实行直接管理的垂直模式。截至 2016 年年底，北京城管队伍管理主要存在三种模式：

（1）东城区垂直管理模式。即街乡镇城管执法队直接由区城管执法部门统筹管理"人、财、物"，不受属地监督机制约束，日常配合街乡镇开展工作。①优点：一是区城管执法部门在基层执法人员管理上统一规范，在执法上能给予专业指导，确保了街乡镇城管执法队的专业性、规范性；二是区城管执法部门可对全区城管队伍实施统一指挥、统一调度，克服了执行区级决策打折扣、基层执法队各自为政等问题。三是街乡镇城管执法队摆脱街乡镇对执法工作的干预，有效避免了属地政府的

---

① 北京市城管执法局，2017 年 12 月。

干扰，保证执法的权威性和统一性。②缺点：一是街乡镇缺少管理手段，对街乡镇城管执法队调动、指挥存在困难，容易造成街乡镇有职能、有眼睛、无手段。二是街乡镇城管执法队日常执法协调需区城管执法部门与相关区级部门沟通，协调成本高、效率低。北京大部分区采用这种模式。

（2）朝阳区属地管理模式。即街乡镇城管执法队的"人、财、物"由街乡镇管理，但业务上接受区级城管执法部门的领导、指挥和监督。①优点：一是街乡镇具有城市管理工作的拳头力量，调动城管执法队伍更加直接，并对辖区内的城管执法工作负总责，不单是城管一支执法队伍的责任。二是街乡镇城管执法队在本辖区内进行执法，便于通过街乡镇平台与其他执法部门进行快速协调，协调的效率较高。三是基层城管执法人员在本街乡镇范围内进行转任交流，队伍管理出口较大，同时可以得到较多的财物投入。②缺点：一是街乡镇城管执法队易成为街乡镇的"乡丁"，街乡镇可能考虑本辖区利益，对部分违法行为选择性查处，出现执法不公现象；二是街乡镇使用城管执法编制比较随意，人员被借调是普遍现象，执法业务骨干难以保留，影响执法队伍的稳定。三是区城管执法部门与基层城管队工作指导脱节，长期缺乏专业培训和规范管理，影响队伍的专业性、规范性、统一性。

（3）石景山区试点改革模式。2014年，石景山作为北京唯一的城市管理体制改革试点区，赋予了街道办事处更大的统筹基层执法队伍的权力，具体是在街道层面成立社会治理综合执法指挥中心，全面负责辖区社会治理和综合执法工作，并坚持重心下移的原则，整合了8个常驻单位的执法力量，建立了街道综合联动执法体系。城管执法队也由统一管理改变为"条块结合、以块为主"的双重管理，在编制不变、职责不变、主体不变"三不变"的前提下，城管执法队整建制移交街道，日常按照指挥中心的部署开展工作。①优点：一是减少了条与条之间的执法缝隙，避免了专业部门的推诿扯皮，实现了问题早发现早解决；二是遵从目前街道办事处承担大量管理工作的现实，在工作上会比较顺利。同时自主性、灵活性加大，街道办事处能根据辖区实际积极开展工作。②缺点：一是街道办事处不是一级政府，却承担起了一级政府的职能，不符合现行法律；二是街道办事处力量强化必然导致专业部门更名正言顺地向街道派活甚至推责，容易造成部门的不作为。

（二）2017 年 1 月北京下移城管执法重心改革的背景

2017 年 1 月推出的北京市下移城管执法重心改革是多种因素作用下的产物，其改革背景有以下几点①：

1. 中央推进城市管理执法体制改革的需要

中央推进城市管理执法体制改革体现了先整合，后下沉的思路。2015 年 12 月 20 日至 21 日中共中央在北京召开城市工作会议，会议出台了两份纲领性文件：一是中共中央国务院关于深入推进城市执法体制改革、改进城市管理工作的指导意见；二是中共中央国务院关于进一步加强城市规划建设管理工作的若干意见。根据文件要求，到 2017 年年底，实现市、县政府城市管理领域的机构综合设置。到 2020 年，城市管理法律法规和标准体系基本完善，执法体制基本理顺，机构和队伍建设明显加强，保障机制初步完善，服务便民高效，现代城市治理体系初步形成，城市管理效能大幅提高，人民群众满意度显著提升。横向综合，纵向分权，是这次改革的总体思路，坚持以人为本、依法治理、源头治理、权责一致、协调创新各项基本原则，为这次分权改革指明了方向。根据中央要求，北京市于 2016 年 6 月 13 日出台了北京市委 北京市人民政府关于全面深化改革提升城市规划建设管理水平的意见。

上述文件是中国城市下移执法重心改革最主要的指导性文件。就下移城管执法重心的改革来说，重点要解决以下两个方面的问题：

一是解决市区层面重点生产和生活领域城市执法碎片化的问题。尽管中国各城市都有城市综合执法部门，但由于部门利益的驱动，执法的部门的整合程度还很初步。故本次改革首先强调进一步调整优化城市管理综合执法的范围，重点在与群众生产生活密切相关、执法频率高、多

---

① 根据下述三份文件综合而成：（1）中共中央、国务院关于深入推进城市执法体制改革、改进城市管理工作的指导意见（2015—12—24）；（2）中共中央、国务院关于进一步加强城市规划建设管理工作的若干意见（2016—02—06）；（3）北京市委、北京市人民政府关于全面深化改革提升城市规划建设管理水平的意见（2016—06—13）。

头执法扰民问题突出、专业技术要求适宜、与城市管理密切相关且需要集中行使行政处罚权的领域推行综合执法。健全完善规划、住房城乡建设、水务、交通等领域专业执法与综合执法衔接配合的体制机制。由城市管理执法部门牵头，搭建城市管理联合执法平台，建立城市管理综合执法与公安消防、市场监管、安全生产、环境保护等的联合执法机制。推进城市管理综合执法体系向农村地区延伸。

二是解决城市执法体制中条强块弱的问题。中国城市管理体制的一个很重要的特点是组成市区政府的各职能部门掌握着管理城市的主要资源，分兵把守，各管一摊。构成城市最基层的街道办事处和乡镇政府却权力有限、资源有限，总是被派活、被干活。他们看到问题，却没有解决问题的资源和能力，所谓"看得见的，管不着；管得着的，看不见"。为解决条强块弱的问题，本次改革决定推进执法重心下移，明确市区街（乡镇）各自职责，充实基层资源，强化基层能力，以更快速处置违法现象，更有效地提高城市执法水平。因此，改革的方向是：市级层面主要负责制定政策法规和标准规范，指导、监督、考核区级城市管理执法工作，以及查处跨区域和重大复杂违法违规案件；区级层面主要负责组织落实本辖区内的执法工作，负责街道（乡镇）城管执法队人员的招录培训和重大执法活动的指挥调度、指导监督；街道城管执法队仍作为区城管执法局的派出机构，管理体制调整为以街道管理为主，主要负责本区域的日常执法工作。充实基层执法力量，减少行政执法层级，稳定基层执法队伍。

2. 完善城市社会治理机制的需要

中央城市工作会议强调，要落实市、区、街道、社区的管理服务责任，健全城市基层治理机制。进一步强化街道、社区党组织的领导核心作用，以社区服务型党组织建设带动社区居民自治组织、社区社会组织建设。增强社区服务功能，实现政府治理和社会调节、居民自治良性互动①。下移城管执法重心有助于完善城市社会治理机制。

3. 疏解非首都功能、治理北京大城市病的需要

疏解非首都功能是优化和保障首都功能的重要前提，是治理大城市

---

① 中共中央　国务院关于进一步加强城市规划建设管理工作的若干意见，2016年2月6日。

病的根本性举措，是京津冀协同发展的最重要的内容。疏解非首都功能中拆除违章建筑、清理污染企业、疏解区域性的物流基地和专业性的市场、整治开墙打洞和无照经营等，都需要明确街道（乡镇）属地责任，发挥联合执法优势，开展市区两级专项整治行动。

（三）2017 年 1 月北京下移城管执法重心改革的内容

2017 年 1 月 10 日，中共北京市委编制委员会以 1 号文的形式颁发《关于调整区级城市管理体制下移执法重心有关问题的通知》，正式启动北京市下移城管执法重心的改革。改革内容如下：

1. 总体目标

按照"权责一致、加强统筹、协调创新"的原则，理顺权责关系，合理划分市、区、街道以及区级部门间在城市管理和执法方面的职责；明确区级城市管理主管部门，分清主次责任；下移执法重心，保障街道有能力履行相应职责。到 2017 年年底，各区城市管理和执法体制基本调整到位，机构和队伍建设得到加强，保障机制初步完善，城市管理效能得到提高。

2. 体制设计

（1）调整管理体制

将区街城市管理执法体制由区政府统一管理执法主管部门实行统一管理调整为以街道办事处为主的双重管理，业务上接受区城市管理执法主管部门的指导和监督。领导干部实行双重管理、以街道管理为主。具体管理办法由各区根据工作实际研究确定。区城市管理执法部门派驻乡镇（地区办事处）的执法机构可参照街道做法，对管理体制一并进行调整。

（2）明确机构定位

体制调整后，街道执法队仍作为区城市执法主管部门的派出机构，机构名称、编制类型不变，以区城市管理执法主管部门的名义进行执法，相关行政复议和应诉的具体事务由街道办事处负责办理。

（3）坚持力量下沉

体制调整后，街道执法队使用的行政执法专项编制同步划转至街道，纳入街道办事处编制总额，其人员编制、领导职数由街道办事处进行管理。执法力量要向基层倾斜，一线执法人员数量不得低于90%，严禁降低一线执法人员的数量，确保一线执法工作需要。

（4）规范协管队伍

街道办事处可以根据实际工作需要，采取招用或劳务派遣等形式配置城市管理执法协管人员。协管人员数量不得超过在编人员，并应当随城市管理执法体制改革逐步减少。协管人员只能配合执法人员从事宣传教育、巡查、信息收集、违法行为劝阻等辅助性事务，不得从事具体行政执法工作。

（5）加强指导监督

体制调整后，区城市管理执法主管部门要加强对街道执法工作的业务指导、专业培训和执法监督。区级层面原则上可以保留一支人员少而精的直属执法队，负责对街道城管执法工作的督查，以及跨区域及重大复杂违法案件的查处。开展重大执法活动时，区城市管理执法主管部门对街道执法队具有跨区域的调动指挥权。各区原有的特殊地区执法队原则上可以予以保留。区政府法制工作部门要加强对街道办事处法制工作事务的指导，提高依法行政水平。

（6）完善运行机制

理顺街道执法队与街道办事处职能科室、网格化指挥平台及市、区驻在街道的相关管理机构之间的关系，建立以街道执法队为骨干、公安为保障、相关行政部门共同参与的联合执法机制，切实提高街道办事处在城市管理工作中的统筹协调能力。健全相邻街道城管执法队之间的信息共享、协同联动、无缝衔接机制。

（7）实行费随事转

按照费随事转的原则，及时调整街道执法队伍的经费渠道，实现事权与财权保障相适应。街道执法队应当配备全国统一的执法制式服装、标志标识、按照规定配备必要的执法车辆、调查取证器材、防护用具等执法装备并规范管理。加大财政投入力度，行政执法、技术装备、检验检测所需经费全部纳入财政预算，保证体制调整后工作经费水平不降低。

3. 时间进度

各区城市管理体制调整和执法重心下移工作方案应于 2017 年 3 月底前报市编办备案后组织实施，调整工作应于 2017 年 6 月底之前完成。有关机构调整事宜，需按权限履行相关审批程序。街道城管执法队伍双重管理办法制定工作以及权力清单、责任清单制定公布工作应于 2017 年年底前完成，并报市编办备案。

三 北京下移城管执法重心改革的进度和过程分析

（一）北京下移城管执法重心改革的进度

北京下移城管执法重心的改革看似简单，但实施起来却比较复杂。16 个区各有各的区情，而且市级层面的改革内容总体比较原则，方案要各区自己拿。从我们课题组调查的情况看，目前各区进度不一。

1. 总体改革方案制定和落实进度

截至 2017 年 9 月 20 日，北京市 16 个区改革方案制定和落实进度如下（见表 1）：改革方案正在研究的有朝阳、房山、顺义、密云，共 4 个；方案已提交区委区政府的有西城、门头沟、通州、大兴、怀柔、延庆，共 6 个；区委区政府已通过方案的有东城和丰台，共两个；方案已通过正在落实的有海淀、昌平、平谷，共 3 个。由此可见方案已通过且在落实的区县仍较少，执法体制改革仍处于初期。

2. 区执法管理局机关改革前后人数

从汇总的数据看，除海淀、西城、朝阳、门头沟和顺义（缺少海淀改革前后的数据，缺少西城、朝阳、门头沟、顺义改革后的数据）外，北京市大多数区县直属队伍机关科室编制人数在改革后都减少了，其中怀柔下降幅度最大，编制人数减少了 26 名，下降 60.5%；大兴改革前后机关科室编制人数没有变化；丰台、通州在改革后机关科室编制人数反而上升，分别上升了 16.1% 和 3.8%[1]。

---

[1] 中共中央　国务院关于进一步加强城市规划建设管理工作的若干意见，2016 年 2 月 6 日。

3. 区执法管理局机关改革前后直属队伍人数

总体来看，北京市大多数区直属队伍编制人数在改革后都减少了，其中东城下降幅度最大，编制人数减少了149名，下降84.7%；西城改革前后直属队伍编制人数没有变化；石景山、通州、怀柔在改革后直属队伍编制人数反而上升，分别上升了22.0%、84.8%、35.7%[①]。

4. 街道乡镇执法队改革前后人数

总体来看，北京市绝大多数区县街乡镇执法队编制人数都增加了，其中延庆增加幅度最大，编制增加了123名，增加3.84倍；西城、大兴改革前后街乡镇执法队编制人数没有变化[②]。

5. 街道乡镇执法队改革后人员基本素质

课题组从学历构成、专业构成、年龄和性别、人员来源四个方面对改革后街道和乡镇执法队的基本素质进行了考察，结果如下[③]。

（1）学历构成

从执法人员的学历构成上来看，北京市街乡镇执法队伍整体素质较高。83%的在编执法人员拥有本科及以上学历，其中本科学历的人群基数最大，占整体的73%；大专及以下仅占17%，占比较低。

（2）专业构成

从执法人员的专业构成上来看，北京市街乡镇执法队伍的专业配置得较为合理。法学、管理学等与执法相关领域的人群占50%以上，且城管队伍的专业类型丰富，涵盖经济学、工学、农学、文学等诸多领域，符合城管执法跨学科特点和多方面的需要。

（3）年龄和性别

从执法人员的年龄构成上来看，北京市执法队伍中30岁以下、30—40岁、40—50岁、51岁以上的人群占比较为相近，41—50岁的人群占比相对较多。从执法人员的性别构成上来看，各执法队的执法人员主要以男性为主，男性占比达到了71%。从执法的业务特性上来看，以男性为主的队伍构成符合业。

---

① 北京市城管执法局，2017年10月。
② 同上。
③ 同上。

（4）人员来源

从执法人员的来源人数上看，通过社会招聘的方式进入城管队伍的执法人员占绝大多数，比例为46%；其中出于国家政策需要，有25%的执法人员通过军转的方式进入城管执法队伍；同时，岗位调整进入城管队伍的比例也不低，占到了17%。总的来说，城管执法人员主要来自于社会招聘。

6. 改革前后编制总人数

这里的编制总人数＝直属队伍编制人数＋街乡镇执法队编制人数＋机关科室编制人数。如图所示，除海淀、西城、朝阳、门头沟、顺义、大兴和密云因缺少数据无法统计外，北京市大多数区县总体编制人数在改革后都提高了，其中通州提高幅度最大，编制人数提高了397名，提高了1.46倍；怀柔在改革前后总体编制人数没有变化；东城在改革后总体编制人数小幅度下降，和改革前基本持平[①]。

（二）北京下移城管执法重心改革的过程分析

北京下移城管执法重心改革是一项正在进行中的改革，对改革存在的问题和效果做科学、全面的评估还为时过早，这里仅就下移执法重心过程中课题组的发现做初步的总结和分析。

1. 区街两级认知有差异

从五个区调研的情况看，区执法局对于将区级直管改为以街道为主的双重管理体制有一些保留看法，担心执法队伍的专业性会受到影响，调动力量不那么方便；街道乡镇执法队员则比较倾向新体制，他们觉得，新体制可以让他们享受职级并轨的政策，双休日可以能正常休息一下，个人发展空间更大些[②]。

2. 个别区下移存在一刀切

北京市下移城管执法重心的改革方案由北京市编委颁发。方案规定了全市改革的原则、框架和具体内容，将各区实施方案留给各区编办去

---

① 北京市城管执法局，2017 年 10 月。

② 海淀镇城管执法队访谈，2017 年 11 月 25 日。

做，对于北京这样一个超大城市来说是明智的做法，值得肯定。但是，由于缺乏对 16 个区的分类研究，导致改革方案的一些具体内容和一些取得区情脱节。如延庆区是一个城市化程度低、人口密度低、工业比较少的生态涵养区，一些乡镇根本没有执法任务，但是却依然要教条式地向那里下沉执法力量，导致执法任务集中地区执法力量不够。2017 年 1—8 月，延庆区共接到举报案件 1291 件，城区占 920 件，有些乡镇，比如大庄科、四海、千家店都是一两件，有的地方一件都没有①。

3. 下移内容与中央 37 号文有差异

根据 37 号文，在设区的市推行市或区一级执法，市辖区能够承担的可以实行区一级执法，区级城市管理部门可以向街道派驻执法机构，推动执法事项属地化管理；市辖区不能承担的，市级城市管理部门可以向市辖区和街道派驻执法机构，开展综合执法工作。派驻机构业务工作接受市或市辖区城市管理部门的领导，日常管理以所在市辖区或街道为主，负责人的调整应当征求派驻地党（工）委的意见。逐步实现城市管理执法工作全覆盖，并向乡镇延伸，推进城乡一体化发展②。"很明显，中央 37 号文逻辑很清晰：（1）街乡镇执法队是区执法局的派驻机构；（2）街乡镇执法队的业务工作接受区城管执法局的领导；（3）街乡镇执法队的日常管理以街乡镇为主；（4）街乡镇执法队人员的调整应征求街乡镇党工委的意见。

再对比看北京市编委 1 号文，"调整管理体制，将区街城市管理执法体制由区政府统一管理执法主管部门实行统一管理调整为以街道办事处为主的双重管理，业务上接受区城市管理执法主管部门的指导和监督。领导干部实行双重管理、以街道管理为主。具体管理办法由各区根据工作实际研究确定。区城市管理执法部门派驻乡镇（地区办事处）的执法机构可参照街道做法，对管理体制一并进行调整。"可看出：（1）逻辑清晰的语言变成了模糊不清的双重管理语言；（2）尽管街乡镇执法队仍是区执法局的派出机构，但其和区执法局的关系、和街乡镇的关系

---

① 延庆区城市行政管理综合执法局调研，2017 年 8 月 8 日。

② 《中共中央 国务院关于深入推进城市执法体制改革改进城市管理工作的指导意见》，2015 年 12 月 30 日，中国政府网（http://www.gov.cn/zhengce/2015 – 12/30/content_ 5029663. htm）。

与中央的规定差异大。

此外，北京市执法分权改革的时间进度与中央 37 号文也很不一致，前者的要求就一年时间，即到 2017 年年底，各区城市管理和执法体制基本调整到位，机构和队伍建设得到加强，保障机制初步完善，城市管理效能得到提高。中央 37 号文则规定如下：到 2017 年年底，实现市、县政府城市管理领域的机构综合设置。到 2020 年，城市管理法律法规和标准体系基本完善，执法体制基本理顺，机构和队伍建设明显加强，保障机制初步完善，服务便民高效，现代城市治理体系初步形成，城市管理效能大幅提高，人民群众满意度显著提升。

4. 部分条款可能会产生法律争议

课题组对北京市下移城管执法方案印象最深的是体制设计的第 2 条，即"明确机构定位，体制调整后，街道执法队仍作为区城市执法主管部门的派出机构，机构名称、编制类型不变，以区城市管理执法主管部门的名义进行执法，相关行政复议和应诉的具体事务由街道办事处负责办理。"因为这一条与中国现行法律相悖，而且几乎所有区都提到了这个问题。

自 1954 年设立以来，街道办事处作为市辖区、不设区的市的人民委员会/人民政府的派出机关这一性质从来没有改变过，"市辖区、不设区的市的人民政府，经上一级人民政府批准，可以设立若干街道办事处，作为它的派出机关。①"就目前法律规定而言，街道办事处不是一级行政主体。所谓行政主体，是指依法享有国家行政权力，以自己的名义实施行政管理活动，并独立承担由此产生的法律责任的国家行政机关和社会组织。其中非常重要的判定条件是行政主体必须能够"以自己的名义实施行政管理活动"并"独立承担法律责任"，而"街道作为区政府的派出机关，受区政府领导"，从法理上严格来讲，并不是一级政府，只能行使由区政府赋予的部分职权。也就是说，街道应是以区政府的名义，行使区政府赋予的行政职权、实施行政管理活动，并不承担行政权

---

① 《中华人民共和国地方各级人民代表大会和地方各级人民政府组织法》，2015 年修订版，第 68 条第三款。

的行使而产生的法律责任。因而街道只是行政管理活动的实施主体，而不是一级行政主体①。既然街道不是一级行政主体，它就不能独自负责办理行政复议和应诉事项，除非现行法律明文规定或有明确的司法解释。

几乎调查过的区都一致担心，"以区局的名义执法，相关的行政复议及诉讼有街道乡镇受理。我们对其法理性产生了质疑，问了区法制办，他们的回复是这个模式是现行体制下唯一可行的办法。这个将来后患无穷，我们这里什么都不知道，就得去应诉当被告……街乡镇的执法队人财物已经不归区局管了还要算区局的派出机构，将来追责的时候或者到诉讼程序以后还要起诉城管局而不是起诉街乡镇执法队，实际责任由执法队承担但是被告是城管局，败诉也是以城管局的名义败诉②。"

5. 方案内容存在不严谨之处

从实施角度看，北京市下移城管执法重心的改革方案内容有些不严谨，导致各区在制定实施方案时产生歧义和疑惑，主要表现在以下三个方面：

（1）究竟什么是"双重管理"？

改革方案体制设计第一条规定：将区街城市管理执法体制由区政府统一管理执法主管部门实行统一管理调整为以街道办事处为主的双重管理，业务上接受区城市管理执法主管部门的指导和监督。领导干部实行双重管理、以街道管理为主。具体管理办法由各区根据工作实际研究确定。各区对这条规定都很困惑，实际涉及区局和街道办事除之间的职责划分。从调查的情况看，目前似乎只有石景山区做了相对清晰的说明。他们提出了一个"四放六不放"：

放主要包括：①日常执法管控下放给街道，属地管理主责。②日常的人员、经费、装备维护下放给街道。③基层班子建设下放给街道。④队伍的日常管理下放给街道。

不放主要包括：①干部的轮岗交流权不放。干部在某一属地工作一

---

① 徐静琳主编：《行政法与行政诉讼法学》，上海人学出版社 2010 年第二版，第 69 —71 页。
② 延庆区城市行政管理综合执法局调研，2017 年 8 月 8 日。

段时间之后，职位怎么调，调谁，调到哪里需要由城管局决定。②跨区域的执法力量调动指挥权不放。在有需要的情况下，保证城管局可以调动所有城管队伍。③人员招录的标准、流程、招录工作不放。保证人员素质、形象、能力符合统一标准。④监督考核的监察权不放。发现问题、派发问题、跟进问题的权利需要由城管局掌握。⑤教育培训及相关的指导标准不放。只有符合标准，才能参与执法。⑥业务指导数据和任务导向不放。业务指导的数据包括任务量，任务成果，考核结果等，这些需要进行通报。任务导向主要指的是自上而下的指导，将上级的指示传递给下级，指导该干什么、怎么干。

（2）究竟什么是"执法力量"？

改革方案体制设计部分的第 3 条规定：执法力量要向基层倾斜，一线执法人员数量不得低于 90%，严禁降低一线执法人员的数量，确保一线执法工作需要。这里"执法力量"是指区局的直属执法队呢还是指区局机关人员加区局直属队，不得而知。结果，延庆区在制定实施方案时就向区编办询问，区编办再请示市编办，得到的回答是整体编制的 90%，即机关人员加区局直属队，结果区局就剩 15 个人左右了，机关已无法正常运转了①。

（3）究竟什么是"重大复杂违法案件"和"重大执法活动"？

改革方案体制设计部分第 5 条规定：区级层面原则上可以保留一支人员少而精的直属执法队，负责对街道城管执法工作的督查，以及跨区域及重大复杂违法案件的查处。开展重大执法活动时，区城市管理执法主管部门对街道执法队具有跨区域的调动指挥权。这里的"重大复杂违法案件"和"重大执法活动"的内涵究竟是什么、谁来界定？房山区城管执法局认为，这两个术语必须在双重管理办法中说清楚。谁来说呢？编制部门无法界定，只能靠区局来界定。根据他们的看法，凡是市区领导指派和关注的执法活动都叫重大执法活动；至于重大复杂违法案件的标准得由区局定，权限在区局②。

---

① 延庆区城市行政管理综合执法局调研，2017 年 8 月 8 日。
② 房山区城市行政管理综合执法局调研，2017 年 8 月 10 日。

6. 影响部分区执法队伍的稳定

房山区得情况比较明显。改革前，区局机关人员加直属队共计150—160人，改革后机关人员31人加区直属队19人，共计50人，大量人员要到街道和乡镇。因为地理位置偏僻和街道待遇不如区局，区局机关由4人去了其他区政府部门，1人辞职不干。执法队人员心理上也出现了不稳定，过去再偏地方的执法队也是区直机关派来的，现在从区级变成乡镇了，感觉上都不一样了。不仅如此，协管人员都不稳定了。过去再远，也是区直机关派的，但是下放之后一下子变成乡镇了，就有人不干了①。

四 深层次的思考和建议

为了更有效地发挥城管执法在首都城市管理大格局中的作用，构建更加科学、法治、合理的城管执法体制，可考虑在2017年的执法重心下移改革的基础上，对未来三到五年的城管执法体制的改革做深层次的谋划和思考，并制定首都城管执法体制改革战略规划，统筹考虑，分类施策；法治引领，依法行政；科学思考，精准布局。

（一）统筹考虑，分类施策

根据新修编的北京市总体规划对北京16区的功能分类，结合各区城管执法的特性，对16区的城管执法改革进行科学分类，提出政策指引。课题组根据调查统计数据和北京市城管执法局提供执法密度数据，综合辖区面积、人口、人口密度和执法密度四方面指标，发现北京市城管执法分权改革可分三种类型，即执法核心区、执法拓展区和执法外延区，分类施策，可能更加合理。

1. 辖区面积

从辖区面积上来看，北京市城管执法的辖区面积从左往右可以分为三个圈层，第一圈层是东城和西城，是北京市的核心区，辖区面积很

---

① 房山区城市行政管理综合执法局调研，2017年8月10日。

小，仅为怀柔的 1/43；第二圈层是剩余的城四区；第三圈层是北京市远郊的十个区县。

2. 辖区人口

从辖区人口上来看，人口数量最多的是朝阳和海淀，常住人口分别为 325 万人和 292 万人，两个区流动人口数量也很多，分别为 224 万人和 147 万人，管理难度大；人口数量最少的是延庆，常住人口仅有 9 万人，仅为朝阳的 2.8%。

3. 辖区人口密度

从人口密度上来看，东城和西城的人口密度显著高于其他地区，为第一梯队；剩余城四区朝阳、海淀、石景山、丰台人口密度不到东城和西城人口密度的一半，为第二梯队；北京远郊十区县人口密度较低，如延庆，其人口密度不到西城的 1%，这些区县可作为第三梯队。由此，按人口密度划分的梯队和按辖区面积划分的圈层基本吻合。

4. 辖区执法密度

这里采用的执法密度计算公式为：

$$执法密度 = \frac{年度结案数}{执法辖区面积} \times 100\%$$

上述执法密度用于区域内执法压力大小。选取年度结案数作为分子避免了季度性带来的偏误，分母使用辖区面积而非辖区人口是因为执法队根据区域进行划分而非人口，这样可以使执法密度较为准确地反映区域的执法压力大小。

根据上述公式，我们可以将北京市各辖区的行政执法分为三类：

（1）第一梯队——执法核心区：东城和西城

在各类执法领域中，东城和西城无论执法量还是执法密度都位于北京市 16 个区县前列，均超过排名第三的朝阳区 2 倍以上。此外，东城和西城多数执法领域都显著高于北京市其他区县，如无照游商和摆摊设点方面，西城执法密度为海淀的 5 倍，为延庆的 25 倍。因此，东城和西城的执法压力都非常大，在全市处于突出地位，应集中投入执法力量加以应对。

（2）第二梯队——执法拓展区：海淀、朝阳、丰台、石景山四区海淀、朝阳、丰台、石景山等其余城四区执法密度、人口密度不如东城和西城那么高，但是也显著高于北京市远郊的十个区县，如海淀的人口密度为平谷的 20 倍，总体执法密度为怀柔的 18 倍，因此海淀、朝阳、丰台、石景山等其余城四区作为北京市行政执法的拓展区，应综合考虑不同执法领域的执法状况，适当投入执法力量。

（3）第三梯队——执法外延区：门头沟、房山、通州、顺义、昌平、大兴、怀柔、平谷、密云、延庆 10 个区

北京市远郊的十个区县：门头沟、房山、通州、顺义、昌平、大兴、怀柔、平谷、密云、延庆的人口密度与执法密度和城六区相比均相差较大，而彼此则较为接近，如通州总体执法密度为 15 宗/平方公里，大兴总体执法密度为 13 宗/平方公里。这十个区县可作为执法外延区综合考量分布执法力量。

（二）依法改革，促进法治

如前所述，这次执法重心下移改革最为人所诟病的问题是有悖法律的条款，即要求"街道办事处以区城市管理执法主管部门的名义进行执法，相关行政复议和应诉的具体事务由街道办事处负责办理。"这一条规定的社会效果还有待观察。但是不管如何，执法体制改革首先要依法进行，这是最基本要求，建议北京市可按三条路径寻求改进：一是严格按照中央 37 号文的要求推进下一步的改革，街乡镇执法队为区执法局的派驻机构，不涉及执法主体的变更，不涉及区街执法体制的根本改变，只是一种属地化的管理的手段，分权更是一种技术性安排；二是明确区执法局负责相关行政复议和应诉的具体事务；三是尽快重新制定或修改北京市街道办事处工作规定。在执法重心下移的大背景下，在"街道吹哨、部门报到"的要求下，街道的地位和作用越来越吃紧，进一步明确新形势下街道办事处的地位、作用及其与区政府各职能部门、辖区其他组织之间的相关关系，尤为紧迫，也是依法改革、促进法治的必然要求。

（三）三级联动，协同支撑

根据市委、市政府要求，"市级层面主要负责制定政策法规和标准

规范，指导、监督、考核区级城市管理执法工作，以及查处跨区域和重大复杂违法违规案件。区级层面主要负责组织落实本辖区内的执法工作，负责街道（乡镇）城管执法队人员的招录培训和重大执法活动的指挥调度、指导监督。街道城管执法队仍作为区城管执法局的派出机构，管理体制调整为以街道管理为主，主要负责本区域的日常执法工作①。"市、区、街三级定位比较明确，但仍需细化。目前正在推进街道乡镇实体化综合执法平台的建设②，是一个很好的探索。就方案来说，课题组认为还需做好以下几点：

（1）市级应尽快重新制定或修改北京市街道办事处工作规定，依法支撑实体化综合执法平台的建设；

（2）市级应进一步明确实体化平台的定位。目前方案并不明晰。课题组认为，可将平台定位如下：基层综合执法平台、执法资源聚集平台、共建、共享、共治平台；

（3）市区两级政府应加大力度，提高街乡镇执法队员的待遇。目前街乡镇执法队伍普遍存在地位低、待遇低、人员老化、人才流失、执法强度大等问题，对基层执法队伍的发展和稳定很不利。建议方案在目前机构实、人员实、责任实、机制实、运行实的基础上加上待遇实，可能更全面③；

（4）市区两级城管执法部门应改革和优化目前对街乡镇执法队的考核办法。一是建议加大综合执法板块分数权重，从绩效管理的逻辑来看，综合执法版块的指标属于城管部门的关键绩效指标（KPI）。因此在赋予权重时应予以重点考虑，2015—2017综合执法板块的分数权虽重于其他板块，但与综合监管和队伍建设相比没有拉开距离，未能突出综合执法的重要性。建议将综合执法板块分数权重调整为40％左右，即400

---

① 《中共北京市委北京市人民政府关于全面深化改革提升城市规划建设管理水平的意见》，2016年6月17日，环球网（http：//china.huanqiu.com/hot/2016-06/9050834.html）。

② 北京市城市管理综合行政执法局：《关于进一步加强街道乡镇实体化综合执法平台建设的指导意见（征求意见稿）》，2017年10月25日；张工同志在全市加强街道乡镇实体化综合执法平台建设推广部署会上的讲话，2017年11月9日。

③ 房山区城市行政管理综合执法局调研，2017年8月10日；海淀镇城管执法队访谈，2017年11月25日。

分左右①。

二是建议加大市民满意度考评的份量，逐步建立以市民满意度为主的考评机制，解决由任务为主的考评机制所带来的恶性竞争、弄虚作假等问题。以2015—2017年综合执法板块的"街面环境秩序9类问题查处情况"项为例，违法建设按人均参与查处宗（起）数排名和按人均参与查处拆除面积（平方米）排名进行考核，其他类问题按人均案件数（起）排名和按人均罚款数（元）排名进行考核。这种考核方式的初衷是提高城管执法的主动性，但在实际执行过程中，由于相互竞争关系，很容易使执法主动性发生异化，偏离考核初衷。具体来说，城管执法是为了惩罚违法行为和防止违法行为发生，执法发生在违法之后，是违法行为的结果。执法状况变好对应的是违法数量的减少，反映在执法量上是执法量减少，这一点应该作为考核的逻辑基础。而现有的考核办法却是反向考核，从而逆向淘汰掉真正执法状况变好的区域，因此并不合理②。

三是建议执法工作中的关键事项应该采用加分制。以海淀区专项执法工作考核标准为例，整套考核标准中执法数量考核一般采用扣分制，罚款金额考核采用加分制。如非法小广告专项中，考核标准制定了海淀区各执法队停机号码采集录入数量，完成采集录入数量50%（含）以上未到100%的，扣除3分；执法队当月完成小广告类立案处罚的，当月罚款额累计达到10000元至15000元（含10000元）加2分③。

这样的考核方式过于粗放。从组织行为学的角度来看，加分是正激励，减分是负激励，即加分的逻辑是提升部门人员的主动性，减分的逻辑是降低部门人员的惰性。因此，结合KPI绩效管理理论，建议对于执法工作中的关键事项应该采用加分制，以提高执法队的积极性为主；对于执法工作中的次要工作应该采用扣分制，以减轻执法队的不作为现

① 北京市城市管理综合行政执法局：《关于印发城管执法系统考核评价办法的通知》，2015年12月；2017年北京市城管执法系统考核评价办法实施细则。
② 北京市城市管理综合行政执法局，2015—2017全市城管系统依法立案及罚款情况；北京市海淀区城市管理综合行政执法监察局，关于印发8月份占道经营整治执法任务的通知，2017年海淀城管执法监察局街面环境秩序八类专项指标任务（二季度）
③ 北京市海淀区城市管理综合行政执法监察局，2017年海淀区专项执法工作考核标准。

象。换句话说，每年专项执法工作考核应该首先明确哪些工作是该年度/季度/月度执法工作的"牛鼻子"，对于这些工作，执法数量考核和罚款金额考核都应采用加分制，对于相对次要的工作，执法数量考核和罚款金额考核则应采用扣分制。

（四）科学分析，配置力量

不同执法类型在计算执法量时，不应简单只根据结案数量衡量执法量，需充分考虑执法类型的特性赋予权重。如违法建设执法，需要的人力、器械、工具较多，相较于无证游商和摆摊设点所需的人财物更多，因此同样是一件执法案件，违法建设执法案件的执法压力就远大于无证游商和摆摊设点案件的执法压力。

因此，在计算执法量时，要对不同执法类型加权求总。具体权重应根据执法经验，通过专家调研赋值。如非法建设执法案件平均需要 5 名执法队员、两台推土车，而摆摊设点案件需要平均需要两名执法队员，可将非法建设执法案件权重赋值为 6，摆摊设点案件权重赋值为 2，分别乘以各自结案数再加总，从而得到执法量总数。

在考虑如何配备执法资源时，应围绕执法压力/工作量展开，衡量执法压力最好的指标是执法密度，其他指标如人口密度也是通过反映在执法密度上进而影响执法压力。执法资源配置的结果要符合执法密度的分布规律，至少在高低排序上要符合。如 2016 年东城执法密度为 264 宗/平方公里，丰台为 24 宗/平方公里，说明东城执法压力比丰台大，然而执法改革后东城编制总数为 548 人，丰台为 839 人，东城执法力量反而比丰台低，这就说明在两个区域内执法力量的配置是不合理的。

五 结论

北京市执法重心下移改革是一个正在进行中的个案。这项改革为我们提供了一个窗口，去观察中央政府关于城市执法分权改革的总体要求和北京实施方案是如何结合的。城市执法分权改革是中国政府全面深化改革的一个组成部分，也是中国政府致力于国家治理体系和治理能力现代化建设的重要组成部分。北京市作为中国的首都和一个超大城市，想用一年的时间完成中央 2020 年实现的目标，不能不说是一种雄心和抱负。

北京市级层面出台一个改革框架性方案，让各区自己去拿各自的实施方案，本身就是一个分权的做法，倒也省时省力。但是，从方案实施过程中我们看到，这项改革并不是一个谋定而后动的改革。改革方案显得有些仓促、草率和粗放。一是北京市的改革方案与中央 37 号文的原则要求有比较大的差异，改革形式相近，但精神不同，值得检讨。改革方案将中央清晰的改革内容模糊化，不利于改革的整体推进，增加了改革的成本。二是改革未能体现中央强调的依法治理要求。尽管北京的街道办事处总体规模比较大，地位很重要，但毕竟不是一级政府。将街道办事处置于行政执法主体的位置并不是突破现行体制的明智做法，与法治政府建设大趋势不一致。三是改革方案的整体考量和顶层设计不充分，对北京 16 各区缺乏类型学的研究和划分，导致一些改革措施简单化和一刀切，走向形式主义。四是方案的实施更加凸显改革方案的粗放。一些关键词没有清晰的概念和界定，导致各区方案实施中的歧义迭出，不得不临时征询，编办也不得不以口头方式告知。这种对改革方案的阐释方式带有很大的主观性和随意性，很不严肃，是行政主导一切的典型体现，是人治的典型体现，与中央和北京市强调的精细化管理要求相矛盾。五是改革方案没有充分考虑到与现行体制的有机衔接，大改大动，看似坚决，实质鲁莽，导致人员队伍不稳定。六是城管执法体制的一些问题也不是完全可以靠执法重心下移所能解决。

北京目前正在试点推进的街道乡镇实体化综合执法平台的建设值得肯定，但配套措施仍需细化，效果尚有待观察。北京的下移城管执法重心的改革能否可持续，是否过一段时间又重新陷入分权—集权—再分权—再集权的循坏，值得关注。

Network Governance

网 络 治 理

基于互联网＋的中国政府创新*

燕继荣

（北京大学政府管理学院，北京大学国家治理研究院）

摘　要　本文试图从政府效能视角入手，以"互联网＋"时代下中国的政府创新为例，根据中国政府在面对体制内外日益庞大压力所表现出的适应性与回应性，来论证有助于克服公共议题的偏差性、政府信息的封闭性、政府决策的随意性、政府服务的不到位等问题基于互联网＋的中国政府创新在提高政府效能与政权认同中所发挥的重要作用。这一解释或许能跳出"民主化"视野，为观察和预测中国政治提供一定的说明与支撑。

关键词　互联网＋　政府创新　政府效能　威权韧性

一　问题的提出

如果从 1978 年中共十一届三中全会算起，中国的改革开放已经经历了近 40 年时间。40 年来，中国改革成就世人瞩目，尤其是经济方面的变化与发展，更是有目共睹。就拿经济规模来说，1978 年，中国的人均 GDP 仅仅 385 美元，世界排名倒数前 10 位以内，而 2016 年人均 GDP 8866 美元，世界排名第 69 位，超过了俄罗斯。

---

*　本文为中国北京大学国家治理研究院与美国哥伦比亚大学国际关系与公共事务学院国际研讨会会议论文。

　　"中国崛起"的经济发展是一种"奇迹"。人们力图对这种"奇迹"作出解释，于是，出现了"威权主义韧性论"。例如，美国学者黎安友（Andrew Nathan）提出了"韧性威权主义"（resilient authoritarianism），认为"一种能够对社会需求进行充分回应的威权体系"，是使中共能够在很长时期内掌握权力并维持统治的关键因素。受他的启发，有的学者提出"行政修补"①的概念，来说明中共的执政能力的提升。还有学者用"软威权主义"（soft authoritarian）政治体制以及一党独大的"协商式列宁主义"（consultative Leninism）的概念来说明，一个开明的、前瞻性的威权政权可以通过选择地增长导向的经济自由化以及对待异议方面采用习惯性的封杀（包括了组织以及集会的自由、投票权以及新闻自由和互联网自由）来延长其存活时间，推迟民主化的到来。②

　　从经验的角度来说明"威权主义韧性"丰富了人们对于中国政治复杂性的认识，但并没有对中国未来走向给出令人信服的结论。依然有不少学者对于"威权主义韧性"的暂时性发表了看法。

　　美国加州大学洛杉矶分校（UCLA）中国研究中心主任包瑞嘉（Richard Baum）于2007年1月17日发文《威权主义韧性的局限》（*The limits of authoritarian resilience*），关注到了中国领导人采取的一系列行政手段，用来逐步增强社会纳入、协商与吸纳的机制的有效性，但同时指出了从长远来看它在扩大政治问责制、责任制与大众赋权范围方面的有限性，③表达了对于未来发展方向不确定性的看法。

---

① 杨大利在《重构中国利维坦》（*Remaking the Chinese Leviathan*）一书中，引用由中国高层领导人所作出的有效的"行政修补"方面的许多案例，予以说明中国"国家能力"（state capacity）的强化，以解释中共执政持续的原因。

② 参阅 Bruce Bueno de Mesquita and George W. Downs, Development and Democracy, *Foreign Affairs*, September-October 2005.

③ 他指出这些手段主要包括：扩大各级人民代表大会的审议功能；增强"统一战线"各机构，如中国人民政治协商会议（CPPCC）与官方承认的八个"民主党派"建言、协商的作用；创立省、市与县级"电子政府"网站，用于公开政务并获取公众对政府工作表现的反馈意见；增强信访办在协助公民反映国家权力滥用问题上的作用；为遭受国家官员滥用职权之害的公民提供法律援助，并在1999年通过《行政诉讼法》确立下来；通过吸纳企业家、新兴中产阶级与暴发户阶层入党，增加中共的社会代表性与包容性，通过"三个代表理论"将其合理化；提倡新儒家"和谐社会"的文化理念，促进以和平方式解决改革带来的收入与经济机会两极分化不断增长造成的社会经济利益冲突问题。

以上所有对中国的研究和预判都建立在传统的民主化经验和解释模型的基础上。确实，民主化是一种客观的发展趋势，也是现代化的总体性后果。不过，民主化可能不一定以一场轰轰烈烈的大规模的"革命运动"为开始，也不一定与一个威权政体突然性的轰然倒塌相伴随。今天，如果需要对中国研究和预判进行反思和检讨的话，除了中国政治环境的变化、中共自身的改变这些需要特别关注的因素之外，还需要考虑民主化实现方式的多样性，特别是互联网时代政府创新以改善政府效能的重要意义。

民众需求（public demand）和政府效能（government effectiveness）构成了政治分析的两个维度。二者相辅相成，其关系决定了一个国家的政治状况及发展走向。依据前一个维度去分析问题，民主化成为关注的焦点；依据后一个维度去观察现实，政府创新能力（包括面对民众需求的自主性、回应性、主导性方面的创新能力）将成为关注的核心。本文的意图在于从后一个维度去说明中国政府的创新努力，不仅为中国的"威权韧性"提供论证，更希望为跳出"民主化"视域去观察和预测中国政治提供说明。

二　政府创新的意义、动力和路径

需求（demand）和供给（supply）的关系问题构成了经济学研究的基本问题，其实也应该是政治学的基本分析视角。社会科学研究认为，如果把社会看作是一个相对稳定的系统，那么，由于政治经济文化等要素的变化而引发的社会需求之改变和社会的制度化就成为决定社会秩序的两种相互博弈的力量：一方面，经济社会文化等要素的变化引发既有秩序的变动；另一方面，社会制度化力量又会将这些变化"规制"在一个可接受、可容纳的范围和程序之中，从而保持社会变化的连续性和稳定性。

政治学研究通常把现代化所带来的社会变迁（change）和社会所能提供的制度化（institutionalization）过程看作是一种双向运动，把制度供给视为社会需求变化的解决方案。例如，在政治学家塞缪尔·P. 亨廷顿（Huntington Samuel. P.，1927—2008）的分析中，作为一种社会动员力量，社会现代化所带来的一系列变化最终转化为一种新的社会需求，这些需求对既有秩序构成挑战，而应对的办法就是提高制度化的水平①。亨廷顿的理论支持了通过积极的制度改革和制度创新来应对社会变化的主张，也支持了制度供给是社会秩序的决定性要素的观点。

亨廷顿告诉我们，制度供给决定国家治理的水平。政府是制度（规则）的主要供给者。因此，政府适应社会需求（甚至"开发"社会需求）并创造性地提供制度（规则）供给的能力，这在很大程度上决定了国家政治的现实状况和未来走向。政府作为制度的主要供给者，其制度供给状况受制于两个要素的影响：一是政府的主导力（dominant），二是大众的影响力（influence）。下图表示了制度供给中政府主导力和大众影响力的关系。

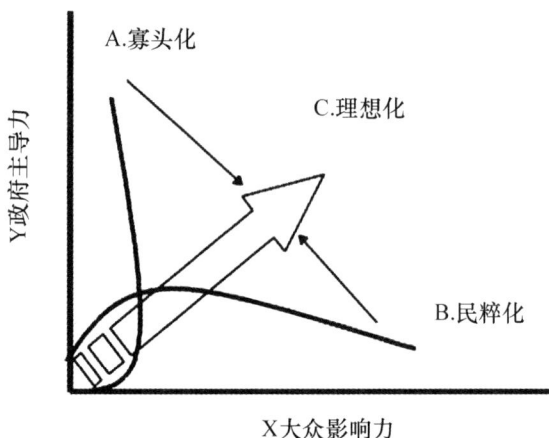

图1　制度供给中政府主导力和大众影响力的关系

上述话题也可以简化为民众需求（public demand）和政府效能（government effectiveness）的关系。政府无能，百姓受累；政府不昌，

① 参见［美］塞缪尔·P. 亨廷顿：《变革社会的政治秩序》，李盛平、杨玉生等译，华夏出版社1988年版，第8—59页。

民主高涨。政府缺乏足够的政策创新和制度供给能力，以及政府不能公正昌明，都会让民众受害。政府既公正昌明，又创新有力，算是百姓的最大福分。一部政治发展史，既可以看作是民主化不断实现的历史，也可以看作是政府满足社会需求不断创新的历史。既然依据民主化的经验可以构建政治发展的解释和预测模型，为什么不可以依据政府创新的效能来构建政治发展的解释和预测模型呢？

由此看来，政府效能的改善，或者说，政府创新解释模型与民主化解释模型具有同等重要的意义。从政府创新的角度看，中国之所以没有发生人们所预期的政治剧变，既可以解释为"威权主义韧性"，也可以归结为中国的政治体制具有不断创新以化解危机的能力。

政府创新的实现离不开来自体制内外的互动，它主要由政府体制内的精英领袖所主导。如果按照政府创新的主体需求来划分，这些动力进一步可归类为人民需要、社会需要、政府需要与政权需要：

1. 人民需要：保障公民权益（民生、民权）的要求。
2. 社会需要：协调因社会变化和转型引起的社会群体利益关系的要求。
3. 政府需要：在有限资源的条件下改善政府绩效的要求。
4. 政权需要：在国际国内压力形势下维护政权统治（持续稳定）的要求。

从中国的实践来看，为了改善治理绩效，中国政府推进了管理导向（如，结构性改革、功能性改革、程序性改革、人事改革）、服务导向（如，推动公共设施的普及化，构建服务型政府）、自治导向（如，推动旨在放松管制，活化社会的改革）、协同导向（如，实现多元主体和机制的共管共治）的创新改革，营造政府机制、市场机制、社会机制相结合的"协同治理"格局，在具体实践中，一方面开发既有的正式制度和机制的潜力，让政党、政府等权力机构以及传统的群团组织发挥新的机能；另一方面，激活企业、社会组织、社区的功能，让新型社会主体和要素在社会治理中发挥应有作用，努力实现"自上而下"和"自下而上"两种力量的对接，创造了"党委领导、政府主导、社会协同、公民参与、法治保障"的中国经验。

三　互联网+：政府创新的机会

过去20年，互联网改变了人们的生活，使全球一体化从经济领域全面迈向社会生活的各个领域。几百年前产业革命时，有了制造技术和物流、运输，于是有了机器、工厂、能源和运输的发展。之后，有了专业分工，并且通过合作来扩大生产力。但在今天，信息技术已经变成提供产品和服务以及进入市场的关键因素，网络使得个人能够找到和创造最好的经济机会，能够帮助企业获得人才、资源、客户、产品、服务和合作伙伴，帮助各国政府通过信息手段改善管理和决策，全面提升治理的有效性。云计算、大数据、智能终端和网络，形成一种新的力量，给人类提供一种前所未有的新的工具，塑造现在可能还很难想象的一个新的未来。

互联网影响的第一个行业是新闻、传播；第二个是广告业；第三个是电信产业。今天，互联网的冲击已经无所不在。互联网也为政府创新提供了更多的机会，使政府可能掀起新的"革命性变革"。在20世纪90年代以前，政府信息化属于传统的数字政府阶段，由于当时信息技术条件的限制，政府刚刚开始电子化过程，政府的公共服务范式仍旧是以面对面的服务为主。从20世纪90年代开始，电子政务的概念应运而生，政府服务的效率得到极大提高，但政府提供的服务仍旧受到时间和空间的限制，政府的公共服务范式是基于服务供给的统一服务。进入21世纪以来，Web2.0以及移动智能终端的发展引起各国和各地区政府部门的重视，利用手机、PDA和其他移动智能终端设备，通过无线接入基础设施提供信息和服务成为各国和各地区政府关注的焦点，这就是当前所处的移动政务阶段。

从一种大历史的观念来看，无论是起源于洛克（John Locke，1632—1704）式的政府，还是奥尔森（Mancur Lloyd Olson，1932—1998）式的政府，都在"有效性"和"有限性"的主题变换中不断演变。在"有效性"方面，从单方面的武力征服和辖区统治，到掠夺性收费，再到实施公共管理，提供公共服务；在"有限性"方面，政府的社会基础不断扩大，并受到日益广泛的社会力量的约束，从家族统治，到"贵族"或寡头统治，再到民主政府。其间，1215 年限制君主绝对权力的英国大宪章的签署，被公认为现代政府的变革标志。自那以后，政府权力不断被规制，其行为也得到了日益精密的规范。发展到今天，政府被分权制、限任制、政党制、选举制、科层制、民权制、社会自治等一系列宪政制度的构件所约束。在一些民主化程度较高的国家，政府权力真的被关在了制度化的笼子里。

就在我们准备庆祝人民对政府的全面胜利之时，这种长期形成的"政府被关在笼子里"的官民秩序下的民族国家政府，又遭遇了新的挑战。实际上，有关国家治理的学术研究和政治实践需要回答两个问题：第一，在面对客观必然的全球主义、极端成员的恐怖主义、国家竞争的经济主义形势下，如何让政府更加有所作为？第二，我们希望政府首先不要"胡乱作为"，其次是在管理和服务中"有效作为"，然后是针对有损于集体利益的行为和现象能够"积极作为"，因此，在继续规范政府权力的路径下，如何做到更加精细和精准，以便于既要保证民权和社会自治不受到政府滥权的伤害，又要保持政府提供高质量的管理和服务，还要保障国家整体的发展利益不受到少数成员和群体的绑架？

自从熊彼特（Joseph Alois Schumpeter，1883—1950）提出"创新理论"以来，"创新"便被广泛运用于管理、组织、政策、文化等领域，并在美国 20 世纪 80 年代"新公共管理运动"中与政府改革相联系，形成了"政府创新"的概念。政府创新要求政府应当在施政理念、组织制度、操作行为等方面有所变革或创新。[①] 在以往的政府创新观念中，我们更多地关注"人—观念—制度平台"的变革，现在，经过全球化发展，不同地域、不同国家的人们在有关人、观念和制度平台的认识方面的差异性逐渐缩小，"把权力关进制度的笼子里"已经成为普遍共识，而技术手段的变革，不仅为政府合理管制社会提供了条件，而且为政府实现更加精细化的管理和服务提供了机会，甚至也为旨在限制政府的努

---

① 燕继荣：《政府创新与政府改革——关于中国政治发展目标与路径的思考》，《中国行政管理》2006 年第 11 期。

力，特别是为原有条件下不可能实现的目标达成创造了可能。

基于"互联网＋"的政府创新本质上是政府与信息化的深度融合，这种融合包括两个方面，一是政府自身如何借助"互联网＋"实现政府职能转变，其核心是政府如何借助于移动互联网、大数据等新一代信息技术，升级和改造政府现有的方法手段，达到提升政府效能、降低行政成本等效果；二是在"互联网＋"的背景下，政府作为行为主体，充分发挥"互联网"在资源配置中的优化与集成作用，在经济发展、社会治理中发挥更大作用①。

"互联网＋"对政府创新的影响可能是全方位的，结合政府创新的目标，它至少在以下四个层面提供了崭新的机会：

1. 公共议题的覆盖性

民主政府习惯于通过公民代表、立法机构、利益集团游说、媒体舆论、群体性抗议事件（街头行动）来捕捉民意和公共诉求。这些常规化的正式制度安排运转已久，通常为社会强势集团所利用和掌控，那些弱势群体的、个体性的、具体化的诉求，尤其是非组织化人群的利益诉求，难以转化为"公共诉求"和"公共议题"，这往往是社会极化和极端性行为的根源之一。基于大数据的政府决策方式，政府网站面向社会的功能性开放，政府"网络舆情监测"系统②，促进了单向的政府统治向政民互动转变，使公共部门和公众的信息交流极为便捷和频繁。在这种情况下，政府在制定政策、实施统治的时候，不仅不能只考虑自身的偏好，而且在了解公众需求偏好的时候更容易（或不得不）捕捉以往容易被屏蔽和忽视的信号。应该说，基于互联网＋类似的政府创新，对于民主政治的推进无疑具有重要的意义。

2. 政府信息的公开化

政府信息不公开、不透明，是引发民众政治不信任的主要原因。政

---

① 参阅闫建等《机遇、挑战与展望："互联网＋"背景下的政府治理创新》，《重庆理工大学学报》（社会科学版）2017 年第 1 期。

② 人们通常关注政府"网络舆情监测"对于舆论的控制和主导，更加反感于政府通过"网络舆情监控"来实现对反对者（所谓网络大 V）的监控和压制，较少注意政府也在通过这个系统来敏感地、适时地调整政策。

府部门各自为政，信息闭锁，互相屏蔽，是造成政府效率低下、管理缺位的客观原因。政府掌握着相对齐全的信息，却一直存在着横向和纵向分割的问题，造成"信息孤岛"现象长期存在，致使政府陷入高成本、低效率的困境。克服政府信息封闭困境、提高政府管理效率的关键在于推动政府信息公开化，并实现"信息孤岛"向"信息共享"的转变。"互联网＋"所具有的扁平化、数据化、在线化等特点，基于互联网＋的政府创新，不仅可以更好地向民众公开政务信息（如政府网站所做的那样），还可以努力使各个部门、主体之间加强合作，整合信息资源，以公共需求为导向，提供无缝隙的而不是碎片化的信息服务，从而降低部门之间的协调成本，使信息共享成为可能。[①]

3. 政府决策的精准化

政府决策的不准确和任意性是民众反感政府的主要原因之一。促进政府决策科学化和规范化，基于"互联网＋"的政府创新努力，可以改善政府决策的不足。互联网天然地具有扁平化的特点，改变了原有的信息传播路径，降低了信息传播的损耗。数据化与在线化产生了大量可供分析的数据，通过对这些"大数据"的统计分析与应用，政府的决策可以变得更精准、更科学。"互联网＋"时代，无论是政府还是公众的行为都被公开化了，这不仅提高了政府的公开性和透明性，也减少了信息收集的成本，还增加了信息的真实性。政府权力的公开，使得政府在阳光下运行，既推进了廉政建设，又提高了政府公信力。民众行为的可分析性，既可提高政府决策的精准性，也可使个体行为更具责任性。

4. 政府服务的便捷性

政府服务不到位是民众社会不满的根源。一个中央集权的国家，政府服务不到位通常表现为：（1）政府服务不能全覆盖；（2）政府自以为是，提供的服务与民众的需求不能对应；（3）政府服务不及时，错过关键时期；（4）政府服务"递减效应"，中间环节层层截留，以至于质量逐渐衰减。长期以来，公共服务主要由职能划分明确的政府部门依据

---

① 刘斌等：《"互联网＋"下的地方政府治理创新的思考与建议》，《先锋》2015年第11期。

职能供给，这种被动的服务模式，往往有意识地控制公共服务资源的流动，不仅人为造成公共服务效率损耗，而且很难有效回应民众动态的服务需求。

互联网时代带来了公共问题边界的扩张和大量升级的民意诉求，这意味着政府面临更多的压力，同时，也为服务型政府创新提供了机遇。一方面，政府要应对民意诉求激增的外部压力。这种压力来自于这样的事实：人们对公共产品和公共服务的期望值不断提升，参与和监督意识不断增强，相应地增加了政府治理的难度。互联网突破了时间和空间的限制，加之其传播的放大效应往往引发大量的"围观"评论和舆论思潮，这对政府的能力素质以及服务意识、责任意识、法治意识乃至反馈机制和回应性都提出了现实的挑战。另一方面，政府还要应对骤然增大的内部压力。这种压力来自于政府内部管理的要求。随着政府管理信息化、网络化的推进，其内部的管理更加严密，上级领导可以随时随地了解行政服务的程序进展、服务质量以及绩效等，这对公职人员提出了更高的要求。①

总之，传统政府所面临的公共诉求的偏差效应、政府信息的封闭效应、政府决策的随意性和政府服务的不到位等，通常是反政府运动的原因。一国政府如果能够通过改革和创新，使上述问题得到缓解和解决，那么，民主化的压力会得到释放。应该说，基于"互联网＋"的政府创新，可以在上述方面大有作为。

四　基于"互联网＋"的中国政府创新实践

互联网技术的飞速发展和广泛应用，正在从根本上改变人类的生产、生活和思维方式，如前文所述，它为深化政府创新、提升政府治理能力提供了前所未有的机遇。在这种背景下，各国政府纷纷加强政府创新建设，利用各种信息技术打造更为透明、更加高效、更具回应性的现代政府。中国新一届政府开启了以简政放权、放管结合、优化服务为核

---

① 胡琴：《"互联网"与政府治理的关系》，《党政论坛》2017 年第 1 期。

心内容的行政体制改革，以信息技术为代表的"互联网＋"在其中扮演了重要的角色。

在云计算、大数据、物联网、Web3.0、语义网络迅速发展的背景下，中国政府公共管理和公共服务变得更加智慧、更加高效、更加透明，呈现出简便、自助、移动、实时、智能和无缝对接等特征的智慧政府的特点。[①] 智慧政府在技术上表现为云计算、物联网、移动互联网、大数据、人工智能、语义网络、实境网络、Web3.0 的技术运用。随着技术升级就能实现众多服务目标，比如移动性、无缝性、实时性、集成性、泛在性、可视化、透彻感知、需求预测、快速反应、个性化定制、主动服务、场景导航、无障碍服务、一站式服务、基于位置的服务等等。这些服务功能的达成依赖于政务网站、政务微博、政务微信、移动APP、RSS 订阅、维基百科、社交网络等应用平台。作为电子政务的升级版本，智慧政务在服务方向上由单向服务转变为个性化智慧服务，从受到时间、空间的限制转变为无缝对接服务。[②]

2016 年 10 月 9 日，在中共中央政治局第三十六次集体学习上，中共中央总书记习近平指出："随着互联网特别是移动互联网发展，社会治理模式正在从单向管理转向双向互动，从线下转向线上线下融合，从单纯的政府监管向更加注重社会协同治理转变。我们要深刻认识互联网在国家管理和社会治理中的作用，以推行电子政务、建设新型智慧城市等为抓手，以数据集中和共享为途径，建设全国一体化的国家大数据中心，推进技术融合、业务融合、数据融合，实现跨层级、跨地域、跨系统、跨部门、跨业务的协同管理和服务。要强化互联网思维，利用互联网扁平化、交互式、快捷性优势，推进政府决策科学化、社会治理精准化、公共服务高效化，用信息化手段更好感知社会态势、畅通沟通渠道、辅助决策施政。"

---

① 张建光、朱建明、尚进：《国内外智慧政府研究现状与发展趋势综述》，《电子政务》2015 年第 8 期。

② 赵玎、陈贵梧：《从电子政务到智慧政务：范式转变、关键问题及政府应对策略》，《情报杂志》2013 年第 1 期。

近年来，中国政府大力推动基于"互联网＋"的管理开发和应用。从官方发布的政策信息来看，各主要部门都制定了相应的计划并出台了相关的政策。例如，中国工信部于 2013 年 9 月 29 日发布了《信息化发展规划》，提出要"引导智慧城市建设健康发展"。同年，工信部、国家发改委联合举办中欧城镇化伙伴关系论坛，中国与欧盟成立了中欧绿色智慧城市专家团，并各自确定 15 个城市作为中欧绿色智慧城市试点。住建部发布了《关于开展国家智慧城市试点工作的通知》，并印发了《国家智慧城市试点暂行管理办法》和《国家智慧城市（区、镇）试点指标体系（试行）》，住建部还与国家开发银行开展合作，为全国智慧城市建设提供建设资金达到 800 亿元。2014 年 1月，国家发改委下发《关于加快实施信息惠民工程有关工作的通知》，决定开展 11 大信息惠民任务和计划。2014 年 4 月，科技部联合住建部发布了《关于公布国家智慧城市 2014 年度试点名单的通知》。截至2015 年 10 月底，中国已有超过 373 个试点市、县（区）纳入住建部、科技部批复的智慧城市试点名单，重点项目超过 2600 个，投资总额超万亿元人民币。2014 年 8 月，国家发改委、工信部等八部委联合出台了《促进我国智慧城市健康有序发展指导意见》。此外，2015 年 6 月，交通运输部发布《关于进一步加快推进城市公共交通智能化应用示范工程建设有关工作的通知》，提出要打造综合、高效、准确、可靠的城市公共交通信息服务体系，全面提高城市公共交通智能化水平。国家旅游局正式启动国家智慧旅游公共服务平台项目建设，以 12301 为旅游公共服务号，推进智慧旅游发展。商务部发布了《"互联网＋流通"行动计划》，旨在加快互联网与流通产业的深度融合，推动流通产业转型升级。

实际上，过去的二十年间，从最初的政府办公自动化，到数字化服务的提供及网络平台上的参与互动，再到移动互联网及相关技术基础上的管理创新，中国政府进行了全方位的努力。

1. 推广政府网站和政务微博

据中国互联网络信息中心统计，到 2015 年 6 月 30 日，中国以gov.cn 结尾的域名数为 57923 个；100% 的国务院组成部门和省级政府、

99.1％的地市及85％以上的县（区）政府都已经建设了政府网站。^① 在社交媒体方面，截至2015年年底，新浪微博平台认证的政务微博达到15.24万个，其中政务机构官方微博11.47万个。^② 在政务移动客户端（APP）方面，中山大学政务APP调查组开展的2015年全国大中城市政务APP调查显示，在调查的70个国内大中城市中，除丹东以外的69个城市都在不同程度地通过政务APP向公众提供信息和服务，共计316个，分布在交通、社保、民政、旅游、公共安全等多个领域。

在多年的发展过程中，政府网站从以信息提供为主的窗口服务，逐步成为综合性的服务平台。政府网站针对个人的服务包括教育、劳动就业、社会保障、医疗卫生、住房、交通出行、户籍、出入境、纳税缴费等。服务的提供则从"以政府供给为中心"向"以公民需求为中心"转变。与此同时，数字化的政务服务从"杂乱无序"向便捷的"一站式"和"一门式"转变，政府通过部门之间信息服务的共享和整合，构建起了简政为民、方便群众的"一门式"信息服务平台。

信息获取渠道多样且成本较低，带来了参与成本的降低。围观、转发、表达等多种参与方式迅速发展，不同利益相关者通过网络平台表达自己的观点和需求。同时，微博、微信的应用和智能手机终端的普及，提高了公民参与及政府回应的效率，促进公共决策走向透明化，支持了公共决策的公众监督以及决策过程中利益相关者的沟通。

2. 力求政务服务一网打尽

随着互联网技术的发展，中国不仅要"把政府搬到网上"，而且努力通过网络实现管理和服务，力求"一网打尽"。

以中国浙江省为例，考察其"互联网＋"政府创新方式，可以了解中国政府的种种努力。作为中国"互联网＋"概念最早孕育地之一，浙江不仅诞生了阿里巴巴等国内外知名的电商企业，在电子政务领域也一直处在全国前列。据中国互联网络信息中心（CNNIC）的数据分析，截

---

① 中国互联网络信息中心：《第36次中国互联网络发展状况统计报告》，2016年6月12日，互联网报告·中国（http://www.cnnic.net.cn/hlwfzyj/hlwxzbg/hlwtjbg/201507/P020150723549500667087.pdf）。
② 《政务微博报告发布"成都高新"名列全国基层微博前三》，《中国日报》2016年1月21日。

至 2014 年，浙江网民规模 3458 万人，占全国网民总数的 5.33%，网民普及率达 62.9%，排名全国第五位。[①] 另据工信部统计，2013 年和 2014 年浙江在政务、企业两个层面的信息技术应用指数也分别达到 61.57 和 90.01，远高出全国 57.91 和 65.08 的平均值。[②] 浙江在"互联网＋"领域的积累和实践运作，更加具有前瞻性，因此，以浙江"互联网＋"运作为典型来考察政府创新状况具有重要的参考价值。

浙江省政府创新集中表现为"四张清单一张网"。所谓"四张清单"，即行政权力清单、政府责任清单、企业投资负面清单、财政专项资金管理清单；"一张网"即浙江政务服务网。"四张清单"是政府履职、施政与服务清单，而"政务服务网"是它的实现载体。[③] 该网站于 2014 年 6 月 25 日开始运行，目前已基本形成集行政审批、政务公开、便民服务、效能监察、数据开放、互动交流等功能于一体的网上政府的雏形。具体而言，其基本做法与主要成效集中表现在"权力上网""服务优化""数据共享"三个方面。

"权力上网"即构建一套统一规范的行政权力网上运行体系，把行政权力关入"互联网＋"的制度笼子中。具体做法是：首先，建设全省统一的权力事项管理系统。在公布省市县三级政府"四张清单"的基础上，对各级政府权力事项、主要职责的基本信息进行梳理并录入政务服务网相应数据库，按规范目录逐项编号，在此基础上在政务服务网阳光政务板块上集中公开。任何人登录政务服务网后都可以查看包括权力类别、实施主体、实施依据、行使层级等详细信息，以确保政府部门严格依清单履行职责。其次，建设全省统一的权力运行系统。目前，非涉密行政许可事项、行政给付、行政裁决、行政确认等权力事项已基本实现网上运行，行政处罚事项上网运行也正加速实施，这将促使政府业务严格按流程办理，大大压缩自由裁量权的随意"发挥"空间。

---

① 参见中国互联网络信息中心《第 35 次中国互联网络发展状况统计报告》，2016 年 6 月 28 日，（http://www.cnnic.net.cn/hlwfzyj/hlwxzbg/hlwtjbg/201502/P020150203548852631921.pdf）。

② 参见中国电子信息产业发展研究院《2014 年中国信息化发展水平评估报告》，MBA 智库文档网，2016 年 6 月 28 日，（http://doc.mbalib.com/view/c148d868a8e961df63de185ecb3f03ef.html）。

③ 刘乐平：《"互联网＋政务服务"的浙江创新》，《浙江日报》2016 年 5 月 23 日。

"服务优化"即依托政务服务网的有利条件，推进行政审批流程的再造与优化，具体做法可细分为推进跨部门网上并联审批与开展网上网下跨层级联动审批。前者基于政务服务网所实施的网上施工图并联审批，由综合进件窗口一次性收取住建、规划、消防、人防、气象五个部门的审批材料，经电子化后扫描入网，启动五部门并联审批，并在部门间建立批文资料信息共享数据库，从而使部门收取材料从原来的50余件次减少为24件次，群众从原来跑5个窗口减少至1个，审批时间从原来串联的50余个工作日减少为6个工作日，取得了显著成效。后者主要依托乡镇、街道及社区服务中心，将终审权无法下放审批事项受理和出让环节下移至基层，通过政务服务网实现上下联动办理，在民政、社保等部门形成了"就近申报、网上流转、上级审批、就近反馈"的新型审批模式。

"数据共享"即将有价值的信息开放并共同使用。首先，按省、市两级行政架构了一套全省统一的电子政务云平台，省级政务云平台已部署49个省级单位的127个应用系统。再者，专门制定政务服务网信息资源共享管理办法，建立了省、市、县三级贯通的政务信息资源共享交换体系。最后，在信息资源共建共享的基础上，打造政务服务网综合监测与协同工作平台。与此同时，基于网上信息共享与在线大数据分析，推动部门间形成"技术标准一体化，业务联动一体化"的工作机制，实现综合监测、决策咨询、综合管理、综合执法、统一服务，提升政府整体运行绩效。[①]

3. 普及互联网基础上的网格化治理

网格化治理模式主要采用网络的技术。网格的技术，以大约一万平方米左右为一个基本单位，把城市管理的区域划分为若干个网络状的单元。各个单元互相连接，形成不规则边界线的网格管理区域，对网格中的数据资源、信息资源、管理资源、服务资源进行整合，实现共享。

2004年，北京东城区开始网格化管理试点。它把25平方公里划分

了1652个网格的单元，由城市管理的监督员对其分管的单元进行全时段的监控。之后，该模式在市内其他几个城区试运行，并推广到了全国27个地区。"万米网格"最最重要的意义体现为两点：第一，它是全国首个实施网格化管理的地区，可以算作基层"网格化治理"的鼻祖，为其他地区基层的网格化治理起到了带头作用。第二，它在实质上改变了基层治理的基本格局，即把原先基层治理的三级构架——区、街道和社区变为网格化框架体系的"四个层级"——区、街道、社区和网格，也可称为网纲、网目、网结和网格。社区网格模式主要是指基于原有社区，综合既有社区资源进行重整利用，进一步细化为网格进行管理。

从2005年年底开始，上海也在长宁区的华阳街道（社区）和卢湾区的五里桥街道（社区）开展试点工作，在原有的"二三四级"管理基础之上，将网格单元定位在街道层面上。其总体思路是在完善"两级政府、三级管理、四级网络"体制中做到优化第三级和创新做实第四级。具体来说，优化第三级，即加强街道党工委的领导，拓展党参与基层社区的实践空间，构建区域性党建格局。创新做实第四级，就是依托社区基础上的"网格"平台，使行政力量、政党力量、社会力量和市场力量等各种资源力量在"网格"这个新平台上形成有效的整合。上海网格化治理的最大意义在于网格划分方法上的创新。它以社区为基础，在社区的基础上进一步划分网格，这样既保持了原有基层治理构架的完整性，又使其管理进一步细化。相较北京东城区模式而言，上海市的网格化治理更加注重培育社区自治力量，以及推动社区服务的市场化。通过社工加义工的方式承接社区居委会的行政职能，努力使居委会回归自治本质，从而进一步推动社区治理的民主化和科学化。

近年来，城市网格化治理模式也开始向农村地区推广，实行自然地域网格管理。自然地域网格模式就是以自然村为基础，以家庭为基本单元，将100—150户家庭划定为一个网格。网格长从来自该自然村的行政村村干部中选择。浙江省的网格化治理主要采用这种模式，并且成为这种模式的主要代表。例如在浙江舟山，每个网格有一个管理服务团队，团队一般由1到2名街道（乡镇）机关干部、1到2名社区干部、1名医护人员、1名教师和1名民警组成，对网格内的居民提供全方位的管理与服务。① 为了确保服务的高质高效，浙江舟山最大限度地整合资源构建网格服务团队，其网格服务人员的来源十分广泛，不仅限于相关职能部门，而且充分整合了街道和社区的党员干部、专业人才、志愿者、优秀骨干人员等各类人才资源，通过面对面的交流为辖区网格内的居民提供全方位、高标准、专业化且有针对性的服务。

在基层社会治理中，网格化治理得到了复制和推广。相关研究统计，在中国332个地级行政建制中，已知采用"网格化治理"的数量至少为168个②。当然，网格化治理绩效不一，有的成效显著，有的效果一般。无论如何，有效的网格化治理有利于基层政府和自治组织之间的联动，有助于落实管理的责任制，进而克服公共管理的"破窗效应"。

五 结论与讨论

中国的政治体制能够历经数十年而不衰，这与其在政府效能上相对优异的表现密不可分，而这些政府效能的实现正是立足于其对时代需求的积极回应。以当下的信息化时代为例，中国政府在面临来自体制内外日益庞大压力的情况下，敏锐地意识到了"互联网＋"所提供的政府创新机会，并依托云计算、大数据、移动互联网等技术的应用，逐步迈向服务政府、有限政府、绩效政府与智慧政府的创新目标。通过各地方政府的试点与探索，一些优秀的基于"互联网＋"的政府创新实践脱颖而出。它们可以帮助人民群众获得便利的公共服务，掌握切身相关的公共信息与数据，表达个人的政治观点与诉求，提高其对政治生活的参与程度……这些实践背后所反映的政府改革与公共治理经验，或许能为理解"威权主义韧性"提供一个注脚。

随着信息网络技术迅猛发展和移动智能终端广泛普及，移动互联网以其泛在、连接、智能、普惠等突出优势，有力推动了互联网和实体经

---

① 李妙颜：《当代中国城市网格化管理：模式、问题及完善路径》，《湖北行政学院学报》2014年第5期。

② 林雪霏：《政府间组织学习与政策再生产：政策扩散的微观机制——以"城市网格化管理"政策为例》，《公共管理学报》2015年第1期。

济深度融合，已经成为创新发展的新领域、公共服务的新平台、信息分享的新渠道①。在如此情形之下，中国政府顺势提出"互联网＋"理念，并把该理念从经济领域延伸到了"政府创新"层面。2016 年 9 月，《国务院关于加快推进"互联网＋政务服务"工作的指导意见》出台，强调要按"建设法治政府、创新政府、廉洁政府和服务型政府的要求，坚持统筹规划、问题导向、协同发展、开放创新的原则，优化服务流程，创新服务方式，推进数据共享，推行公开透明服务"，这说明官方已认识到了互联网的发展将为实现"政府创新"提供众多的可能与机遇，也标志着中国的"政府创新"进入了新的阶段，由政策驱动型创新（释放改革开放政策红利）转向技术驱动型创新（释放信息化、网络化红利）。在这个新的阶段，技术手段的革新为政府创新注入了新的动力。

中国近些年来在一体化电子政务体系等领域的努力，证明其已在"互联网＋"环境下开展政府创新作出了突破性尝试，相比于一些政府网站平台、政务微博公众号的简单做法，它努力打造一张集权力上网、优化服务、数据共享功能为一体的政务信息互动网络。凭借这一网络，人们可以获得便利的公共服务，掌握丰富的政府公开数据，表达政治观点与诉求，提高政治参与程度。无论是从管控社会，还是从改善管理和服务的角度看，中国的创新实践确实改进和提升了政府效能，这一点已经为中外学者所注意。② 事实上，中国政府就是在通过改革和创新，不断地改善政府效能，以期获得经济发展绩效的，只不过现在借助了更有技术含量、更有发展前景、更有生产能力、更有拓展空间的互联网。这就提出了一个新的问题，基于互联网＋的政府创新是不是在以另外一种方式探寻"民主化运动"议题的解决之道？

基于互联网＋的政府创新，并不能涵盖所有的政府创新，更不应该取代其他形式和内容的创新努力。正如有学者分析中国政府创新经验时

---

① 《中共中央办公厅国务院办公厅印发〈关于促进移动互联网健康有序发展的意见〉》，新华社，2017 年 1 月 15 日。

② 北京大学国家治理研究院于 2016 年召开"治理创新：理论与实践国际研讨会"，与会学者发表论文，分析论证中国政府创新的经验和难题，出版了会议论文集，见北京大学国家治理研究院《国家治理现代化研究》第一辑，中国社会科学出版社 2017 年版。

指出的，中国需要以 2003 年墨西哥《全球政府创新论坛宣言》所列出的低成本政府、优质政府、专业政府、数字政府、规制政府、诚信政府和透明政府这七大任务为目标，不仅要采纳新的管理方法，提供新的公共服务，还要解决与宪法相关的重大课题，如党政关系如何处理？人事、财政、国防如何得到有效监督？各级政府行为的透明化和"政策黑洞"如何解决？未来国家统一的制度如何安排？① 显然，这些问题都是中国政府创新的重大议题。

　　不过，随着依靠虚拟互联网所维系的高度信息化、大数据时代的来临，政府必须有所自觉，主动拥抱互联网，并在思想上转变观念，用"互联网＋"思维来改革政府，解决日益复杂的国家治理难题。当前的"互联网＋"政府创新实践尚处于初级阶段，其在各个层面仍保有大量的待开发之处，这就为进一步提高政府效能，增加政权认同感提供了充分的空间。这里需要进一步讨论的问题是，如果借助互联网技术和手段实现了政府再造，困扰多年的传统政治革命话题还能成为公众议题吗？

---

① 孙哲：《全球指标借鉴：以政府创新创造中国时代》，《国家治理现代化研究》第一辑，中国社会科学出版社 2017 年版，第 22—37 页。

中国网络治理中的政府权力扩张与公民电子信息活动权益的保护

杨凤春

（北京大学电子政务研究员；国际 CIO 学会）

摘　要　网络治理是政府高度重视的领域。本文基于政府网络治理的基本制度，对网络治理过程中政府权力与公民个人网络权益的状况进行了考察，发现政府通过一系列的法律制度安排，最大化扩张了的政府网络管控能力，而相对压缩了公民个人的电子信息活动权益；此种制度安排，不仅具有一般的社会治理意义，而且也会对政府信息通信技术的应用选择造成重大影响。本文认为，在政府网络权力过度扩张，而公民个人电子信息活动权益相对难以得到充分保障的情况下，政府的信息化发展政策需要考虑技术发展与社会全面发展的平衡，防止出现技术固化对社会政治进步造成的不利影响。

关键词　中国政府　中国政治　信息化　网络治理

一　网络治理的概念

网络治理是一个有多重含义，具有技术、企业管理、社会治理、政府治理和政治控制不同含义的术语和概念。在原本的意义上，网络治理是指对网络设施、体系、架构的管理和优化，是网络运营者对由各种网络信息通信技术和设备构成的网络技术、设备体系运行的可靠性、安全性的管理。除技术领域的应用外，网络治理的概念也在非技术领域以某种隐喻的方式被加以广泛应用。1952 年，英国人类学家拉德克利夫·布朗首次使用"社会网络"概念；1957 年，伊丽莎白·鲍特（Bott Eliza-beth，1957）的《家庭与社会网络》成为社会网络分析研究的经典范例。[①] 在企业管理领域，企业网络治理的内部网络形式、网络经济条件下的公司治理和组织间网络如何影响组织的决策，成为研究的主要领域[②]；Jones 等人（1997）的研究使网络治理理论从交易成本意义上的研究扩展到了社会网络领域的研究，[③] 还有一些学者使用"网络治理"概念研究多个企业间关系的管理。[④] 将"网络""网络治理"应用到不同社会主体间的相互协调机制的认知和管理方面，则是网络社会的兴起之后的事。曼纽尔·卡斯特尔对网络社会的研究，使治理网络社会成为越来越引人注意的话题。[⑤] 网络社会是一个多元、去中心化、主体平等映射性和虚拟性的社会，其中如何实现相互关系的协调成为重要的问题，各种不同的网络社会治理理论应运而生。有学者认为：一般网络社会意义上的治理与新公共管理运动有着一定的理论渊源，如琼·皮埃尔和盖伊·彼得斯将其视作是与科层体制、市场及社群并存的一种治理结构或过程（政策网络），斯蒂芬·戈登史密斯和威廉·D. 伊格斯则把网络治理看作是某种特定的政府类型，沃尔特·科克特则把网络治理看作是一种特殊的治理模式。[⑥]

当网络社会的互联网化进一步深化、网民成为一种新形态的"公民"之后，网络治理已经不再仅仅是概念和理论问题了，赛博空间、互联网空间的政治和行政管理问题成为各国政府关注重要的实际政治问题。一些国家十分重视对网民电子信息行为、互联网空间中的社会网络、人际互动、言论表达的掌控和管理，网络治理成为政府高度关注的事务。[⑦] 一些基于不同理念的网络治理的原则、方法、技术、工具开始

---

① 阳志平、时勘：《社会网络分析在社会心理学中的应用》，《社会心理研究》2002 年第 3 期。

② 李维安、周建：《网络治理：内涵、结构、机制与价值创造》，《天津社会科学》2005 年第 9 期。

③ 余志伟、张保胜：《网络治理的理论基础研究综述》，《统计与决策》2010 年第 23 期。

④ 任志安：《网络治理理论及其新进展：一个演化的观点》，《中大管理研究》2008 年第 3 卷（2）。

⑤ ［美］曼纽尔·卡斯特：《网络社会的崛起》，夏铸九、王志弘等译，社会科学文献出版社 2003 年版。

⑥ 张康之、程倩：《网络治理理论及其实践》，《新视野》2010 年第 6 期。

⑦ 方兴东、陈帅、徐济涵：《全球网络治理热点、重点和趋势概览与总结——2016 年全球网络治理三大会议综述》，《网络空间研究》2016 年第 8 期。

被广泛应用于现实的政治统治和社会管理，互联网成为国家行使权威的新空间。在此意义上，网络治理实际上是国家管理意志和行为在赛博空间、互联网的投射和延伸，本质就是国家的政治和行政管理。①

二 政府对网络治理的理解与安排

2015 年 12 月 16 日，习近平在第二届世界互联网大会开幕式上的讲话中表示：中国政府希望充分利用互联网的优势，"让互联网发展成果惠及 13 亿多中国人民"。但同时指出，中国要"依法开展网络空间治理"，网络空间治理首先要"尊重各国自主选择网络发展道路、网络管理模式、互联网公共政策和平等参与国际网络空间治理的权利"，"不从事、纵容或支持危害他国国家安全的网络活动"，不能出现"一个国家安全而其他国家不安全，一部分国家安全而另一部分国家不安全"的现象；其次，在倡导网络空间自由的同时，更应当"构建网络良好秩序"。习近平指出："网络空间同现实社会一样，既要提倡自由，也要保持秩序"；"既要尊重网民交流思想、表达意愿的权利，也要依法构建良好网络秩序"；"网络空间不是'法外之地'。网络空间是虚拟的，但运用网络空间的主体是现实的"，"要坚持依法治网、依法办网、依法上网，让互联网在法治轨道上健康运行"。② 也就是说，要依照各国现有的法律规范、管理网络空间及网民的电子信息行为。习近平的讲话成为中国针对互联网迅速发展条件下网络治理的指导原则。有言论认为：习近平讲话已经成为中国共产党的"互联网治理的中国经验"③。这种经验体现在政府网络治理政策上就是中国政府"一贯倡导网络主权，主张网络治理

---

① 如中国政府在第三次世界互联网大会发表的官方会议报告中，开始采用"national sovereignty in cyberspace"取代了中国以往一直主张的"cyberspace sovereignty"用语。"cyberspace sovereignty"该用语普遍被认为有过于强烈的国家主义、主权人权冲突的意味。参见方兴东、陈帅、徐济涵《全球网络治理热点、重点和趋势概览与总结——2016 年全球网络治理三大会议综述》，《网络空间研究》2016 年第 8 期。

② 《习近平在第二届世界互联网大会开幕式上的讲话》，2015 年 12 月 16 日，新华网（http://news. xinhuanet. com/world/2015 - 12/16/c_ 1117481089. htm）。

③ 陈家喜、张基宏：《中国共产党与互联网治理的中国经验》，《光明日报》2016 年 1 月 25 日。

政府主导"，主张"以政府为主导，在主权国家主导的联合国体系内构建网络治理体系"①。

在实践方面，中国政府对网络空间治理投入了前所未有的努力。一方面，制定了大量与网络空间治理相关的法律法规，另一方面，充分利用包括中国互联网发展基金会、中国文化网络传播研究会、中国互联网信息中心、中国互联网金融行业协会等行业组织在内的各种行业和社会组织进行行业管理。在最高层，依据中共十八届三中全会作出完善互联网领导管理体制的决定，2014 年 2 月，成立了以习近平为组长的中央网络安全和信息化领导小组。随后网络强国战略、大数据战略等成为"十三五"规划的重要内容。中国政府对网络治理的重视和利用成为中共十八大以来治国理政计划的重要组成部分。

三　政府在网络治理中的权力

总体上看，尽管习近平作为中国最高领导人在世界互联网大会上所宣示的中国政府对互联网及网络世界的状况、愿景、目标的理解具有多方面的含义，但从根本上看，中国政府对网络治理的理解是有自己鲜明特色的，即特别重视政府对网络的控制和管理，这是中国政府网络治理的根本特点。②

公安部 1997 年制定并实施的《计算机信息网络国际联网安全保护

---

① 引自方兴东在"信息社会世界峰会论坛（WSIS Forum）"上的发言，《走出多方主义和多边主义的二元对立：如何客观理解中国网络治理——汕头大学在信息社会世界峰会论坛举办工作坊综述》，《网络空间研究》2017 年第 7 期。

② 相比较而言，中国政府对网络治理的理解和如何实现理想的网络治理与国际社会存在着明显的差异。联合教科文组织 195 个成员方 2015 年制定了"互联网普遍性"（Internet Universality）框架即"权利—开放—可及—多方"原则（R－O－A－M 原则），其中权利（R）是指互联网必须立足于人权；开放（O）是指互联网必须具有开放性；可及（A）是指应人人可获得；多方（M）即互联网的可持续发展、有公共利益的应用发展只能得益于多方参与、共治。《走出多方主义和多边主义的二元对立：如何客观理解中国网络治理——汕头大学在信息社会世界峰会论坛举办工作坊综述》，《网络空间研究》2017 年第 7 期。

管理办法》① 是有关网络安全的最早的法律性文件。该办法在维护互联网安全保护的框架下，将在网络空间实现国家政治安全置于重要位置。该办法的主要目的是通过公安部门对网络活动和内容的监管，维护国家的政治安全和社会政治稳定。其所列举的"任何单位和个人不得利用国际联网制作、复制、查阅和传播"的内容包括："煽动抗拒、破坏宪法和法律、行政法规实施的"；"煽动颠覆国家政权，推翻社会主义制度的"；"煽动分裂国家、破坏国家统一的"；"煽动民族仇恨、民族歧视，破坏民族团结的"；"捏造或者歪曲事实，散布谣言，扰乱社会秩序的"，"损害国家机关信誉的"；"其他违反宪法和法律、行政法规的"（第5条）。这些内容几乎囊括了一切有可能引发社会政治不稳定的网络信息活动的所有形式和内容。除进行严密的内容管理外，该办法还规定了对网络使用者行为的管理。第10条规定："用户在接入单位办理入网手续时，应当填写用户备案表。备案表由公安部监制"；"互联单位、接入单位及使用计算机信息网络国际联网的法人和其他组织"应当"对委托发布信息的单位和个人进行登记，并对所提供的信息内容"进行审核；"建立计算机信息网络电子公告系统的用户登记和信息管理制度"；在发现违反规定的情况下，涉及主体应当"保留有关原始记录，并在24小时内向当地公安机关报告"，并需要立即"关闭服务器"。这一规定不仅建立了网络服务提供者有对用户审查的义务，更重要的是还赋予责任单位以向公安部门报告和提供证据的义务，从而突破了网络服务提供者与用户之间关于服务的约定中所规定的诸如网络服务提供者不得向第三方提供或泄露用户信息的规定。

2000年，全国人大常委会通过《全国人民代表大会常务委员会关于维护互联网安全的决定》②，这个文件将防范利用互联网危害社会政治稳定作为互联网安全的重要内容，规定："利用互联网造谣、诽谤或者发表、传播其他有害信息，煽动颠覆国家政权、推翻社会主义制度，或

---

① 《计算机信息网络国际联网安全保护管理办法》，2011年1月，中国政府网（http://www.gov.cn/gongbao/content/2011/content_1860856.htm）。

② 《全国人民代表大会常务委员会关于维护互联网安全的决定》，2001年3月5日，中国人大网（http://www.npc.gov.cn/wxzl/gongbao/2001-03/05/content_5131101.htm）。

者煽动分裂国家、破坏国家统一""构成犯罪的",要追究刑事责任（第2条）。不仅如此,该决定还通过公共机构责任转嫁的方式,通过网络服务提供者自我审查机制的设立,扩大了公共机构对公民个人电子信息活动和信息内容的管制范围,扩大了政府控制的管制资源。该决定第七条规定:"从事互联网业务的单位要依法开展活动,发现互联网上出现违法犯罪行为和有害信息时,要采取措施,停止传输有害信息,并及时向有关机关报告。任何单位和个人在利用互联网时,都要遵纪守法,抵制各种违法犯罪行为和有害信息",明确赋予互联网服务提供者同时也是互联网内容的审查者和报告者。

2012年12月,第十一届全国人民代表大会常务委员会第三十次会议通过《全国人民代表大会常务委员会关于加强网络信息保护的决定》①。该决定规定:"网络服务提供者为用户办理网站接入服务,办理固定电话、移动电话等入网手续,或者为用户提供信息发布服务,应当在与用户签订协议或者确认提供服务时,要求用户提供真实身份信息。"同时规定:网络服务提供商需要向政府部门承担针对公民个人电子信息的内容审查和向政府部门举报的义务:"网络服务提供者……发现法律、法规禁止发布或者传输的信息,应当立即停止传输该信息,采取消除等处置措施,保存有关记录,并向有关主管部门报告。"这些规定不仅使政府有能力、有工具对公民个人电子信息活动实行监视,而且也通过迫使网络服务提供商承担更多义务的方式,扩大了政府部门对公民电子信息活动的管制资源和控制范围。公民个人电子信息活动在与政府有可能发生冲突的时候,公民个人将处于严重弱势地位,公民个人无法行使该决定所赋予的权利。

这个决定的重要内容之一是通过责任外化的方式管制网络和公民个人的电子信息活动,所谓责任外化就是将本来应当由政府管理部门行使的对公民个人或其他社会主体的监督、管理责任指定委派给相关社会组织、机构,责任外化成为政府实行网络治理的主要手段之一;通过责任

---

① 《授权发布:全国人民代表大会常务委员会关于加强网络信息保护的决定》,2012年12月28日,新华网（http://news.xinhuanet.com/politics/2012-12/28/c_114195221.htm）。

外化方式，政府设定相关社会机构以强制性的法律义务，从而将一般的网络服务提供者变成了具有代替政府有关部门监督、审查责任的"把关人"。目前责任外化的网络治理方式已经成为政府实施网络治理的相对固定、成熟的主要手段之一。此外，该决定还赋予了政府部门以几乎无限的获取公民个人信息的权力，其中第九条规定："任何组织和个人对窃取或者以其他非法方式获取、出售或者非法向他人提供公民个人电子信息的违法犯罪行为以及其他网络信息违法犯罪行为，有权向有关主管部门举报、控告；接到举报、控告的部门应当依法及时处理。被侵权人可以依法提起诉讼"。但事实上，除了其他社会主体对公民个人信息安全可能造成危害外，对公民个人信息索取的最可能的主体是政府。当政府要求网络服务提供者提供公民个人电子活动信息时，一定是有所依据的（如前述的一些规定、决定），但由于这些规定、决定通常过于模糊，因此在具体应用和执行时，会有极大的随意性、不确定性，也就是说，在网络服务协议约定完全合法合规的情况下，政府也可以通过对含义不清的法规条文的工具化、机会主义化解释，完全能够在合法的协议之外，要求立约双方承担超出协议义务的责任，即政府有关部门可以在公民个人完全不知情的情况下，要求网络服务提供者提供其个人信息，从而不仅可能造成对公民个人权益的损害，而且还破坏了双方协议的履行，造成更为复杂的市场交易局面。

完全按照实体社会治理方式，考虑和实施对网络空间的治理也是网络治理的主要手段。《决定》要求网络服务提供者只有在用户提供"真实身份信息"的情况下，才能够为用户提供服务（第6条）。[①] 实名制的规定通过绑定网络"电子痕迹"与公民个人身份的方式，使公民个人身份与具体电子信息活动一体化，使网络世界任何具体的电子信息活动都由于痕迹与个人的关联关系而被置于完全、严密的政府监控之下（在物联网、大数据技术手段下，这种监控将会变得无微不至、无远弗届）。此外，这一规定还使得因各种各样原因无法提供合法个人身份信息的公

---

① 《全国人民代表大会常务委员会关于加强网络信息保护的决定》，2012年12月28日，新华网（http://news.xinhuanet.com/politics/2012-12/28/c_114195221.htm）。

民无法获得信息和通信服务，事实上强制性地剥夺了一部分公民使用信息通信技术和工具的权利。

2015 年通过的《国家安全法》① 是网络安全领域的最高法律。这一法律的立法目的是"为了维护国家安全，保卫人民民主专政的政权和中国特色社会主义制度，保护人民的根本利益，保障改革开放和社会主义现代化建设的顺利进行"（第 1 条）；坚持中国共产党的领导（第 15条）。为此，《国家安全法》强调国家对网络的管理和控制，规定：国家"加强网络管理，防范、制止和依法惩治网络攻击、网络入侵、网络窃密、散布违法有害信息等网络违法犯罪行为，维护国家网络空间主权、安全和发展利益"（第 25 条），"散布违法有害信息"被明确定义为危害国家安全的行为。由于《国家安全法》本身没有就"违法有害信息"的内涵和具体内容作出界定，但却在随后的条款中分别对宗教事务、暴力恐怖活动、社会矛盾、突发事件及其他各领域危害国家安全的行为进行了界定。由于这些危害行为必然会涉及信息的发布、流动，因此"散布违法有害信息"这一本身缺乏明确定义的概念，在实践中却变成了体现在所有事务和活动中的共性因素，也就是说在任何领域中，"信息"本身都有可能具有危害国家安全的性质。这就无形之中极大扩展了国家管制网络信息的权力，网络信息有可能会因其具有危害国家安全的性质而受到《国家安全法》的管制。

2016 年 11 月 7 日全国人大常委会专门通过的《网络安全法》对"网络安全"作了更仔细的规定。《网络安全法》② 规定："任何个人和组织……不得利用网络从事危害国家安全、荣誉和利益，煽动颠覆国家政权、推翻社会主义制度，煽动分裂国家、破坏国家统一，宣扬恐怖主义、极端主义，宣扬民族仇恨、民族歧视，传播暴力、淫秽色情信息，编造、传播虚假信息扰乱经济秩序和社会秩序，以及侵害他人名誉、隐私、知识产权和其他合法权益等活动"（第 12 条）。为实现立法目的，

---

① 《中华人民共和国国家安全法》，2015 年 7 月 7 日，中国人大网（http：//www.npc.gov.cn/npc/xinwen/2015 –07/07/content_ 1941161. htm）。

② 《中华人民共和国网络安全法》，2016 年 11 月 7 日，中国人大网（http：//www.npc.gov.cn/npc/xinwen/2016 –11/07/content_ 2001605. htm）。

《网络安全法》确立了网络实名制度，这一规定一方面要求用户必须提供真实身份信息才能获得相应的网络使用权利，另一方面要求网络运营者和服务者只有在用户提供真实身份信息后，才能够为其提供服务，网络运营者和服务者对用户进行实名制审查成为其获取客户的前置条件和对国家必须履行的义务，规定网络运营者不得为那些不提供真实身份信息的用户提供服务（第24条）。同时，《网络安全法》还规定："网络运营者应当为公安机关、国家安全机关依法维护国家安全和侦查犯罪的活动提供技术支持和协助"（第28条）。这一规定进一步扩大了运营者对国家的义务担当。但这一规定在极大化运营者对国家责任的同时，却在一定程度上影响了运营者与服务对象之间的权利义务关系：对涉嫌刑事犯罪而言，网络运营者向国家机关提供技术支持和协助是可以理解的，但对国家安全而言，由于目前"国家安全"所涉范围与含义均过于宽泛，因此要求运营者在无法确保用户权利的情况下，强制性向国家机关提供"协助"，实际上容易造成损害运营者与用户之间达成的商业约定的情况。此外，该法第47条的规定将运营者不止置于内容监管者的地位。

　　除通过责任外化方式实现国家对网络的管控外，《网络安全法》还规定国家有权直接要求服务提供者停止对用户的服务。第48条规定："任何个人和组织发送的电子信息、提供的应用软件，……不得含有法律、行政法规禁止发布或者传输的信息"；服务提供者在"知道其用户有前款规定行为的"情况下，"应当停止提供服务，采取消除等处置措施，保存有关记录，并向有关主管部门报告"（第49条）。而"国家网信部门和有关部门"在"发现法律、行政法规禁止发布或者传输的信息"的情况下，"应当要求网络运营者停止传输，采取消除等处置措施，保存有关记录；对来源于中华人民共和国境外的上述信息，应当通知有关机构采取技术措施和其他必要措施阻断传播"（第50条）。对那些未能"停止传输、采取消除等处置措施、保存有关记录的"（第68条），"拒绝、阻碍有关部门依法实施的监督检查的""拒不向公安机关、国家安全机关提供技术支持和协助的"网络运营者（第69条），则给予相应的处罚。这就确立了国家有关部门有权行使中止、暂停用户服务和阻断用户所使用信息的权力。

四　网络治理条件下的公民权益

（一）公民个人的信息权益

1. 我国宪法和法律对公民隐私和隐私权的规定

我国宪法没有有关隐私、隐私权的规定，相关法律对隐私、隐私权的规定也相对薄弱。

我国宪法没有直接提及"个人隐私"，但宪法第 38、39、40 条规定了有关人权、身体权、人格权、住宅权、通信自由与秘密的条款，规定公民的人格尊严、住宅、通信自由和通信秘密不受侵犯。相关法律也没有明确规定公民隐私权问题。《中华人民共和国刑法》仅在第 253 条中规定了相关情形：禁止国家机构的单位或个人，或者是金融、电信、交通、教育、医疗部门非法出售、提供或公开公民个人信息。2003 年的《消费者权益保护法》第 50 条规定消费者个人信息受到保护："经营者……侵害消费者个人信息依法得到保护的权利的，应当停止侵害、恢复名誉、消除影响、赔礼道歉，并赔偿损失"[1]。"公民个人信息"受相关法律的保护，但这些规定均没有规定隐私权问题。2005 年新修订的《妇女权益保障法》中，隐私权第一次被作为与名誉权、荣誉权、肖像权相对等的人格权受到法律的保护。但这一规定并不具体。直到 2009 年通过的《侵权责任法》，隐私权才被确定为公民的民事权益之一，该法第 2 条规定："侵害民事权益，应当……承担侵权责任。本法所称民事权益，包括……隐私权……等人身、财产权益"[2]。与"隐私权"的独立民事权益地位相比，在一些法律性文件中，隐私权更多的是作为"名誉权"的组成部分纳入法律保护的。如 1988 年最高人民法院颁布的

---

[1] 《中华人民共和国消费者权益保护法》，2013 年 10 月 25 日，法律图书馆网（http://www.law-lib.com/law/law_view.asp? id=433990）。

[2] 《中华人民共和国侵权责任法》，2009 年 12 月 26 日，中国政府网（http://www.gov.cn/flfg/2009-12/26/content_1497435.htm）。

《关于贯彻执行〈中华人民共和国民法通则〉若干问题的意见》①，1993年最高人民法院颁布的《关于审理名誉权案件若干问题的解答》、2001年最高人民法院颁布的《关于确定民事侵权精神损害赔偿责任若干问题的解释》②等文件中，均是如此。

可见，首先，无论是宪法、还是法律，对隐私权地位的理解和规定都是相对滞后和初步的。其次，将隐私或更广义的个人信息的法律保护限于公民个人之间或公民个人与非政府机关之间，是目前我国相关立法的重要特征。尽管近些年来公民个人隐私的概念逐步得到法律的承认和规范，但仅仅是在公民个人信息受私权侵害的意义上得到承认和规范的。公共权力部门对公民个人隐私和信息安全所应当承担的义务，远远没有得到法律足够的承认和规范。

2. 法律法规对个人信息保护的规定

2016 年以前，我国法律没有明确定义过"个人信息"，直到 2016 年11 月 7 日全国人大常委会通过《网络安全法》时，"个人信息"才有了明确界定。该法第 76 条规定："个人信息是指以电子或者其他方式记录的能够单独或者与其他信息结合识别自然人个人身份的各种信息，包括但不限于自然人的姓名、出生日期、身份证号码、个人生物识别信息、住址、电话号码等。"这是首次在法律层面上确立了一般意义上个人信息的概念。在此之前，工业和信息化部等部委分别制定过相关的部门规章对各自责任领域内事务所涉及的个人信息管理方面的内容进行过界定。工业和信息化部 2013 年制定并实施的《电信和互联网用户个人信息保护规定》③ 第 4 条规定："用户个人信息，是指电信业务经营者和互联网信息服务提供者在提供服务的过程中收集的用户姓名、出生日期、身份证件号码、住址、电话号码、账号和密码等能够单独或者与其他信息结合识别用户的信息以及

① 《最高人民法院印发〈关于贯彻执行《中华人民共和国民法通则》若干问题的意见（试行）〉的通知》，中国法律法规信息库（http：//law. npc. gov. cn/FLFG/flfgByID. action? flfgID = 2129&zlsxid = 06）。

② 《最高人民法院关于确定民事侵权精神损害赔偿责任若干问题的解释》，2008 年 12 月 21 日，中国人大网（http：//www. npc. gov. cn/huiyi/lfzt/qqzrfca/2008 – 12/21/content_ 1462862. htm）。

③ 《电信和互联网用户个人信息保护规定》，2013 年 7 月 16 日，中国政府网（http：//www. gov. cn/gongbao/content/2013/content_ 2473881. htm）。

用户使用服务的时间、地点等信息。"在个人信息保护方面，第9条规定："电信业务经营者、互联网信息服务提供者不得……将信息用于提供服务之外的目的"，但法律、行政法规另有规定的，"从其规定"；在相关网络服务提供者"在提供服务过程中收集、使用的用户个人信息应当严格保密，不得泄露……，不得出售或者非法向他人提供"（第10条）。工业和信息化部同年制定并实施的《信息安全技术公共及商用服务信息系统个人信息保护指南》基本按照国外，尤其是欧盟制度①作了框架性规定，将"个人同意、目的明确、公开告知、最少够用、诚信履行、质量保障、安全保证、责任明确"确立为利用、处理服务过程中个人信息的原则。但指南的适用范围仅限于除公共行政机关之外的事业、商业性质的机构及其所提供的服务。在网络使用者与服务提供者之间可能存在的权益冲突中，消费者与事业部门、商业部门的冲突固然不少，但我国目前对公众最具有侵权威胁能力和可能性的其实是公共权力部门。由于本指南将行使公共权力的机关和部门排除在外，因此，其对解决现实冲突问题的价值和意义也就大打折扣。

除工业和信息化部的有关规定外，2013年，国家卫计委、国家中医药管理局发布《医疗机构病历管理规定》，要求在医疗记录的保管、借阅、复制、封存与启封以及保存等方面，加强对个人医疗记录和健康信息的保护。2014年，国家工商行政管理总局发布《网络交易管理办法》，要求对"网络商品经营者、有关服务经营者"收集、使用消费者或者经营者信息的行为提出了安全要求（第18条）；国家邮政总局发布《寄递服务用户个人信息安全管理规定》，其中也涉及邮政寄递服务中用户个人信息安全管理问题；国家卫计委发布《人口健康信息管理办法》，提出要规范人口健康信息管理、促进人口健康信息共享利用，以及中国银监会制定的要求加强银行信息技术服务外包风险管控的《银行业金融机构信息科技外包风险监管指引》，都涉及相关领域的个人信息安全管理问题。

---

① 《信息安全技术 公共及商用服务信息系统个人信息保护指南》，2014年7月19日，安全管理网（http：//www.safehoo.com/Manage/System/Common/201407/358258.shtml）。

总的来说，目前我国关于个人信息安全管理的制度规定是相当初步的。

（二）网络治理条件下公民个人的法律责任

1. 关于公民个人电子信息活动法律责任的规定

我国法律对公民个人电子信息活动进行了严格限制。公民个人除承担个人电子信息活动的民事侵权责任外，还严格地受与国家安全相关的刑法的约束；在公民个人因电子信息活动导致的责任后果中，存在着"网络"性危害国家政治安全利益的可能性，法律对公民个人违反国家政治安全责任的惩罚大于因个人侵权而造成的责任追究惩罚。

法律对公民个人政治责任的追究是以"颠覆国家政权罪"和"煽动颠覆国家政权罪"的名义进行的。《刑法》第 105 条规定："颠覆国家政权罪"是"组织、策划、实施颠覆国家政权、推翻社会主义制度"罪行，"煽动颠覆国家政权罪"是"以造谣、诽谤或者其他方式煽动颠覆国家政权、推翻社会主义制度"的罪行，最高可以判处无期徒刑或者十年以上有期徒刑。由于"造谣、诽谤或者其他方式煽动颠覆"的内涵和外延过于宽泛，因此这一规定将公民通过网络行使言论表达的行为置于非常不确定的地位。而《刑法修正案（九）》[①] 进一步强化了政府对公民个人电子信息活动的管制能力，扩大了管制范围。该修正案规定：网络服务提供者在"不履行法律、行政法规规定的信息网络安全管理义务，经监管部门责令采取改正措施而拒不改正"的情况下，如果造成"违法信息大量传播"（第 286 条之一）、"明知他人利用信息网络实施犯罪，为其犯罪提供互联网接入、服务器托管、网络存储、通讯传输等技术支持，或者提供广告推广、支付结算等帮助，情节严重的"，将会受到刑法处置（第 287 条之二）。该条款由于没有明确定义此类犯罪的具体含义，此条款实际管制的范围和内容在实践中可能是无所不包的。受此法律规定的影响，一方面造成了网络服务提供者免罪心态，因此公民个人的电子信息活

---

① 中华人民共和国刑法修正案（九），2015 年 8 月 31 日，中国人大网（http://www.npc.gov.cn/npc/xinwen/2015 - 08/31/content_ 1945587. htm）。

动必然会受到免罪心态导致的违约、滥权审查行为的极大干扰，另一方面，由于该修正案对公民个人电子信息活动的内容作了极其严厉的限制性规定，因此，公民电子信息行为面临极大的触犯刑法的风险，如修正案规定："编造虚假的险情、疫情、灾情、警情，在信息网络或者其他媒体上传播，或者明知上述是虚假信息，故意在信息网络或者其他媒体上传播，严重扰乱社会秩序的"，可以判处三年以下有期徒刑、拘役或者管制，造成严重后果的，则可以判处三年以上七年以下有期徒刑"（第 291 条第 2 款）。司法工作人员、辩护人、诉讼代理人或者其他诉讼参与人，泄露依法不公开审理的案件中不应当公开的信息，造成信息公开传播或者其他严重后果；有泄露国家秘密行为的，甚至"公开披露、报道"案件信息的，情节严重的，可以处三年以下有期徒刑、拘役或者管制，或者处三年以上七年以下有期徒刑（第 308 条之一）。

2. 法律法规对公民个人电子信息活动民事侵权责任的规定

公民个人电子信息活动侵权责任的追究是公民个人电子信息活动权益的重要方面。总体而言，相对于法律对公民个人电子信息活动的政治后果的惩罚而言，法律对公民个人电子信息活动的民事侵权责任追究的规定是残缺和碎片化的。

2010 年 7 月开始实施的《侵权责任法》① 针对新时期网络侵权频发的现状，对网络侵权的救济与责任承担作出了前所未有的规定，成为公民电子信息活动中个人隐私安全的依据。第 36 条规定"网络用户、网络服务提供者利用网络侵害他人民事权益的，应当承担侵权责任。网络用户利用网络服务实施侵权行为的，被侵权人有权通知网络服务提供者采取删除、屏蔽、断开链接等必要措施。网络服务提供者接到通知后未及时采取必要措施的，对损害的扩大部分与该网络用户承担连带责任。网络服务提供者知道网络用户利用其网络服务侵害他人民事权益，未采取必要措施的，与该网络用户承担连带责任。"这一条款确立了网络侵权情况下，被侵权人对侵害人的权利，以及包括网络服务提供者对被侵

---

① 《中华人民共和国侵权责任法》，2009 年 12 月 26 日，中国政府网（http：//www. gov. cn/flfg/ 2009 - 12/26/content_ 1497435. htm）。

害人的赔偿责任。但一些案例显示：目前我国对个人信息安全、网络权益的保护由于一方面默认了服务提供者有充分的使用权（如南京朱烨案），只要其不是不适当地"公开"就可以免责，① 另一方面甚至主动豁免了公共权力部门对公民个人信息保护的诉求责任，② 例如2012年施行的《中华人民共和国国家赔偿法》③ 规定了国家机关和国家机关工作人员因"侵犯公民、法人和其他组织合法权益""造成损害"，必须承担赔偿责任。该法所采用的"合法权益"具有广泛的含义，但该法的真实价值在于并非所有有损公众"合法权益"的行为都可能得到国家赔偿。在该法所列举的具体可申请赔偿的情形中，公众因行政机关或其工作人员不当行为而导致其电子信息活动、隐私、信息安全受到的损失，并没有被列入可申请的国家赔偿范围（该法第一、二条主要针对的是非网络环境和非网络条件下的行政行为）。可见，在可能存在的公民个人与国家行政机关及其工作人员有关公民个人隐私和信息安全的对抗关系中，法律并没有涉及网络空间，也没有为公民个人网络空间的权益实现作出明确承诺。因而其对消费者的保护是极其不充分的。在网络侵权案例很多是公共权力部门实施或与其相关的情况下，在公共权力部门可以利用其对网络的监督、控制权力而任意行政的情况下，只要不明确规定公共权力部门的权力界限，公民个人网络权利的保护就一定是不全面的。因此，这一条文规定的侵权责任追究基本上是形式意义上的。

---

① 即朱烨诉北京百度网讯科技公司个性化推荐行为侵犯隐私权案。2014年，江苏省南京市中级人民法院作出终审判决，判决百度公司不构成侵权行为。《cookie技术与隐私权纠纷第一案——法院为何判百度不侵权？》，2015年6月24日，中国知识产权律师网（http://www.chinaiprlaw.cn/index.php? id=2024）。

② "国家机关行使职权公开个人信息的，不适用本条规定"（第十二条）。

③ 《中华人民共和国国家赔偿法》(1994年5月12日第八届全国人民代表大会常务委员会第七次会议通过1994年5月12日中华人民共和国主席令第23号公布，根据2010年4月29日第十一届全国人民代表大会常务委员会第十四次会议通过2010年4月29日中华人民共和国主席令第29号公布，自2010年12月1日起施行的《全国人民代表大会常务委员会关于修改〈中华人民共和国国家赔偿法〉的决定》第一次修正，根据2012年10月26日第十一届全国人民代表大会常务委员会第二十九次会议通过2012年10月26日中华人民共和国主席令第68号公布，自2013年1月1日起施行的《全国人民代表大会常务委员会关于修改〈中华人民共和国国家赔偿法〉的决定》第二次修正），2014年4月24日，最高人民检察院网（http://www.spp.gov.cn/sscx/201404/t20140424_71280.shtml）。

除区别性对待外，在公民个人信息保护方面还存在一定的空白和盲区。2014 年，最高人民法院审判委员会通过的《最高人民法院关于审理利用信息网络侵害人身权益民事纠纷案件适用法律若干问题的规定》①主要适用于"利用信息网络侵害他人姓名权、名称权、名誉权、荣誉权、肖像权、隐私权等人身权益引起的纠纷案件"（第一条），规定："自然人基因信息、病历资料、健康检查资料、犯罪记录、家庭住址、私人活动等个人隐私和其他个人信息"，因网络服务提供者在网络上加以公开，并"造成他人损害，被侵权人请求其承担侵权责任的"，人民法院应予支持（第 12 条）。这些条款设置了网络服务提供者不得公开的个人信息的界限，为相关诉讼提供了明确的指导。但另一方面，由于整个法律、制度体系存在根本性的不完善，这一规定事实上是难以具有操作性的，同时也造成本规定自身存在很多模糊不清和结构性缺陷。例如，该条款规定：网络服务提供者在用户提出侵权主张的情况下，有责任及时中止其因发布其他主体的信息而形成的侵权行为，同时还规定"通知人的通知导致网络服务提供者错误采取删除、屏蔽、断开链接等措施，被采取措施的网络用户请求通知人承担侵权责任的"，以及"被错误采取措施的网络用户请求网络服务提供者采取相应恢复措施的"，法院也应当支持（第 8 条），"擅自篡改、删除、屏蔽特定网络信息或者以断开链接的方式阻止他人获取网络信息，发布该信息的网络用户或者网络服务提供者请求侵权人承担侵权责任的，人民法院应予支持"（第 14 条）；"雇佣、组织、教唆或者帮助他人发布、转发网络信息侵害他人人身权益，被侵权人请求行为人承担连带责任的，人民法院应予支持"（第 15 条）。这些规定对公民个人网络权益的保护具有极为重要的价值和作用，但考虑到我国存在着大量的有能力要求或强迫网络服务提供者删除、屏蔽、断开链接信息的行为，在其他法律规定或制度具有极大模糊性、随意性的条件下，不首先解决公共权力部门的网络特权及其与公民个人电子信息活动的不平等等问题，这一规定是很难在司法实践

---

① 《最高人民法院关于审理利用信息网络侵害人身权益民事纠纷案件适用法律若干问题的规定》
（2014 年 6 月 23 日由最高人民法院审判委员会第 1621 次会议通过）（法释〔2014〕11 号），ht-tp：//www. court. gov. cn/zixun-xiangqing-6777. html。

中落到实处的。此外，第 12 条规定主要涉及的只是第三方因网络服务提供者"公开"行为而导致后果的前推式追责上，这意味着：第一，网络服务提供者即便存在"公开"行为，只要没有造成后果，也不构成充分的诉求理由；第二，法律责任的环节被固定在"公开"这一环节上，而对所有相关人是否有权使用、是否产生不同的使用后果并产生相应的责任与义务，并没有涉及，因此也就无形之中消除了个人信息所有者在网络信息相关法律关系中的中心地位和权利，个人信息所有人的权利其实是附属的，其前提条件是网络服务提供者是否将其"公开"，其次是否有第三方使用并造成后果。显然，这并没有触及个人信息保护的基础和核心，因此政府对公民个人网络空间权益的保护也就无从谈起。这也是非常明显的盲区和空白。

五 国家网络利益与公民个人电子信息行为权益的失衡及其必要的应对

通过对我国网络治理的理念、原则和法律、制度的梳理可以发现：在我国个人网络权益的地位和构成没有得到明确的阐述的情况下，国家对网络的管制与公民个人网络权益的不断收缩是同步并进的；公共权力部门在抽象承认网络空间公民个人信息权利和承诺保障公民个人隐私和信息安全的同时，并没有积极完善相关立法和严格实行依法行政。相关法律法规间的断裂使得有关保护公民信息权利的法律规定形同具文，而依凭权力和强势地位无视基本法律的限制，随意跨越法律界限，也是公共权力部门侵害公民个人信息权利的主要做法。某种程度上可以说，目前我国公民的电子信息活动的权益已经被压缩至相当狭小的空间。政府通过限制公民个人网络空间行为自由度实现对公民个人网络权利的管制方法，已经形成一整套方法和策略，主要包括：实名制、责任外化、相关主体的自我审查机制等。

对我国的网络空间立法和执法现状的考察，可以清楚地看出在政府的网络治理和公民个人的信息权利的实现之间存在着矛盾和冲突：网络治理的实现是以某种程度的个人网络权利的缩减为前提和代价的；在个人网络权利受限或萎缩的情况下，我国网络空间的生态多样性会受到影响。因此，寻求基于充分保障公民个人信息权利实现网络治理的理念应当成为我国网络治理思维的基本观念，即网络治理在满足"国家利益"考虑的同时，还需要最低限度地考虑和实现公民个人基于言论自由、通信自由等宪法权利的电子活动权利的实现。为此，应当在国家的政治考虑、意识形态考虑、维护传统的考虑之外，一方面，应当主动缩小公共权力部门出于自身职责和利益对网络空间的权力，另一方面，需要在积极确立有关公民个人信息权利地位和保护的基本立法精神下，确保基本法律精神能够落到实处；对于那些与基本法律精神不符合的部门法规，应当迅速废止（如实名制的规定）。总之，公共权力部门对网络空间的治理应当建立在忠实地承认和维护公民个人信息权利的基础上，只有这样，才能够实现真正的网络治理。

在目前尚不能明确期待公共权力部门自我调整和立法的必要完善的情况下，应当更加理性地对待以信息通信技术在社会领域、政府领域和政治领域的应用，尤其是防止出现大规模的基于对公众信息不适当获取和使用而造成对公民个人利益可能的侵害。同时，在不能够明确预期大规模的技术应用一定会带来社会进步的情况下，出于节约公共财政的考虑，因此谨防先进信息通信技术如大数据、智慧城市的盲目建设和使用。在个人网络权益缺乏基本实现条件的情况下，一些功能强大的新技术尤其是大数据、智慧城市以及网络治理技术的应用，在顺应了技术复杂趋势的同时，对公民权益、对国家治理的合理化、对政府与社会关系的均衡化，可能不一定会产生正向、积极的作用；在技术进步不一定能够带来社会进步的情况下，政府对互联网、智慧城市的大规模投入，在消耗社会财富的同时，反而会强化一些可能会阻碍社会发展的机制和因素。因此，在根本性的公民个人权益地位和保护没有得到充分发展和保护的前提下，无论是互联网发展还是智慧城市、政府治理技术的进展，都必须保持谨慎的态度。

Performance Measurement

绩效评估

政府绩效评估中的博弈行为及其致因：来自中国的证据

周志忍　　徐艳晴

（北京大学政府管理学院，北京大学国家治理研究院；
海南大学政治与公共管理学院，北京大学政府绩效评估中心）

摘　要　信息失真是政府绩效评估中的一个普遍现象，被评估者的博弈或弄虚作假行为是导致绩效信息失真的重要原因，博弈行为防范相应成为绩效评估研究的重要主题。由于政治体制、官僚文化和社会环境等方面的不同，我国政府绩效信息失真的表现方式、官员的博弈策略及其致因不可避免地带有一些中国特色。本文致力于我国特殊国情下博弈行为及其致因的研究：立足国际文献，对博弈概念和类型作简要讨论，构建一个博弈致因分析框架；基于问卷调查结果，展示地方政府绩效评估信息面临的严重"信任赤字"；聚焦公民满意度测评，提供信息失真的客观证据，归纳官员的博弈策略；展示博弈致因的问卷调查结果；从国际文献比较角度，对调查发现的中国特色问题作进一步讨论。

关键词　绩效评估　博弈　弄虚作假　信任赤字
　　　　　博弈致因

信息失真是政府绩效评估中的一个普遍现象，被评估者的博弈或弄虚作假行为是导致绩效信息失真的重要原因。信息失真对绩效评估期望的强化问责、优化资源配置、改进内部管理等目标造成负面影响。因此，博弈行为防范一直是绩效评估中的重要主题。我国政府绩效评估同样为博弈行为所困扰，弄虚作假和数据失真普遍存在，有的还比较严重。由于政治体制、官僚文化和社会环境等方面的不同，政府绩效信息失真的表现方式、官员的博弈策略及其致因不可避免地带有一些中国特色。

本文运用文本分析和问卷调查方法，对地方政府绩效评估中官员的博弈策略及其致因进行研究。第一部分基于国际文献，对博弈相关概念和类型作简要讨论，构建一个博弈致因的分析框架；第二部分基于问卷调查结果，展示地方政府绩效评估信息面临的严重"信任赤字"；第三部分聚焦公民满意度测评，提供信息失真的客观证据，归纳官员的博弈策略；第四部分是博弈致因的问卷调查结果；最后是进一步讨论。

一 文献综述和博弈致因考察框架

西方学者用多种词语描述绩效评估中的弄虚作假行为，如博弈（gaming）、作弊（cheating）、操控（manipulation）、美容包装（doctoring）、策略性行为（strategic behavior）、创造性分类（creative classification）、创造性解释（creative interpretation）等，总体上看，"博弈"和"作弊"是使用频率最高的两个概括词语。本文用博弈来概括导致信息失真的弄虚作假行为。所谓博弈，就是当决策主体之间的行为具有相互作用时，各主体根据所掌握信息及对自身能力的认知，做出有利于自己的决策行为。绩效评估中的主要博弈主体包括"委托人"即评估者，又包括"代理人"即被评估者。本文关注的是被评估者的博弈行为。不同学者对被评估者的博弈行为作了不同的界定："能从激励契约中获取最大收益同时没有实际改进绩效的行动"（Baker，1992）[①]；"刻意包装甚至赤裸裸地捏造数据，旨在提高个人或组织的地位"[②]；"创造（正式和

[①] Baker, George (1992), Incentive Contracts and Performance Measurement, Journal of Political Economy, Vol. 100, No. 3 (Jun. , 1992), pp. 598 – 614.

[②] Hood, C. (2007), "Public service management by numbers: why does it vary? Where has it come from? What are the gaps and the puzzles?", *Public Money and Management*, April, pp. 95 – 102.

非正式）活动表面上实现了目标或履行了法定义务，但对服务提供带来严重的非预期后果"①；"改变行动以实现既定目标，而对评估范围外的绩效置之不理"②。

上述简单定义中包含了多样化的博弈行为，对这些行为的合理分类就成为研究的重要方面。博弈行为的两分法包括："可接受"和"不可接受"的博弈行为；③ "低程度"（low-level gaming）和"高程度"（high-level gaming）博弈（Mears and Webley，2010）；诚实的作弊（honest cheating）和不诚实的作弊（dishonest cheating）④ 等。Bohte 和 Meier⑤ 基于行为特性划分了博弈的三种主要形式："粗制滥造"（cutting corners），追求产出最大化而忽视质量；赤裸裸撒谎或捏造数据（lying），如越战时期谎报敌军阵亡人数夸大战果邀功；"样本偏差"（biasing samples），如倾心于"高可见度"任务以博取赞赏和肯定，忽视可见度低但更重要的事情。Hood 等人⑥侧重所产生的后果，把博弈行为分为三种类型：棘轮效应（ratchet effect）；"门槛效应"（threshold effect）；"产出扭曲"（output distortion）。Radnor 对博弈行为的分类基于两个维度：一是博弈作弊的严重程度，二是博弈产生的社会影响。不同组合构成博弈行为的四种类型："混淆"（muddling）或鱼目混珠，比如把所有进入博物馆大楼的人统计为"访问者"，包括工作人员、餐饮供应商、物业管理承包商等；"运筹"（maneuvering），其特点是通过"创造性行

① Radnor, Zoe（2008），"Muddled, massaging, manoeuvring or manipulated?", *International Journal of Productivity and Performance Management*, Vol. 57 Iss 4 pp. 316 – 328.

② Fisher, Colin and Bernadette Downes（2008），Performance measurement and metric manipulation in the public sector, *Business Ethics*: *A European Review*, Vol 17, No. 3, 2008.

③ Hood, Christopher（2006），Gaming in Targetworld: The Targets Approach to Managing British Public Services, *Public Administration Review*, July/August 2006.

④ Behn, Robert.（1998），Cheating-Honest and Dishonest, The New Public Innovator, May/June 1998, pp. 18 – 19.

⑤ Bohte, John and Kenneth J. Meier（2000），Goal Displacement: Assessing the Motivation for Organizational Cheating, *Public Administration Review*, March/April 2000, Vol. 60, No. 2, pp. 173 – 182.

⑥ Hood, Christopher（2006），Gaming in Targetworld: The Targets Approach to Managing British Public Services, *Public Administration Review*, July/August 2006; Bevan, Gwyn and Christopher Hood（2006），What's measured is What Matters: Targets and Gaming in the English Public Health Care System, *Public Administration*, Vol. 84, No. 3, 2006, pp. 517 – 538.

动"（扭曲行为）等内部调整使绩效水平更赏目，但对外部客户没有产生实实在在的影响。第三种博弈策略它们称为"推拿"（massaging），外部客户有一些收益，但绩效目标的实现主要还是靠数据包装或创造性解释。最后一种是"操控"（manipulating），其手段既包括赤裸裸的数据捏造，也包括行为扭曲。Fisher 和 Downes 构建了一个"作弊连续谱"框架。按照这一分类框架，数据"注水"属于"轻度不诚实"，而"捏造数据"则是"严重不诚实"，其他博弈行为处于作弊连续谱的两极之间，具体包括隐瞒、误导、系统操控、重新归类等①。

博弈行为致因的研究比较薄弱：虽然所有研究都提及导致博弈行为的原因，但专门的系统研究成果还比较少；聚焦于特定领域的研究形成了有启示意义的分析框架，但尚未通过交叉验证和荟萃分析形成普遍共识。基于此，这里主要梳理讨论构成独特理论框架的成果。Bohte 和 Meier 于 2000 年发表了《目标置换：组织作弊的动机评估》一文，宣称从学术角度"首次对组织何时和为何作弊提供了系统理论解释"。文中把得克萨斯州 476 个学区考试作弊的严重程度作为因变项，导致组织作弊的四个预设因素作为自变项，通过回归分析确认相关性。研究确认了组织作弊的四大致因：（1）资源不足；（2）任务难度过大；（3）监督力度不足；（4）激励结构即激励力度超过一定的度会导致博弈行为。

Fisher 和 Downes ②构建了一个"情境—机制—效果"（context-mechanism-outcome-configurations）博弈致因分析框架。其中"效果"指管理者的"作弊倾向"和作弊反映出的"不诚实程度"，"机制"实际上指人的内心想法或动机，它为采取某种行动提供了理由或借口；"情境"指环境因素，主要是组织形成的相关制度规范包括非正式文化。通过两轮调研，他们总结出了对作弊影响最大的四个情境因素，要求被访者对其相对重要性赋值（总分 10 分分配在四个因素上）。四个因素及其得分结果是：（1）组织非正式文化对作弊的态度（4.5 分）；（2）数据操控幅度，轻微作弊就可以跨越绩效门槛从而获得较大的实惠，作弊的可能

① Fisher, Colin and Bernadette Downes（2008），Performance measurement and metric manipulation in the public sector, *Business Ethics: A European Review*, Vol. 17, No. 3, 2008.

② Ibid.

性就比较高（2.6 分）；（3）作弊被发现的概率（1.4 分）；（4）被发现后受处罚的严厉程度（1.5 分）。"机制"诸因素与作弊倾向、严重程度、作弊形式之间存在不同的相关关系："对信息失准感到反感"会导致较高的作弊倾向，但作弊多采取"注水"或"隐瞒"等"轻度不诚实"的方式；"大力度奖励机制"不仅会导致较高的作弊概率，而且所采取的多是"系统操控""重新归类""捏造数据"等"严重不诚实"的作弊形式。

Amy Martin[①] 对大学生考试作弊致因进行了研究。与上述两个框架聚焦于"诱发"作弊行为的因素不同，该研究关注作弊行为的"抑制因素"，其最初目的是研究"宗教虔诚度"（religiosity）对作弊行为的影响。这一研究使用心理实验的方法，共有 72 个在校生参与了实验。结果表明：虽然世界上大多数主流宗教都有诚实守信的信条，宗教虔诚度与作弊行为之间没有相关性；社会规范（Social norms）对作弊行为有着重大影响；自我监控力（self-monitoring）与作弊行为存在正相关关系，自我监控力高的人易于感知外部情况并随之调整自己的行动，自我监控力低的人对他人的作弊行为缺乏敏感性，从众作弊的可能性也相对较低。

借鉴国际有关研究成果，我们构建了一个由五个因素构成的博弈致因分析框架。

第一个要素是"社会规范"，这里指组织非正式文化对博弈行为的态度，当弄虚作假已成气候，个别行为主体实事求是也改变不了现状的时候，组织成员就会随波逐流，心安理得地弄虚作假。从众心理和"破窗效应"等理论，对社会规范和博弈行为之间的作用机理作了很好的阐释。

第二个要素是"任务难度"。这是一个由任务的复杂程度、现实基础、资源和能力匹配度等构成的综合指数。当面临严重资源约束但又要和其他组织按照同一标准竞争时，雇员就可能用作弊来追求竞争的"公

---

① Martin，Amy（2013），Does Religion Buffer Cheating? A dissertation submitted to the Graduate School in partial fulfilment of the requirements for the Degree of Doctor of Philosophy，Northern Illinois University.

平性"。

第三个要素是"监督力度",由于上级难以掌握充分信息并实施持续有效监督,当任务压力过大且作弊被曝光的概率较小的时候,他们就有可能弄虚作假。

第四个要素是"激励结构",不论正面还是负面激励,激励力度超过一定的度会导致博弈行为。值得一提的是,如果不同绩效档次间存在较大的激励差距,博弈会出现某种形式的"门槛效应":绩效水平与目标差距很小,稍做手脚就可以跨越绩效门槛进而赢得巨大收益,博弈行为发生的概率比较高。

第五个要素是"评估体系认同度",包括绩效评估的组织"嵌入度"、成员对绩效评估的态度和对评估诸技术方面的接受程度等。当绩效评估在资源配置和收入分配中发挥重要作用(嵌入度高)时,如果成员认为绩效评估完全服务于上级控制而对组织和社会公众没有实质意义,或者认为指标体系缺乏多维度合理平衡,偏离组织工作重点或导致扭曲,或者对绩效指标缺乏信任,博弈就会被视为对"不当"考评体系的"合理抵制",博弈行为发生的概率就比较高。

我们设计的调查问卷包括三块内容。第一部分为个人基本信息,主要涉及性别、职业、工作相关性等。第二部分为信息失真状况的基本评价,包括对信息失真普遍程度的评价,不同领域绩效信息失真程度的评价,人为弄虚作假在信息失真致因中所占比重的判断。第三部分集中探讨博弈行为的致因。

二　中国地方政府绩效评估面临的信任赤字

问卷调查于 2014 年 11 月至 2015 年 3 月在北京大学 2012 级和 2013 级 MPA 班与海南大学 2012 级和 2013 级 MPA 班组织实施。共发出调查问卷 400 份,回收 300 份,回收率 75%。其中有效问卷 257 份,有效率 85.67%。被调查者来自全国各大地区,其中华南地区居多,56.0% 为男性,75.1% 为公务员(包括参公人员),20.9% 承担了本单位的绩效考评工作。

信息失真总体状况评价共设计了四个问题。第一个问题涉及信息失真的普遍程度："根据平时掌握的信息，您对各地政府绩效考评中信息失真状况作一判断"，被调查者从"非常普遍、比较普遍、少数地方存在、极个别现象"四个选项中作出选择，结果见表1。相关分析的结果表明，不同性别、职业性质和工作相关性的群体在对绩效失真状况的评价上没有显著差异，表明各个群体对信息失真问题的看法基本一致。

表1   **绩效信息失真普遍程度的判断**

	非常普遍	比较普遍	少数地方存在	极个别现象
频数	64	152	37	4
百分比（%）	24.9	59.1	14.4	1.6

第二个问题涉及本地信息失真状况的判断："与各地状况相比，您居住地政府绩效考评中的信息失真状况"，调查者的三个选项及其结果见表2。相关分析的表明，不同职业性质的群体对这一问题的评价存在着显著的差异（$Chi - square = 8.815$，$Kendall's \ tau - c = 0.093$，$p < 0.1$），非公务员群体对本地绩效信息失真程度严重性的判断要高于公务员群体自身的判断，而不同性别、不同工作相关性群体在本地绩效信息失真状况的判断上没有显著差异。

表2   **本地绩效信息失真状况判断**

	高于平均水平	低于平均水平	不相上下
频数	39	95	123
百分比（%）	15.2	37.0	47.9

第三个问题涉及不同工作领域绩效信息的相对真实性或信息失真的相对严重程度。工作领域包括经济增长（GDP）、医疗卫生、生态环境、教育等六个外加公民满意度数据，选项包括"基本真实、失真存在但不影响总评价、失真问题比较突出、最不靠谱"。结果见表3。GDP增长数据、住房价格、教育、社会治安这四个方面被普遍认为"信息失真存

在但不影响总评价",而生态环境和公民满意度两个领域的信息失真问题最为严重(加权平均值最高)。

表3 不同领域信息失真的相对严重程度

	基本真实	失真存在但不影响总评价	失真问题比较突出	最不靠谱	总频数	加权平均值[B]
GDP 增长	29	138	66	24	257	2.33
住房价格	63	100	77	16	256[A]	2.18
教育	44	128	79	6	257	2.18
医疗卫生	19	101	122	15	257	2.52
社会治安	48	137	67	5	257	2.11
生态环境	18	59	118	61	256[A]	2.86
公民满意度	8	65	104	80	257	3.00

A:总频数 256 是因为一个被调查者漏填了住房价格项。

B:表中加权平均值的计算方法是:("基本真实"频数 + "失真存在但不影响总评价"频数 × 2 + "失真问题比较突出"频数 × 3 + "最不靠谱"频数 × 4) ÷ 总频数。

第四个问题是"排除信息技术限制等客观原因,您认为人为弄虚作假在信息失真中所占得的比重",五个选项及其结果见表4。总体上人为弄虚作假被认为信息失真中占比 50% 左右,选择四成和六成的判断占大多数。在这一点上,不同性别和不同工作相关度的群体没有显著差异,而不同职业群体的受访者则有显著不同的看法($Chi-square=5.663$, $Kendall's\ tau-c=0.016$, $p<0.05$),非公务员群体对人为弄虚作假因素所占比重的判断明显高于公务员群体。

表4 导致信息失真诸因素中人为弄虚作假所占的比重

	20% 以下	40% 左右	60% 左右	80% 左右	90% 以上
频数	60	80	62	29	26
百分比(%)	23.3	31.1	24.1	11.3	10.1

选择信息失真"非常普遍"和"比较普遍"的两项加总占被调查

者总数的84%，反映了地方政府绩效信息面临严重的信任赤字。45.5%的被调查者认为人为弄虚作假对信息失真的"贡献率"为60%左右或以上，意味着博弈被普遍视为信息失真的重要原因。相关性分析发现，非公务员群体对"本地绩效信息失真程度严重性"的判断和"人为弄虚作假因素所占比重"的判断要明显高于公务员群体，这意味着政府绩效信息在社会上面临着严峻的公信力挑战。

三　客观证据：满意度数据失真和官员博弈策略

问卷调查表明地方政府绩效信息面临严重的信任赤字，接下来的问题是，信任赤字多大程度上源于公众的误解、偏见或怀疑情绪，多大程度上源于满意度测评中的数据失真？换句话说，对政府绩效信息缺乏信任属于主观判断，这些主观判断在多大程度上基于客观事实？鉴于问卷调查中公民满意度被视为信息失真最为严重的领域，本部分聚焦公民满意度信息作一专门探讨。我们首先总结数据失真的表现形式，探讨哪些现象使得满意度测评结果让人难以置信，继而讨论地方官员在满意度测评中的博弈策略。

满意度测评中的数据失真可以从五个方面进行考察。第一，畸高的满意度与境外情况的巨大反差。自2008年以来，世界经济论坛编著的《世界竞争力报告》包括了"警察可靠度"（Reliability of police services）指标，可以视为警察绩效的综合评价。新西兰一直是排名前三位的国家，英国排名26位，中国大陆63位①。相关国家警察服务满意度数据是：新西兰为83%（历史最高点）；②英国为61%（2014）。③与此形成鲜明对比的是，绩效排名63位的中国大陆，地方政府警察工作满意度的官方调查结果动辄超过90%，低于85%的似乎显得无地自容。

---

① Schwab, Klaus（World Economic Forum），*The Global Competitiveness Report*，2013 – 2014.

② 数据来源于新西兰警务在线2013年5月15日的新闻报道：Citizens' satisfaction with Police services hits record high，http：//www. police. govt. nz/news/release/35045。

③ 数据来源于http：//www. eveningexpress. co. uk/news/uk/satisfaction-with-police-falling-1. 396555。

第二，满意度测评结果与社会认知的巨大反差。2006 年 10 月，北京市卫生局对全市 50 家三级医院进行了患者满意度调查，满意度 100% 的医院竟然有 19 家，即使排名最后的几家医院，其满意度也达到了 92.5%。结果引起社会的质疑浪潮："如果我们的医院真的这么好，和谐社会就建成了！但谁会相信?!"① 从大气候看，2005 年国务院发展研究中心《对医疗体制改革的评价与建议》公开发表，把医疗制度改革置于风口浪尖。同年 8 月 27 日，中国改革研究院在北京举办形势分析会，与会 20 多位重量级人物认为，大多数人对医疗卫生现状不满意是不争的事实，"教育和卫生这两个领域是现在社会矛盾最突出、最激烈的两个领域，基本上可以说是怨声载道"②。

第三个现象是不同主体调查结果之间的巨大反差。以市民安全感为例，民间调查机构得出的数据普遍低于政府调查结果：政府部门市民安全感调查的平均水平都在 92% 以上，但根据零点公司的调查，上海是中国安全感最好的城市，也从来没达到 92%，南方有些差的城市则很少超过 50%。③

第四个现象是不同时间段调查结果的巨大反差。2006 年以来，针对大多数人对医疗卫生现状不满的大环境，各级政府大幅增加了医疗卫生领域的财政投入，采取一系列措施回归医院的公益性并强化管理。根据卫生部统计信息中心 2012 年公布的《居民对医疗卫生服务的满意度调查报告》，三分之二以上的城乡居民对医疗卫生服务表示满意，78.6% 的居民认为总体上医疗卫生服务变好了。对医护人员的服务态度、就医环境、就诊便利程度等项目的满意度都在 70% 以上。④经过大力改进后公众对医院服务态度、就医环境、就诊便利程度等的满意度不到 80%，那 2006 年北京市 50 家三级医院患者满意度调查近乎 100% 满意的结果，引起社会质疑就不难理解了。

---

① 许贵元：《"民意调查"也有假 弄虚作假和形式主义不容忽视》，《上海法治报》2006 年 12 月 1 日。

② 苗树彬：《医疗卫生体制改革：评估与展望》，《经济参考报》2005 年 9 月 12 日。

③ 李松：《真实是民调的生命》，《瞭望新闻周刊》2010 年第 33 期。

④ 相关数据根据新京报 2012 年 5 月 9 日新闻报道《卫生部公布居民对医疗卫生服务满意度调查报告》中整理而得。

第五个现象是满意度测评结果的内在矛盾。举例而言，2005 年江苏省实施的省级机关公众评议中，10312 个访问对象共提出了 6948 条批评意见和建议，批评主要表现在两个方面：一是服务效能不高，存在推诿扯皮、行政不作为等问题；二是清正廉洁不够，权力利益化、利益部门化、权钱交易等还多有存在。虽然高达 67% 的人提出了批评和建议，批评涉及违法乱纪之类的严重问题，但群众的满意率依然达到 99.3%[1]。

当满意度测评结果出现时空上的巨大反差、背离社会认知或存在明显的内在矛盾时，要想得到公众的信任是不可思议的。下一个问题是，这些数据失真是如何出现的？

地方政府的博弈策略可分为三种类型：数据操纵、公关努力、技术控制[2]，每种策略在特定阶段占据主要地位，这是官员应对环境和相关制度规范变化的结果。20 世纪 90 年代至新世纪初，政府绩效评估聚焦于 GDP 增长率，公民满意度只是一项附加内容，地方政府的公民满意度数据汇报给上级，没有向社会公开的义务。透明性和社会监督的缺乏导致了"我的调查我作主"心态，少数部门没有进行任何测评就杜撰上报数据，多数部门虽然进行了满意度调查但没有遵循基本规则。可以说，这一时期的满意度数据在相当程度上取决于官员的政治需要，操纵数据是地方政府应对绩效评估的主要策略。

2005 年国务院提出构建科学的地方政府绩效评估指标体系以后，满意度测评的制度建设和技术规范有了长足进步，第三方独立评估为社会所公认，"我的调查我作主"式的数据操纵不再行得通，于是地方政府的博弈策略进入了"公共关系"的新阶段，通过疏通和感情笼络等施加影响，甚至赤裸裸地收买和威胁以取得高分数。

梳理媒体曝光的一些案例，地方政府的公关策略五花八门。首先是制定标准答案组织辅导。2009 年 2 月，江苏省采用随机抽样的电话访问方式，对南通市的启东、海门、通州等地全面达到小康情况进行民意调查，当地干部要求受访群众按照事先发放的标准答案回答提问，不少中

---

① 孙立忠：《99.3% 的满意率是真实的民意吗》，《中国商报》2005 年 1 月 18 日。
② 潘洪其：《"伪民调"何以大行其道?》，《北京青年报》2011 年 1 月 5 日。

小学专门放假一天，让学生背熟答案"协助"家长应对电话调查。① 类似现象也发生在陕西、湖南、江西等多个地方。② 当然，标准化答案和辅导并不能保证公众的遵从，"收买"或"利诱"于是成为使用最多的公关手段。2008 年江苏省统计局的随机电话民意调查中，启东市一些村委会多次召开会议，明确按照标准答案回答奖励 50 块钱，采访前的最后时刻又提高到 200 元，还有 144 元的电话月租费。③ 2013 年 9 月 13 日，湖南邵阳很多市民接到一条短信，接到省里民意调查电话同时给出了"积极评价"的市民，凭通话记录可以领取误工补贴。④

除了公关策略外，"技术控制"也是近年来一种重要的博弈策略，其做法各种各样。一是"选项控制"，即提供有限或结构失衡的选项以达到高满意度的目的。国外公民满意度调查一般设立"非常满意、比较满意、中立（neutral）、不大满意、非常不满"五个档次，而不少中国地方政府仅有"很满意、满意、基本满意、不满意"四个选项。⑤ 结构失衡选项的"效果"怎样？北京市卫生局 2006 年 7 月曾公布过全市 49 家三级医院满意度调查结果，平均满意度为 79.9%，当时的选项为"满意、基本满意、一般、不太满意、非常不满意"五个档次。在同年 10 月进行的调查中，调查选项修正为"满意、比较满意、基本满意、不太满意、非常不满意"，结果就是前面提到的接近 100% 的满意度。换句话说，鉴于两次调研时间间隔很短，把"一般"改为"基本满意"的简单选项调整，满意率就提升了接近 20 个百分点。技术操纵的第二种做法是"权重控制"。2011 年重庆开县政风行风投票评议网公开了一个计算公式：满意率 = （非常满意 × 100% + 满意 ×

---

① 盛翔：《地方官员为何热衷"标准答案"》，《新京报》2009 年 2 月 13 日。

② 杨超、肖湘、黄慧中：《江苏数县民意调查涉嫌造假 发标准答案欺上瞒下》，2009 年 2 月 12 日，中国广播网（http://www.chinanews.com/gn/news/2009/02 - 12/1559917.shtml）；岳粹景：《统一口径上来的不是民意是官意》，2011 年 8 月 17 日，华声在线（http://opinion.voc.com.cn/article/201108/201108170925163542.html）；郭文斌：《"被满意"的调查何时才会消停？》，《新京报》2012 年 8 月 4 日。

③ 杨超、肖湘、黄慧中：《江苏数县民意调查涉嫌造假 发标准答案欺上瞒下》，2009 年 2 月 12 日，中国广播网（http://www.chinanews.com/gn/news/2009/02 - 12/1559917.shtml）。

④ 赵婧昊：《民调岂能"被满意"？》，《光明日报》2013 年 9 月 13 日。

⑤ 胡建华、杨瑾：《山西开展安全感满意度调查》，《人民公安报》2013 年 2 月 24 日。

90% + 基本满意 × 70% + 不满意 × 50%）÷ 得票总数 × 100%[1]。按照这一公式，假设 100 名群众给受评单位投票，不满意得票 100 票，结果得出群众满意率为 50%。第三种做法是设置差评率上限。福建省莆田市政府网进行"2010 年政风行风网上满意度测评"，明确规定"不满意票数不能高于 50%"[2]。有的地方利用信息系统设置隐性差评上限，不满意票数超过这个上限时，系统不记录这张不满意票，但依然给投票者提供"感谢参与和批评"等反馈。

上面的讨论可以得出结论：满意度确实存在较为严重的数据失真问题，而地方政府的博弈或弄虚作假行为是失真的重要原因。这就是为什么"被满意"成为社会上的热词。

四　博弈行为致因的问卷调查结果

博弈行为致因是问卷调查的核心部分，我们做了"一级因素"和"二级因素"的区分。一级因素完全基于上面的五因素分析框架，但根据国情特色、调查对象特点和中文习惯做了一些必要的调适，以保证被调查者能够准确理解其含义。一个例子是任务难度，国际相关研究中的任务难度是一个由复杂程度、现实基础、资源和能力匹配度等构成的综合指数，具有客观指标的属性。问卷调查完全基于主观判断，如果缺乏多地工作经历或对其他地方情况缺乏深入了解，被调查者的赋值可能完全基于自己在岗位上的感受而非与其他地方的比较。所以，我们把这一因素表述为"绩效目标过高"。另外一个调适的例子涉及社会规范，我们没有简单使用社会规范的概念及其学术定义，也没有使用"组织非正式文化对作弊的态度"，而是直接用"大气候下的从众行为"。这一表述有利于被调查者的准确理解，同时体现了社会规范在本文中的特定狭义内涵。第一道题列出五个一级因素请被调查者分别打分，以确认五个

---

[1] 聂超：《网评行风，如此"算计"满意度——都不满意，满意度却达 50%》，《重庆商报》2011 年 1 月 4 日。

[2] 赵鹏：《福建莆田政府网上民调尴尬：不满意票数被限定》，2010 年 12 月 27 日，中国新闻网（http：//www.chinanews.com/gn/2010/12 - 27/2747358.shtml）。

一级因素的相对重要性。在此基础上进一步列了五道题，分别围绕每个一级因素设计了3到4个二级因素，请被调查者分别打分，以确认特定一级因素中不同二级因素的相对重要性。评价标尺采用李克特五级量表，要求被调查者从1到5中选择，打分越高意味着该因素越重要。

五个一级因素相对重要性的问卷调查结果见表5。从加权平均值看，大气候下的从众行为被视为导致博弈的第一因素，监督力度不足则是博弈行为的第二大致因，两者的相对重要性明显高于其他因素。

表5 博弈致因五个一级因素的相对重要性

	1	2	3	4	5	总频数	加权平均值[B]
大气候下的从众行为：弄虚作假已成大气候，个别单位或个人实事求也改变不了现状，反而自己吃亏	15	21	41	66	113	256[A]	3.94
绩效目标过高：现实条件下许多目标根本不可能完成，弄虚作假是被逼无奈	28	47	73	62	47	257	3.21
考评体系缺乏认同：考评体系存在严重缺陷，没有得到公务员的认同，弄虚作假是对考评体系的消极抵制	24	43	73	62	55	257	3.32
监督力度不足：弄虚作假获得的收益远大于所承担的风险	17	26	43	83	87	256[A]	3.78
绩效奖惩制度：特别是有形或无形惩罚形成的压力	22	37	84	64	50	257	3.32

A：总频数256是因为一个被调查者漏填了从众行为项。

B：加权平均值计算方法是：（选择"1"频数 + 选择"2"频数×2 + 选择"3"频数×3 + 选择"4"频数×4 + 选择"5"频数×5）÷总频数。

我们对数据做了方差分析，以确认个体特性（性别/职业性质/工作相关性）在各项评价上是否存在显著差异。结果发现，性别和职业性质在各项博弈因素重要性的评价上不存在显著差异，而工作相关性则对"考核体系缺乏认同"相对重要性的判断有显著影响（$\chi^2 = 3.25$，$p < 0.1$）：承担了单位绩效考核工作的群体对这一因素重要性的判断要低于

其他群体，两者的得分均值分别为3.04和3.38。

下面考察各一级因素内的二级因素的相对重要性。前已提及，问卷中围绕五个一级因素设了五道题，分别进行二级因素相对重要性评价，每题的问题格式基本统一：在导致××××（一级因素）的下列原因中，请您为其相对重要性打分（分值越高越重要）。简便起见，我们把五道题的相关结果整合成为表6。

表6　　　　　　　各一级因素内相关二级因素的相对重要性

		1	2	3	4	5	频数	加权平均值
目标过高	许多绩效指标是领导（上级）拍脑袋决策的结果，完全脱离现实条件	14	26	50	76	91	257	3.79
	考评指标设定存在"一刀切"的简单化倾向，没有充分考虑各地的环境和条件	6	19	64	89	79	257	3.84
	领导和上级交办的临时性任务太多，无法集中精力完成既定目标	14	44	83	69	47	257	3.35
从众行为	各地绩效考评中弄虚作假很普遍，随大流不会有道德压力	17	28	66	80	66	257	3.58
	所在部门中别的单位都在弄虚作假，自己不随大流就吃亏	11	27	68	80	71	257	3.67
	领导出于政绩动机，要求或暗示弄虚作假，大家只能服从	13	22	66	81	75	257	3.71
体系认同	考评体系是上级外部强加的结果，主要服务于上级控制，被考评者没有积极性和主动性	15	27	64	77	74	257	3.65
	考评体系偏离组织工作重点并导致扭曲，不利于组织绩效的持续性改进	16	46	98	64	33	257	3.20
	考评指标体系存在严重问题，如效度不高、分类不当、时效性差、缺乏多维度间的合理平衡	13	27	69	80	68	257	3.63

续表

		1	2	3	4	5	频数	加权平均值
监督力度	考评体系缺乏独立性，基本属于"自导、自演、自评"	15	31	61	60	90	257	3.70
	缺乏官方权威机构对绩效数据进行核查审计、曝光和处置	13	17	59	90	78	257	3.80
	政府工作不够透明，弄虚作假行为被曝光的概率很低	11	25	56	82	83	257	3.78
	即使被曝光责任人也不会仅因此受到惩罚，弄虚作假的潜在收益远远超过所冒的风险	17	23	65	77	75	257	3.66
激励机制	为了得到自己该得的奖金份额	50	46	76	49	36	257	2.90
	奖金不重要，大家更在乎的是组织对自己工作的评价，这会影响以后的发展	12	21	57	80	86	256[A]	3.79
	"一票否决、末位淘汰"等带来巨大压力，逼迫大家弄虚作假	26	22	68	69	72	257	3.54

注：加权方法同表5。

二级因素的相对重要性同样利用加权方法进行处理，从平均得分排序及其差距两个角度进行考察。从表6可以看出，绩效目标过高三个二级因素中，"考评指标设定存在'一刀切'的简单化倾向，没有充分考虑各地的环境和条件"平均得分3.84，明显高于"领导和上级交办的临时性任务太多，无法集中精力完成既定目标"的3.35。从众行为组三个二级因素平均得分差距不大，但"领导出于政绩动机要求或暗示弄虚作假，大家只能服从"位列第一，也许是一个值得关注的问题。另外一点也值得关注，"所在部门其他单位"弄虚作假比"其他地方"的弄虚作假更容易引起从众博弈行为。考核体系认同组中，"外部强加和控制取向"（3.65）、"考核指标体系存在问题"（3.63）两项平均得分相差很小，但与"偏离组织工作重点并导致扭曲"（3.20）之间的差距比较大。监督力度组四个二级因素在平均得分上差距不明显，值得关注的是"被曝光后责任人没有受到惩罚"得分最低即相对最不重要，而"官方权威机构对绩效数据核查审计、曝光和处置"得分最高，意味着它被视为强化监督力度的首选。激励机制组三个二级因素中最值得关注的是平均得分上的差距，"在乎组织对自己工作的评价，这会影响以后的发展"得分 3.79，而"为了得到自己该得的奖金份额"仅得 2.90 分，是 16 个二级因素中得分唯一低于 3 的选项。

五　结论和讨论

本调查的一些发现和结论与国际研究结论有相似也有不同。中国地方政府绩效评估中的博弈行为表现出哪些特点？特殊国情下博弈致因的相对重要性有何不同？下面对这些不同作进一步的讨论和解释。

第一，现有国际文献鲜有公民满意度测评中博弈行为的专门研究成果，而我们的调查中选择公民满意度"失真问题比较突出"和"最不靠谱"的达到了被调查者的 72%，表明中国地方政府绩效信息中公民满意度数据的公信力最低。这是调查发现的中外之间的最大区别。理论上，公民满意度信息失真表现在两个层面：一是公民实际满意状况与报告的满意状况之间的差异；二是公共服务的"客观"质量与公民"感知"质量（满意度）之间的差异。虽然满意度主观指标的"效度"或主观客观评价之间的"契合性"一直是争论不休的问题，但国际研究的关注点一直在"客观"质量与公民"感知"质量之间的差异，博弈行为没有进入学者的研究视野。满意度测评中的博弈行为是中国特有的现象，这一现象背后有其特殊原因。在我们看来，这主要源于中国特有的三角关系，即上级官员、下级官员、普通公众之间的关系。发达国家公民满意度测评中之所以鲜有博弈行为，除制度规范完善、评估主体独立、社会监督有效等之外，关键是官员要经受选举投票的最终考验，民意测评上弄虚作假无异于掩耳盗铃，只会帮倒忙。中国地方政府满意度测评中存在弄虚作假现象，主要根源在于官员眼睛向上看。虽然强调干部任用以民众满意、民众拥戴为主要依据，但民众满意拥戴与否实际上还是上级说了算。民众缺乏决定官员乌纱帽的实质性权力，意味着官员是否受拥戴无须经历选举投票的最终考验，为取悦上级而在公民满意度测评中弄虚作假就成了合乎逻辑的选择。

公民满意度测评中的弄虚作假现象具有深刻的理论意涵。国际文献中公民满意度测评被普遍视为防范博弈行为的重要手段。这一"国际共识"主要基于两方面的理由。一方面，绩效评估中博弈行为的重要致因之一是对"客观指标"的过度依赖，防范措施之一就是用"主观指标"进行适度平衡。公民满意度主观评价对防范博弈行为的意义自不待言，在一些学者看来，上级对绩效的主观评价有助于确认特定行为是否具有博弈性质，进而通过体系调整减少客观指标中的噪音和扭曲风险。[①] 另一方面，用"结果导向"（results-oriented）的指标取代"产出取向"（output-based）的指标有助于抑制博弈行为。产出取向的指标被视为博弈行为的重要致因，"强烈的产出最大化动机会导致组织作弊"[②]。其逻辑结论是：结果导向的指标是博弈行为的有效反制措施之一，而公民满意无疑是"结果"的一个重要方面。总之，满意度测评之所以被视为博弈行为的重要防治手段，因为它符合绩效指标改进的上述两个方面：既属于主观指标，又是重要的结果指标。我们的发现为"国际共识"提供了一个反例：公民满意度测评作为博弈行为的有效反制措施并不具有普适性，它同样会受到博弈行为的困扰，解决问题的对策本身成了一个问题。是中国的特殊国情产生了一个例外，还是满意度测评存在内在缺陷使之难以担当防范博弈行为的重任？如果说中国的特殊体制和国情是满意度测评中博弈行为的原因，那同一体制和国情下为什么有的地方博弈行为比较严重而其他地方相对较少？与投入和产出评估中的博弈策略相比，满意度测评中的博弈策略又表现出哪些特征和特殊规律？公民满意度测评在政府绩效评估中该如何定位？这些问题都值得深入研究并作出

---

① Baker, George (2002), Distortion and Risk in Optimal Incentive Contracts, *Journal of Human Resources*, 37 (4), 728 – 51.

② Bohte, John and Kenneth J. Meier (2000), Goal Displacement: Assessing the Motivation for Organizational Cheating, *Public Administration Review*, March/April 2000, Vol. 60, No. 2, pp. 173 – 182.

理论解释。

第二，就博弈致因五个一级因素的相对重要性排序而言，本调查得出的结论与国际相关成果比较接近，虽然所使用的框架有很大不同。从众行为（社会规范）位列第一，但没有像 Fisher 和 Downes 那样在相对重要性赋值中远超其他因素。监督力度不足处于第二位，也与国际研究成果接近。值得关注的是"绩效目标过高"（任务难度），我们的调查结论不仅与 Bohte 和 Meier 的研究结论有着明显差异，而且不符合笔者调查前的预期。其原因可能有三点：（1）Bohte 和 Meier 的研究基于客观数据的因果分析，我们的调查只是主观判断；（2）我们的预期基于"压力型体制"和"晋升锦标赛"相关成果形成的印象，但近几年中央淡化了 GDP 考核，目标过高作为博弈致因的相对重要性随之下降；三是调查对象年龄集中在 25—35 岁之间，可能极少数人承担正职领导职务，而目标是否过高单位正职应该最有体会。从众行为组三个二级因素中，"领导出于政绩动机要求或暗示弄虚作假，大家只能服从"位列第一，也许从一个侧面印证了领导承受着高目标的压力。

第三，博弈致因二级因素相对重要性调查的问题更多立足中国环境，因而难以与国际成果进行系统比较。但调查还是得出了一些有价值且值得深入研究的结论。首先是监督力度，"官方权威机构对绩效数据核查审计、曝光和处置"被视为强化监督力度的首选，这与国内外多数研究成果有所不同。发达国家已经叠床架屋设立了多种权威机构进行绩效数据核查审计，因此对官方权威机构的期待不会成为重点关注因素。国内文献中，强化监督力度的着力点首推"独立第三方评价"，其次是加大对违规行为的处罚力度。本调查得出的结论有所不同。究其原因，学界最为推崇的独立第三方评价已经实施了数年，信息失真现象似乎没有明显改变。在经费完全依赖被评估单位的情况下，独立第三方的"独立性"难以保障。即使对上级政府委托的独立第三方评价，地方收买利诱市民按照"标准答案"回答的现象屡见不鲜。一个标准答案是："无论实际家庭人均年收入多少，农村居民必须回答 8500 元，城镇居民必须回答 16500 元……"①。标准答案获得的数据必然违背最基本的常识，居然成功逃脱了"专业"调查机构的审视和质疑！个中缘由有待考察，但学界青睐的"独立第三方评价"在被调查者眼中不那么重要，恐怕也是情有可原。至于加大处罚力度，虽然目前缺乏权威机构对绩效信息进行核查，但媒体对弄虚作假行为多有披露，当事者也很少因此受到惩处。由此引出一个基本问题：谁来实施处罚不明确，加大处罚力度就是一句空话。被调查者对权威机构的期待，看来也就顺理成章。

第四，从众行为中的领导角色值得关注。Fisher 和 Downes 把组织亚文化对作弊的态度视为博弈行为的首要影响因素，其中提到了"一些组织的态度会随领导人变动而变化"，但没有明确领导的角色是被动容忍还是主动怂恿。我们的调查发现，"领导出于政绩动机要求或暗示弄虚作假，大家只能服从"在从众行为组中被视为导致弄虚作假的第一因素。领导施加压力甚至逼迫相关部门修改统计数据时有所闻，如果上述结论被后续研究所证明，那就需要从制度规则和官僚文化特征等方面作进一步研究并提供解释。

最后一点涉及考评体系的认同度。考评体系的外部强加特征得分最高，可以认为这是体系认同差的最主要根源。前面一级因素的相关性分析中，承担考评任务的人员对体系认同度差的赋值要显著低于未承担考评任务的群体。两点发现结合起来似乎表明，考评体系设计中被考评者的参与不足可能是一个问题，或者考评体系确立后与被考评者的有效沟通尚待改进。

信息失真是政府绩效评估中的一个普遍现象，被评估者的博弈或弄虚作假行为是导致信息失真的重要原因，中国也不例外。但是，在信息失真的表现形式、严重程度，地方官员的博弈策略及其背后动机等方面，中国还是体现出不同的特点。这些特点对政府绩效评估具有深刻的理论意涵，因此加强中国这方面的研究很有必要。

---

① 杨超、肖湘、黄慧中：《江苏数县民意调查涉嫌造假 发标准答案欺上瞒下》，2009 年 2 月 12 日，中国广播网（http://www.chinanews.com/gn/news/2009/02 – 12/1559917.shtml）。

参考文献

Baker, George（2002），Distortion and Risk in Optimal Incentive Contracts，*Journal of Human Resources*，37（4），728 – 51.

Behn, Robert.（1998），Cheating-Honest and Dishonest，*The New Public Innovator*，May/June 1998，pp. 18 – 19.

Bevan, Gwyn and Christopher Hood（2006），What's measured is What Matters：Targets and Gaming in the English Public Health Care System，*Public Administration* Vol. 84，No. 3，2006，pp. 517 – 538.

Bohte, John and Kenneth J. Meier（2000），Goal Displacement：Assessing the Motivation for Organizational Cheating，*Public Administration Review*，March/April 2000，Vol. 60，No. 2，pp. 173 – 182.

Fisher, Colin and Bernadette Downes（2008），Performance measurement and metric manipulation in the public sector，*Business Ethics：A European Review*，Vol. 17，No. 3，2008.

Hood, Christopher（2006），Gaming in Targetworld：The Targets Approach toManaging British Public Services，*Public Administration Review*，July/August 2006.

Hood, C.（2007），"Public service management by numbers：why does it vary? Where has it come from? What are the gaps and the puzzles?"，*Public Money and Management*，April，pp. 95 – 102.

Martin, Amy（2013），Does Religion Buffer Cheating? A dissertation submitted to the Graduate School in partial fulfilment of the requirements for the Degree of Doctor of Philosophy，Northern Illinois University.

Miao, Shubin：Reform of the Public Health System：An Review and Prospects，*Economic Reference*，September 10th，2005.

Pan, Hongqi（2011），Why are false polls so popular? *Beijing Youth Daily*，Jan. 5th，2011.

Radnor, Zoe（2008），"Muddled, massaging, manoeuvring or manipulated?"，*International Journal of Productivity and Performance Management*，Vol. 57 Iss 4 pp. 316 – 328.

Schwab, Klaus（World Economic Forum），*The Global Competitiveness Report*，2013 – 2014.

郭文斌：《"被满意"的调查何时才会消停?》，《新京报》2012 年 8 月 4 日。

胡建华、杨瑾：《山西开展安全感满意度调查》，《人民公安报》2013 年 2 月 24 日。

蒋小康：《吉林某政府网雷人调查：除了满意只能非常满意》，2010 年 11 月 25 日，腾讯网（https：//news. qq. com/a/20101126/000777. htm）。

李松：《真实是民调的生命》，《瞭望新闻周刊》2010 年第 33 期。

李松、周琳：《民调公信力之拷问》，《瞭望新闻周刊》2010 年第 33 期。

苗树彬：《医疗卫生体制改革：评估与展望》，《经济参考报》2005 年 9 月 12 日。

聂超：《网评行风，如此"算计"满意度——都不满意，满意度却达50%》，《重庆商报》2011年1月4日。

潘洪其：《"伪民调"何以大行其道？》，《北京青年报》2011年1月5日。

盛翔：《地方官员为何热衷"标准答案"》，《新京报》2009年2月13日。

孙立忠：《99.3%的满意率是真实的民意吗》，《中国商报》2005年1月18日。

许贵元：《"民意调查"也有假 弄虚作假和形式主义不容忽视》，《上海法治报》2006年12月1日。

杨超、肖湘、黄慧中：《江苏数县民意调查涉嫌造假 发标准答案欺上瞒下》，2009年2月12日，中国广播网（http://www.chinanews.com/gn/news/2009/02-12/1559917.shtml）。

岳粹景：《统一口径上来的不是民意是官意》，2011年8月17日，华声在线（http://opinion.voc.com.cn/article/201108/201108170925163542.html）。

赵婧昊：《民调岂能"被满意"？》，《光明日报》2013年9月13日。

赵鹏：《福建莆田政府网上民调尴尬：不满意票数被限定》，2010年12月27日，中国新闻网（http://www.chinanews.com/gn/2010/12-27/2747358.shtml）。

中国地方治理绩效评价指标体系的实证研究[*]

萧鸣政　张　博

（北京大学政府管理学院，北京大学人力资源开发与管理研究中心；
北京大学政府管理学院）

摘　要　2013 年 11 月 5 日，代表着中国共产党最高权威的文件《中共中央关于全面深化改革若干重大问题的决定》（下称《决定》）经由中国共产党十八届三中全会公报和全会通过，《决定》提出了完善和发展中国特色社会主义制度，推进国家治理体系和治理能力现代化是全面深化改革的总目标。国家治理的施行必将以地方治理的实践为基础，鉴于省级地方政府在国家运行过程中的重要性，因此探索基于省级行政区划的地方政府治理绩效结构及评价体系就显得重要而有意义。其中，最为关键的问题就是地方治理绩效评价指标体系的研究。

本文的研究思路是：首先通过文献分析梳理，了解地方治理绩效指标体系的研究成果；其次，基于文献研究总结出目前关于地方治理绩效内在结构分析的指标体系；然后，将关于地方治理绩效结构分析指标编制成问卷发放，通过数据分析得出地方治理绩效的评价指标体系。

---

*　本文系 2017 年 10 月中美第二届国家治理论坛国际研讨会参会论文。

关键词 地方治理绩效结构 地方治理绩效评价 地方治理绩效指标

一 地方治理及其绩效评价体系的相关成果综述

有别于传统的由政府管理和解决公共事务，"治理"被首次应用到解决公共事务可以追溯到 1989 年世界银行在讨论非洲发展时首次提出的"治理危机"（governance crisis）。[①] 从 20 世纪 90 年代以来，西方学术界，众多政治学、管理学、行政学的学者将"治理理论"作为探讨的热点，大量关于"治理"的著述与学说不断涌现。

罗茨将治理定义为一系列活动领域里的管理机制，它们虽未得到正式授权，却能有效发挥作用。与统治不同，治理是指一种由共同的目标支持的活动，这些管理活动的主体未必是政府，也无须依靠国家的强制力量来实现。[②] 英国学者斯托克认为"治理"应明确政府的权限和责任；"治理"行为应当明确集体行为主体及其对集体关系的依赖；"治理"本身是一个自治的政府网络；"治理"行为主体能够在不使用政府权威的情况下较好处理社会事务，政府仅仅充当技术指导。[③]

目前国内关于地方治理的研究可以归纳为四个方面，分别为：地方治理理论基础研究、地方治理主体研究、地方治理机制研究以及地方治理特殊视角研究。由于我国国家性质和体制的制约，目前学术界对于理论研究大量投入在某种意义上来讲是一种"被迫"，因为即使基于西方发达国家已经成熟的治理体系建立出一套适合我国国情但又不脱离治理本质意义的治理体系，其可实现程度和现实意义也许并不乐观。但笔者认为，这并不应该成为我国地方治理研究和实践的障碍，在充分尊重和遵循我国的国家体制和性质的基础上，探寻适合我国国情的地方治理机

---

① ［法］辛西亚·休伊特·德·阿尔坎塔拉：《治理概念的运用与滥用》，《国际社会科学杂志》（中文版）1999 年第 2 期。

② R. A. W. Rhodes （1996）. The new governance: governing without government. *Political Studies.* XLIV. 652 – 667.

③ Stocker, G. （1998）. *Governance as theory: five propositions.* Oxford: Blackwell.

制还是有迹可循的。

关于治理评价指标体系的实践研究目前还比较少，国内早期作出了尝试的个别学者，比如俞可平构建的《中国治理评估框架》[①]。"中国社会治理评价体系课题组"也于2012年构建了一套"中国社会治理评价指标体系"，这套体系是由1个一级指标（中国社会治理指数）、6个二级指标（人类发展、社会公平、公共服务、社会保障、公共安全、社会参与）以及35个三级指标构成的治理评价体系。[②]

常永华[③]在其研究中讨论了政府执政能力评价体系的构建，构建了一套包含49项指标的地方政府执政能力评估指标体系。谢颖[④]在参考目前国内外各种指标体系的基础上，考虑到中国社区发展的实际情况和指标体系的综合性、可操作性和可比性，其研究尝试从社会发展水平、基础设施水平，经济发展水平、环境和社区参与及认同五个方面来构建和谐社区指标体系。庞丹[⑤]通过分析我国城市和谐社区评估的现状，以和谐社会理论、社区治理理论、系统理论及罗伯特·帕克的"社区效能"理论为理论依据，对城市和谐社区评估指标作了尝试性探索。

可以看到，在国内为数不多的关于治理评价指标体系实践研究中，真正属于关于地方治理绩效评价指标体系的实践研究仅有两篇，其他的研究多集中在社区治理或者政府绩效评价的层面。根据上文综述到的关于治理评价体系实践研究，存在着"一个忽略"和"一个谨慎"的问题。"一个忽略"是指在众多的治理评价体系构建研究中，大部分都在围绕国家层面和社区层面进行研究，忽略了省级层面的地方治理评价指标体系研究。实际上，省级行政区划在我国自上而下的治理体系中具有非常重要的作用。一方面，省级政府部门担任着扩音器的角色，即向治内公民传达中央政策；另一方面，省级政府部门还担任着中央政策的落

---

① 俞可平：《中国治理评估框架》，《经济社会体制比较》2008年第6期。
② "中国社会管理评价体系"课题组：《中国社会治理评价指标体系》，《中国治理评论》2012年第2期。
③ 常永华：《地方政府执政能力评价：指标设计与模式构建》，《"中国特色社会主义行政管理体制"研讨会暨中国行政管理学会第20届年会论文集》2010年。
④ 谢颖：《论和谐社区指标体系》，《理论月刊》2007年第4期。
⑤ 庞丹：《我国城市和谐社区评估研究》，硕士学位论文，大连理工大学，2008年。

地执行者的角色。除此之外，对于中央政府而言，省级政府部门是基层需求的感应器，时刻为中央政府提供着信息，反映着来自基层的需求，也就是说，在这一过程中，省级政府部门具有中央政府和基层社会双重代理人的身份，其重要性自然不言而喻。"一个谨慎"是指出于对数据可获得性的考虑，大部分关于治理评价体系的研究主要将精力谨慎地放在了社区层面上。毕竟社区作为基层组织，相较于县、市、省乃至国家更容易获取数据（主观/客观）；"一个谨慎"还有另外一层含义，即仅将某地区某一单项指标与治理效果相联系进行研究，比如某地区的治理效果与该地区GDP的关系，缺乏对单一地区的各类公共事务治理效果的综合考虑。

二　地方治理绩效评价指标内容的收集

尽管各类治理评价体系的实践研究都有着这样或那样的问题，但还是为本研究打下了坚实的基础，如前文所述，本文查阅了大量国内外文献，治理层级从国家治理一直到社区治理，在整理文献过程中收集了许多指标，以确保指标涵盖范围的完整性。另外，将所有收集到的指标根据其内容指向进行分类，初步形成了以社会发展水平、基础设施水平、经济发展水平、环境、公民认同与参与度和地区管理与自治性为6个维度的包含50个指标的地方治理评价体系清单，具体见下表1。

表1　　　　　　　　　　　地方治理评价指标体系清单

	地区人口
	各年龄段人口比例
	成年人接受社区再教育比例（包括就业教育、老年大学等）
	地区青年综合入学率（包括小学、中学、大学）
社会发展水平	居民安全感
	犯罪率
	接种疫苗情况
	提供健康服务种类及水平
	医疗救助系统健全度

基础设施水平	图书馆藏书量
	人均公共健身器材数量
	户外活动空间面积
	危房数量
	人均居住面积
	人均住房低于 10 平方米的家庭比例
	住宅中使用环保建材和节能设备的比例
	公共交通便捷程度
	公共道路路面情况
	居民出行选择不同交通方式的比例
经济发展水平	恩格尔系数
	人均年收入
	人均年消费
	地区企业纳税总额
	各种融资模式比例
	地区就业率
	最低收入线以下人口比例
	男女收入比例
环境	水资源分等级利用情况
	不可降解垃圾占生活垃圾总量比例
	人均水电消费量
	地区绿化率
	空气质量
	噪音度
	电磁辐射监测

公民认同与参与度	对地区管理人员满意程度	
	人民生活满意度	
	物业管理满意度	
	志愿者人数	
	万人社会组织数量	
	居民委员会直选率	
	居民参选率	
	重大决策听证率	
	预算制定过程中公众参与率	
	媒体监督有效性	
地区管理与自治性	地区党组织健全度	
	地区自治组织管理规范程度	
	地区中介组织（如群众团体组织）发展程度	
	地区企业组织发展程度（管理与服务）	
	地区公民自治制度	
	资源共享制度完善程度	

　　然后笔者将这份清单编制成问卷在国家行政学院县（处）级领导干部培训班、浙江省委党校县（处）级领导干部培训班以及河南省委党校县（处）级领导干部培训班中发放，共发放问卷 450 份，全部采用自填式，回收问卷 434 份，回收率 96.4%。录入数据软件使用 Epidata，录入过程中对一些没有填完的问卷和多题同一分数的问卷进行了删除处理，实际录入问卷 389 份，然后利用 Excel 进行数据分析。

　　问卷主要请被调查人从指标在治理绩效中的重要程度、指标内涵及其引导治理行动的清晰程度以及与治理目标相关联的程度三个方面对各指标进行 10 分制打分（0 分为最低，10 分为满分），打分说明如下：

　　请您根据指标的重要程度、指标内涵及其引导行动、与目标相关联的程度三个方面对每个指标在治理绩效结构中的重要性与质量作出评价，按照您判断的程度大小进行 10 分制打分（0 分为最低，10 分为满分）。

例如判断"指标内涵及其引导行动的清晰程度":

评价等级	根本不清晰	不太清晰	一般	比较清晰	非常清晰
分数	0	3	5	7	10

如：

评价维度	评价标准评价指标	指标在治理绩效中的重要程度	指标内涵及其引导治理行动的清晰程度	与治理目标相关联的程度
社会发展水平	地区人口	4	7	2

三　地方治理绩效评价指标体系的筛选

如前文所述，由于被试需要从三个方面（指标在治理绩效中的重要程度、指标内涵及其引导治理行动的清晰程度以及与治理目标相关联的程度）对指标打分，因此研究者将所回收的数据导入 Excel 中并对各个指标在每一个打分维度的得分进行平均分计算，具体计算结果如表2。

表2　　　　　　　　　地方治理绩效结构指标平均得分情况

指　　标	指标的重要程度平均得分	指标内涵及其引导行动的清晰程度平均得分	与目标相关联的程度平均得分
地区人口	5.835476	6.429306	5.568123
各年龄段人口比例	5.832905	6.028278	5.521851
成年人接受社区再教育比例（包括就业教育、老年大学等）	5.709512	5.768638	5.532134
地区青年综合入学率（包括小学、中学、大学）	6.928021	6.910026	6.70437
居民安全感	7.280206	6.670951	6.840617
犯罪率	6.59383	6.411311	6.272494

续表

指　　标	指标的重要程度 平均得分	指标内涵及其引导行动的 清晰程度平均得分	与目标相关联的 程度平均得分
接种疫苗情况	6.025707	6.159383	5.673522
提供健康服务种类及水平	6.606684	6.100257	6.169666
医疗救助系统健全度	6.694087	6.203085	6.228792
图书馆藏书量	5.457584	5.59383	4.992288
人均公共健身器材数量	5.460154	5.498715	5.118252
户外活动空间面积	6.002571	5.730077	5.686375
危房数量	5.614396	5.570694	5.48072
人均居住面积	5.935733	5.910026	5.709512
人均住房低于 10 平米的家庭 比例	5.542416	5.601542	5.416452
住宅中使用环保建材和节能设 备的比例	5.416452	5.177378	5.061697
公共交通便捷程度	6.730077	6.192802	6.48329
公共道路路面情况	6.416452	6.084833	6.14653
居民出行选择不同交通方式的 比例	5.897172	5.694087	5.735219
恩格尔系数	6.236504	6.066838	6.077121
人均年收入	6.773779	6.578406	6.51928
人均年消费	6.501285	6.313625	6.161954
地区企业纳税总额	6.462725	6.303342	6.051414
各种融资模式比例	5.557841	5.40617	5.236504
地区就业率	6.526992	6.367609	6.239075
最低收入线以下人口比例	6.159383	5.861183	5.825193
男女收入比例	5.190231	5.215938	4.966581
水资源分等级利用情况	6.012853	5.688946	5.856041
不可降解垃圾占生活垃圾总量 比例	5.845758	5.352185	5.521851
人均水电消费量	5.85347	5.884319	5.647815
地区绿化率	6.398458	6.285347	6.113111

指　　标	指标的重要程度 平均得分	指标内涵及其引导行动的 清晰程度平均得分	与目标相关联的 程度平均得分
空气质量	6.856041	6.393316	6.424165
噪音度	6.128535	5.696658	5.727506
电磁辐射监测	5.562982	5.154242	5.118252
对地区管理人员满意程度	6.269923	6.028278	5.994859
人民生活满意度	6.768638	6.323907	6.426735
物业管理满意度	6.097686	5.66838	5.604113
志愿者人数	5.349614	5.262211	5.123393
万人社会组织数量	4.956298	4.982005	4.753213
居民委员会直选率	5.655527	5.534704	5.326478
居民参选率	5.763496	5.51928	5.457584
重大决策听证率	5.938303	5.678663	5.745501
预算制定过程中公众参与率	5.781491	5.550129	5.580977
媒体监督有效性	6.262211	5.825193	5.953728
地区党组织健全度	6.59126	6.308483	6.133676
地区自治组织管理规范程度	6.344473	6.028278	6.010283
地区中介组织（如群众团体组织）发展程度	5.81491	5.681234	5.501285
地区企业组织发展程度（管理与服务）	5.827763	5.652956	5.568123
地区公民自治制度	5.745501	5.465296	5.437018
资源共享制度完善程度	6.066838	5.650386	5.637532

由于所有被试均从指标的三个方面（指标的重要程度、指标内涵及其引导行动的清晰程度、与目标相关联的程度）进行 10 分制打分（0分为最低，10 分为满分），因此，研究者在筛选指标时，以 6 分为分界线；另外，由于所有被试均从三个方面打分，在筛选指标时，只保留在两个或两个以上打分维度平均分得分在 6 分以上的指标。根据上述过程完成指标筛选，根据文献综述中的内容将指标划分至各维度后，初步得出地方治理绩效评价指标体系的结构，具体见表3。

表3   地方治理绩效评价指标体系的结构

社会发展水平	地区青年综合入学率（包括小学、中学、大学）
	居民安全感
	犯罪率
	接种疫苗情况
	提供健康服务种类及水平
	医疗救助系统健全度
基础建设与环境	公共交通便捷程度
	公共道路路面情况
	地区绿化率
	空气质量
经济发展水平	恩格尔系数
	人均年收入
	人均年消费
	地区企业纳税总额
	地区就业率
地区管理	对地区管理人员满意程度
	地区党组织健全度
	地区自治组织管理规范程度

  根据所得到的地方治理绩效评价指标体系的结构分析，能够发现一个较为明显的问题，即该指标体系并未出现公民参与的维度，而无论是国内还是国外关于治理的学术研究中，"公民参与"已经被认为是治理过程中必不可少的组成部分。

  研究者认为，在本研究中出现这样的情况主要是因为我国的政治体制和国家性质。由于我国是由中国共产党作为唯一执政党的国家，而人民代表大会制度的突出特点之一就是民主集中制。自中华人民共和国成立以来，我国在这样的政治体制下稳步发展，在各方面都取得了长足的进步和突破，因此各个阶层都已经习惯了这样的政治体制。另外，由于本研究的所有被试均为公务员、国家事业单位工作人员、国企（央企）工作人员，这一群体在我国被称为"体制内"工作人员，长期在体制内工作，我国的政治体制和特点已经深入内心，因此出现这样的打分结果就显得可以理解。

另一方面，我国仅在基层实行群众自治制度，"基层"所涵盖的范围仅指乡镇（村镇）及社区，本文研究的是基于省级行政区划的地方治理，无论是从人口数量还是政治层面都有着较大的区别。如前文所述，作为省级行政区划，其担负职责范围更广，重要程度更大，因此存在于此种政治生态下的被试作出如此选择并不难理解。研究人员在各地调研时，也与各地政府工作人员就此问题进行过探讨，即为何在十八大报告提出"推进治理能力和治理体系现代化"的说法，学术界显得异常活跃，但在实际管理过程中却未见体现。得到的结论是"治理体系和治理能力的现代化"目前在基层实际管理过程中非常活跃，各乡镇、街道、社区都推出了各种类型的合作治理模式。而一旦上升到地市级或省级层面，管理者们对于"治理"中所提倡的"公民参与，多元共治"显得非常谨慎，目前尚处在摸索阶段。

综上所述，本研究所得出的基于省级行政区划的地方治理绩效评价指标体系与目前学术界关于治理的主流趋势在"公民参与"这一方面存在着差异，研究者认为由于被试的来源决定了这一差异的存在，也许这种差异体现得如此明显并不是一个怪异的现象，反而从另一方面解释了我国目前在地方治理实际操作层面和学术理论之间的不同之处以及其原因。

此外，由于"公民参与"在关于治理的学术研究中已经被公认为必不可少的维度，因此，研究者在测量各省治理绩效时也会将该维度纳入计算范围之内，而其具体指标根据文献综述所得结果见表4。

表4 公民参与维度的指标

公民参与度	预算制定过程中公众参与率
	万人社会组织数量
	重大决策听证率
	居民参选率
	居民委员会直选率
	媒体监督有效性
	志愿者人数

　　将公民参与维度指标与前文根据实证分析得出的指标体系汇总至一起，得到"基于省级行政区划的地方治理绩效评价指标体系"，具体见表5。

表5　　　　　基于省级行政区划的地方治理绩效评价指标体系的结构

社会发展水平	地区青少年综合入学率（包括小学、中学、大学）
	居民安全感
	犯罪率
	接种疫苗情况
	提供健康服务种类及水平
	医疗救助系统健全度
基础建设与环境	公共交通便捷程度
	公共道路路面情况
	地区绿化率
	空气质量
经济发展水平	恩格尔系数
	人均年收入
	人均年消费
	地区企业纳税总额
	地区就业率
地区管理	对地区管理人员满意程度
	地区党组织健全度
	地区自治组织管理规范程度
公民参与度	预算制定过程中公众参与率
	万人社会组织数量
	重大决策听证率
	居民参选率
	居民委员会直选率
	媒体监督有效性
	志愿者人数

四　地方治理绩效评价指标体系的调整

如前文所述，研究者通过问卷调查与数据分析已经初步确定了地方治理绩效评价指标体系的基本结构，但由于目前国内外学术界关于治理评价指标体系都存在着一个通病，即评价指标的主观意味太浓，导致有些指标的评分根本难以完成，比如安全感、生活满意度等指标。本研究旨在构建一套基于客观数据的地方治理绩效评价体系，所指的客观数据均来自由官方发布的统计年鉴，因此需要根据现有统计口径对所形成的地方治理绩效结构中的一些指标进行微调，微调的基本原则有两点，其一，尽量与前文所形成的地方治理绩效结构中的指标保持一致；其二，若不能保持一致且官方发布的统计年鉴中也无类似统计数据，则将该指标予以保留。指标微调的方法为专家咨询并结合现有统计口径，下文将对所调整的指标进行说明。

结合专家咨询与现有统计口径，所需要调整的指标为犯罪率、提供健康服务种类及水平、地区企业纳税总额以及空气质量；数据缺失的指标为居民安全感和对地区管理人员的满意度。

由于犯罪率在我国属于涉密数据，其密级为绝密，因此在各地区对该指标进行测算时，本研究采取的策略是全国各省级行政区划采用同一个数据，该指标的计算方法调整为：全国刑事案件立案总数÷全国人口总数×权重。

本研究拟将"提供健康服务"种类改为"医疗服务机构及水平"，因为基本健康服务在我国基本由医疗服务机构完成，因此各地所拥有的医疗服务机构数量就成为衡量该地区提供健康服务水平的唯一客观指标。

关于地区企业纳税总额指标的修改，本研究将其修改为地区纳税总额，因为该指标所属维度为地区经济发展水平，而各地区地税网站所统计的数据仅有地区纳税总额，那么将该指标改为地区纳税总额并无大碍。

关于空气质量的指标修改，根据环保部发布的环境公报，仅对各地区空气质量达标天数比例进行了统计，因此将该指标修改为空气质量达标天数比例。

经过对专家的咨询，决定保留居民安全感与对地区管理人员的满意度两项指标，因为在地方治理绩效中，这两项指标均反映了地方治理在某种程度上的水平，但因为我国尚未对此两项指标进行统计，这也许是以后我国在统计方面的可发展空间。

前文提到，由于国内外学术界在对地方治理绩效进行测量时均将公民参与度考虑在内，那么虽然根据数据分析所得到的地方治理绩效结构并不包括该维度，但本研究在对各地进行地方治理绩效测量时，会将表6中所列的关于公民参与度的各项指标均纳入计算范围，但是也需要对该维度中所存在的一些指标根据现有统计口径进行修正。本研究拟采用的公民参与度指标列表如下。

表6　　　　　　　　　　　　　公民参与维度指标

	预算制定过程中公众参与率
	万人社会组织数量
	重大决策听证率
公民参与度	居民参选率
	居民委员会直选率
	媒体监督有效性
	志愿者人数

对于该维度中的指标调整说明如下：预算制定过程中公众参与率和媒体监督有效性两项数据缺失，原因同前。而重大决策听证率指标根据《国务院关于加强市县政府依法行政的决定》国发〔2008〕17号文中的规定"推行重大行政决策听证制度。要扩大听证范围，法律、法规、规章规定应当听证以及涉及重大公共利益和群众切身利益的决策事项，都要进行听证。要规范听证程序，科学合理地遴选听证代表，确定、分配听证代表名额要充分考虑听证事项的性质、复杂程度及影响范围。听证代表确定后，应当将名单向社会公布。听证举行十日前，应当告知听证

代表拟做出行政决策的内容、理由、依据和背景资料。除涉及国家秘密、商业秘密和个人隐私的外，听证应当公开举行，确保听证参加人对有关事实和法律问题进行平等、充分的质证和辩论。对听证中提出的合理意见和建议要吸收采纳，意见采纳情况及其理由要以书面形式告知听证代表，并以适当形式向社会公布。"全国采用同一个数据，研究根据该规定默认为全国各省在重大决策听证制度上严格认真贯彻了国务院相关规定，因此该数据的计算方法为：100% × 所属维度权重。

志愿者人数在我国现有统计口径中并不明确，而我国现有统计口径却对各地区志愿服务时间有统计，因此志愿者人数指标将被修改为志愿服务时间。

至此，用于计算各省的地方治理绩效评价指标体系在指标修正后呈现如表7：

表7   **地方治理绩效评价指标体系**

	地区青少年综合入学率（包括小学、中学、大学）
	居民安全感
社会发展水平	犯罪率
	接种疫苗情况
	医疗服务机构及水平
	医疗救助系统健全度
	公共交通便捷程度
基础建设与环境	公共道路路面情况
	地区绿化率
	空气质量达标天数比例
	恩格尔系数
	人均年收入
经济发展水平	人均年消费
	地区纳税总额
	地区就业率

地区管理	对地区管理人员满意程度
	地区党组织健全度
	地区自治组织管理规范程度
公民参与度	预算制定过程中公众参与率
	万人社会组织数量
	重大决策听证率
	居民参选率
	居民委员会直选率
	媒体监督有效性
	志愿服务时间

五 总结

通过比较相关的研究成果，本文的贡献主要有以下几个方面：其一，第一次通过实证研究方法构建了基于省级行政区划的地方治理绩效评价指标体系；其二，本文所构建的基于省级行政区划的地方治理绩效评价指标体系的数据来源有保障，不需要临时获取，符合当下大数据的思想与趋势，并且做到了真正的有迹可查，即所有数据来源均为官方发布的统计年鉴。其三，本文所构建的指标体系比较严谨与简便。整个研究过程力求严谨系统，采用量化的方法进行构建，主要是基于目前现实情况下的地方治理中关注的指标与相关的统计数据，因此，其优势在于切实可行，操作简便，数据来源和计算方法透明；突破了在这一领域长期缺乏实证研究和评价指标体系主观意味过浓的问题和缺陷。

Foreign Experience

他 山 之 石

美国的两极分化及其对有效治理的挑战

刘国力

（北京大学国家治理研究院，美国查尔斯顿学院）

摘　要　什么是国家治理的主要指标？什么是有效治理的主要挑战？什么是美国两极分化的经济、政治和社会根源？两极分化对国家治理构成什么主要挑战？本文就相关理论问题和政策挑战进行分析，以期对于国家治理和政治发展提供经验教训。

关键词　美国两极分化　治理指数　治理挑战　政治僵局

美国 1776 年独立战争以后，经过了一个曲折的建国和成长的过程。在第二次世界大战以后，美国成为一个超级大国。但美国战后的发展并不平坦，当今美国在经济政治等方面依然面临多重挑战。美国的独特发展途径及其国家治理的经验对于其他国家有一定的借鉴作用。什么是国家治理的主要指标？什么是有效治理的主要挑战？什么是美国两极分化的经济、政治和社会根源？两极分化对国家治理构成什么主要挑战？本文就相关理论问题和政策挑战进行分析，以期对于国家治理和政治发展提供经验教训。

一　国家治理的主要指标

什么是国家治理的主要指标？世界银行的专家认为治理成效可以从

六个方面进行考察。世界银行的全球治理指数是用以衡量一国政府公共治理成效方面权威的指标体系。Worldwide Governance Indicators（WGI）采用综合聚类方法形成此六项指标，较之单独数据来源包含了更丰富的内容，让治理问题的相关探讨更加实证化。世界治理指数以全球 30 多家组织的数十个数据源为基础，同时还集合了数百个分类问题方面的数据，覆盖了全球 200 多个国家。这一治理指标被认为是当前诸多治理定量研究中严谨度高、影响力大、使用面广的综合指标之一。全球治理指数以六项指标来衡量一个国家或地区的治理情况。六项指标包括：（1）表达与问责（Voice and Accountability）。这个指标测量一国公民在选举政府领导的参与程度，以及言论、结社和新闻自由等。（2）政治稳定与不存在暴力（Political Stability and Absence of Violence）。这个指标测量观察政府被违宪手段或暴力手段动摇或推翻的可能性，包括政治动机的暴力和恐怖主义。（3）政府效能（Government Effectiveness）。这个指标测量政府公共服务，政策制定及执行水平，职业文官工作与独立于政治压力的能力，以及政府兑现政策的可信度等。（4）监管质量（Regulatory Quality）。这个指标测量政府制定与实施稳健政策法规、允许并推动私有部门发展的能力。（5）法治（Rule of Law）。这个指标测量社会成员对社会规则的信心和遵守法规的程度，特别是法律执行水平及发生犯罪和暴力的可能性。法治是现代国家治理的要义，对社会稳定和经济持续增长至关重要。（6）腐败控制（Control of Corruption）。这个指标测量把公共权力用于谋取私利程度，包括各种形式的腐败，也包括国家被精英和私人利益占取的程度。①

根据美国与经济合作与发展组织（OECD）国家治理指数的比较分析，2016 年美国"表达与问责"的得分是 84%，OECD 高收入国家平均分是 87%；由于枪支泛滥和暴力事件频发，美国"政治稳定与不存在暴力"的得分仅为 59%，远远低于 OECD 高收入国家的平均分 73%；

---

① The World Bank，2017. *Worldwide Governance Indicators*，available at http：//info. worldbank. org/governance/wgi/index. aspx#home，accessed on October 5，2017. 参见李和《从世界银行的全球治理指数来看中国和印度的国家治理能力》，《海外看世界》，http：//mp. weixin. qq. com/s/Hjd_nSK4hosyzGS－_IjVYA，2017 年 6 月 28 日。

美国"政府效能"的得分为91%，高于OECD高收入国家的88%；"监管质量"美国的得分为92%，OECD高收入国家为88%；"法治"美国的得分为92%，OECD高收入国家为88%；"腐败控制"美国的得分为90%，OECD高收入国家为85%。可见美国的综合治理指数是比较高的。虽然美国的综合治理指数较高，但是近年来由于经济不平等加剧和政治分歧加深，美国近来在国家治理方面面临众多的挑战。①

联合国开发计划署于1997年发表了一份关于《治理可持续发展》的报告。该报告认为国家、民间社会和私营部门的治理机构应该紧密合作，通过扶贫，创造就业机会，保护环境和提高妇女地位的政治、法律、经济和社会环境来促进人类可持续发展。有效治理的特征是：（1）广泛参与。所有人都应该在决策中有发言权，这可以直接或通过代表其利益的合法中间机构来实现。这种广泛的参与是建立在结社和言论自由以及建设性参与的能力之上的。（2）法治。公正地执行法律，特别是有关人权的法律。（3）透明度。这个概念建立在信息的自由流动之上。相关人员有权直接访问决策机构和获得相关信息，并得到足够的信息使其可以理解和监督。（4）及时回应。政府机构和行政程序应为所有利益相关者服务。（5）共识趋向。善治调节不同的利益，就民众的最大利益达成广泛共识，并在可能的情况下就政策和程序达成广泛共识。（6）公平。所有人都应该有平等的机会来维持或改善他们的幸福生活。（7）有效性和效率。程序和机构应该在充分利用资源的同时力求达到满足需求的结果。（8）问责制。政府，私营部门和民间组织的决策者应该向公众和机构利益相关方负责。（9）战略眼光。领导和公众对善治和人的发展应有广泛而长远的眼光，还应该了解这个观点所依据的历史，文化和社会的复杂性。② 联合国的报告和世界银行的综合治理指数对国家治理的研究和发展有深远影响。

---

① The World Bank, 2017. *Worldwide Governance Indicators*, available at http：//info. worldbank. org/governance/wgi/index. aspx#reports, accessed on November 22, 2017.

② Source：International Fund for Agricultural Development (IFAD). *Good Governance*：*An Overview*. IFAD Executive Board—Sixty-Seven Session, September 8 - 9, 1999. https：//www. ifad. org/documents/10180/b638539f-2a1d-4181-a8da-c685eac1a245, accessed October 2, 2017.

二 美国两极分化的根源和表现

美国的国家治理近年来受到两极分化的严重影响。两极分化及其对国家治理的影响已经引起研究者的重视。[1] 公众，激进分子和民选官员之间的党派两极分化是 21 世纪美国政治的一个显著特点。共和党和民主党在意识形态上比在近代历史上的任何时候都进一步分裂。党派极化的有害影响不容忽视。两极分化的结果是不鼓励妥协，制造僵局，增加不信任，最终阻碍政府机构的运作。关于联邦政府的范围和规模的争斗已经在民主党和共和党之间产生了广泛的政策分裂。[2] 共和党和民主党的政策主张各异，对立情绪越来越激烈。两党共同努力达成共识来应对治理挑战的机会越来越渺茫。

在许多重要的政策问题上，两党分歧很大。例如，共和党担心公共债务、日益增长的社会项目、税收负担、非法移民数量的增加、联邦政府在教育中的作用以及联邦政府的适当规模。而民主党特别关注社会流动性下降、工资停滞、不平等加剧、全球气候变暖、联邦政府在私立教育中的作用、司法公正，以及移民问题。两党在这些问题上的分歧加剧了双方的冲突和两极分化。在过去的 20 年里，两党关于联邦预算的争斗是各方根本性政策分歧的一个典型例子。民主党主流相信政府应该在经济中发挥重要作用，为弱势群体提供安全网。他们还希望富裕阶层支付更多的税收来资助这些项目。大多数共和党人不同意，他们想要限制政府的行政行为，减少政府干预市场。他们不同意许多社会安全网计划，他们认为税收太高。他们承诺规模较小的政府，在减少赤字和减少债务的同时，还要求降低税率。[3]

---

[1] McCarty, Nolan, Keith T. Poole, and Howard Rosenthal. *Polarized America: The Dance of Ideology and Unequal Riches.* Cambridge, MA: The MIT Press, 2006. Hans Noel, *Political Ideologies and Political Parties in America.* New York: Cambridge University Press, 2013.

[2] James Thurber and Antoine Yoshinaka eds. 2015. *American Gridlock: The Sources, Character, and Impact of Political Polarization*, pp. 1 – 2.

[3] Thurber and Yoshinaka eds. 2015. *American Gridlock: The Sources, Character, and Impact of Political Polarization*, pp. 4 – 5.

在过去的几十年中,党派的分化越来越与美国社会其他更深层次的分歧联系在一起:占人口多数的白人在人口中的比例在下降,他们与迅速增长的非白人少数族群之间的种族差距在扩大;对政府适当角色和规模的思想分歧增大;关于价值观,道德观和生活方式的文化鸿沟日益加深。也许当代美国政党制度中最重要的分歧是种族分裂。尽管近几十年来种族关系取得了巨大的进展,种族和民族差异继续有力地影响着美国社会从住房模式和教育机会到就业和医疗保健等诸多方面。1992年至2012年间,共和党选民的非白人比例从6%上升到11%,而民主党选民的非白人比例则从21%上升到45%。民主党对非白人选民日益依赖,导致种族和经济上保守的白人选民投向共和党,进一步加大了党派之间的种族差距。[①] 美国种族的日益多元化使共和党保守派产生了严重的危机感。非白人人口的较快增长及其在选民中比重的上升给民主党未来的发展带来了希望。

美国的两极分化有深厚的经济根源。在20世纪初,美国44%的土地是农田,大多数美国人生活在农村和不到1000人的村庄,只有36%的人生活在5000人以上的社区。收入不平等现象在美国长期存在。1913年,最富有的1%获得了全国收入的18%,到1928年,这个数字已经上升到了国民收入的24%。1945至1974年间,不平等程度开始显著扩大。美国的收入变得更加不平等,由于资本收入的增加速度超过劳动收入,作为上层社会重要收入来源的资本收入在国民总收入中的比重不断提升,而主要依靠劳动收入的阶层在国民总收入中所占的比重相对下降。家庭层面也出现了类似的趋势:自1968年以来,底层五分之一家庭的收入份额从4.2%下降到3.2%,而中产阶级家庭(中等家庭的60%)的收入份额从1968年的53.2%下降到2011年的45.7%。相比之下,最高收入家庭的比例从1968年的42.6%显著上升到2011年的51.1%。同样,1967—2012年高收入人群的平均收入水平也有所提高,

---

① Alan Abramowitz, "The New American Electorate: Partisan, Sorted, and Polarized," in Thurber and Yoshinaka eds. 2015. *American Gridlock: The Sources, Character, and Impact of Political Polarization*, pp. 26 – 27.

而绝大多数美国人的平均收入水平要小得多。[①] 因此，与 20 世纪 80 年代相比，美国收入的变化贫富差距扩大，这一趋势在 2007—2008 年金融危机之前达到顶峰。

在财富方面，20 世纪 50 年代和 20 世纪 60 年代，美国最穷的 20% 的人看到自己在总财富中所占比例有所扩大，最富有的 20% 的比例下降了。到了 20 世纪 80 年代，这一趋势发生了逆转，随着这种转变，美国的整体贫困率开始上升。在工作年龄的美国人中，贫穷的增长最为严重，自从 1966 年以来，这一数字已经翻了一番，这是因为他们的收入停滞不前。儿童和少数民族的贫困率也较高。18 岁以下的青少年（22%）和 7 岁以下的青少年（25.3%）今天比美国过去 40 年的任何时候都差。黑人和西班牙裔贫困率仍高于全国平均水平（特别是青年和儿童，其比例在 35%—40% 之间），而黑人和西班牙裔与白人相比过去 30 年的平均净值下降。2010 年，白人比黑人和西班牙人富裕六倍左右；白人家庭的平均净值约为 63.2 万美元，而黑人为 9.8 万美元，西班牙裔家庭为 11 万美元。种族差异依然显著，2016 年中位数的非洲裔美国人家庭收入只有 39490 美元，而白人家庭收入超过 65000 美元，亚裔家庭收入超过 81000 美元。[②]

2007—2008 年经济危机以来，美国的经济不平等趋势不断加剧。自 2009 年以来，股票市值上涨使美国社会上层得到了不成比例的巨大利益。2012 年美国企业利润占美国国内生产总值的 9.7%，高于 1929 年的 9.1% 的历史记录。[③] 收入差距可由基尼系数来衡量。基尼系数的范围从 0（每个人的收入完全相同）到 1（所有收入都是一个人，剩下的人没有）。衡量的基尼系数越大，收入集中度越高，收入分配越不平等。从

---

① Congressional Budget Office 2011, "Trends in the Distribution of Household Income between 1979 and 2009," Publication 42729.

② Heather Long, "U. S. Middle-Class Incomes Reached Highest-ever Level in 2016, Census Bureau Says," https：//www. washingtonpost. com/business/economy/us-middle-class-incomes-reached-highest-ever-level-in-2016-census-bureau-says/2017/09/12/7226905e-97de-11e7-b5693360011663b4 _ story. html? undefined = &utm_ term = . 4ff0bc0a533b&wpisrc = nl_ headlines&wpmm = 1, accessed September 13, 2017.

③ Floyd Norris, "U. S. Companies Thrive As Workers Fall Behind," *New York Times*, May 4, 2013.

1968 年到 1992 年，美国的基尼系数从 0.388 上升到 0.434。之后继续上升：根据国会预算办公室（CBO）的计算，该系数 2007 年为 0.46，2010 年为 0.47，2016 年上升至 0.481。过去 30 年来，美国的不平等率迅速上升，现在接近许多发展中国家的不平等水平，而不是类似的发达国家的水平。最高收入与最低收入之间的比例表明，美国的总体不平等在极端情况下变得尤为明显。居首位的百分之一的家庭的市场收入份额翻了一番，从 20 世纪 70 年代市场总收入的 10% 左右增长到 2012 年的 20% 以上，而最低 10% 的家庭实际收入同期仅增长了 3.6%。另一项最近的研究估计，自 1979 年以来，20% 收入中等的美国人的收入份额已经从 16% 下降到 14.2%，美国人中最上层的 1% 的人在总收入中所占比重已经从 8% 上升到 17%。底层收入增长缓慢，上层收入增长迅速，导致分配极端化。美国的贫富差距比任何发达国家都要大。根据美国人口普查局 2016 和 2017 年的调查，美国最低的五分之一家庭 2016 年收入为 24002 美元或更少，他们占总收入的 3.1%。在第二个五分之一的家庭收入在 24003 美元和 45600 美元之间，占总收入的 8.3%。第三个五分之一的家庭收入在 45601 美元和 74869 美元之间，占总收入的 14.2%。第四个五分之一的家庭收入在 74870 美元和 121018 美元之间，占总收入的 22.9%。而最上层的五分之一的家庭收入高于 121019 美元，占总收入的 51.5%。前 5% 的家庭有高于 225252 美元的收入，占总收入的 22.5%。[①]

2016 年美国人口普查局规定的收入贫困线是一个人年收入低于 12228 美元，二人之家年收入低于 15569 美元，三人之家年收入低于 19105 美元，和四口之家年收入低于 24563 美元。2016 年美国有 4060 万人处于贫困线以下，他们占总人口的 12.7%。美国非西班牙裔的白人中处于贫困线以下的占 8.8%，西班牙裔处于贫困线以下的占 19.4%，黑

---

① Semega, Jessica L., Kayla R. Fontenot, and Melissa A. Kollar, U. S. Census Bureau, Current Population Reports, *Income and Poverty in the United States*: 2016, U. S. Government Printing Office, Washington, DC, 2017. https://www.census.gov/library/publications/2017/demo/p60 - 259. html, accessed December 4, 2017.

人处于贫困线以下的占 22% ，亚裔处于贫困线以下的占 10.1%。①

美国经济上的不平等和政治上的两极分化密切相连。政治学家 James E. Campbell 说，"美国是两极分化的。我们的政党高度两极化，美国选民高度两极化。"美国选民的两极分化是真实而广泛的。美国政治中的政治分歧是深刻而真实的。② 现在的政党在精英层面和大众层面比以往更加两极化了。在过去的几十年中，政党的领导层已经更加高度分化了。国会的政治中间派在过去的 15 年里显著地减少了。③ 共和党内的极端保守派把该党推向越来越右的立场，民主党内的极左派把该党推向越来越左的立场。右派有茶叶党，左派有占领华尔街运动。右派喜欢看 Fox News 电视台，左派爱看 MSNBC 电台。④

美国两极分化的巨大的鸿沟是什么？简短的答案是政府。将自由主义者联系在一起的共同思路是利用政府解决问题的普遍倾向。保守派一般倾向于不使用政府来解决问题。利用政府权力解决问题往往是自由派的第一个手段，也是保守派的最后手段。⑤ 两极分化的恶果是在社会生活和政府治理中产生极端的不文明的冲突。

保守派和自由派似乎居住在不同的社会和文化价值观的不同世界里。他们往往通过党派的眼光来看待他们的经济前景。他们在对一系列问题的认知上存在鸿沟：民主党人不上教堂的可能性是共和党人的两倍，更多的民主党人赞成采取应对气候变化的行动。三分之一的共和党人表示支持全国步枪协会，而民主党人只有 4%。超过四分之三的民主党人，但不到三分之一的共和党人表示，他们支持使美国更加多元化的

---

① Semega, Jessica L., Kayla R. Fontenot, and Melissa A. Kollar, U. S. Census Bureau, Current Population Reports, *Income and Poverty in the United States*: 2016, U. S. Government Printing Office, Washington, DC, 2017, page 12.

② James E. Campbell, *Polarized*: *Making Sense of a Divided America*. Princeton: Princeton University Press, 2016, p. 1.

③ Ibid., p. 24.

④ Ibid., p. 177.

⑤ Ibid., p. 223.

社会变化。① 民意调查发现每个人在地理和教育方面的分歧很深。农村美国人和没有四年大学学历的人对经济更为悲观，他们在社会问题上的态度更加保守。对总统的支持率有助于衡量选民比上一代人更为两极化的倾向。在20世纪50年代共和党德怀特·艾森豪威尔担任总统的八个月里，60%的民主党人支持他的工作。对于一位新总统来说，跨党派支持水平曾经长期保持在40%以上。直到比尔·克林顿在1993年执政8个月后，只有20%的共和党人支持他的表现。奥巴马在2009年担任总统八个月后，共和党对他的支持率下降到了16%。特朗普总统2017年9月得到80%的共和党人的支持，但仅有8%的民主党人支持他的工作。关于移民的意见也变得更加带有党派色彩。在2005年4月的一次民意调查中，移民是否加强或削弱了美国，其中48%的人表示削弱了美国，41%的人表示移民加强了美国。2017年64%的美国人认为移民是加强了美国，28%的人认为移民削弱了美国。这一变化几乎完全是由于民主党人意见的急剧转变。2005年，只有45%的民主党人表示移民加强了国家；现在这个份额是81%。80%的受访者认为美国是分裂的。但是民主党人和独立人士往往认为分裂的根源是贫富之间的收入差距。共和党人认为这个分裂主要是政治的，人们根据他们的党派分野和他们所追随的媒体而采取相关立场。共和党和民主党在国防开支问题上的分歧日益扩大。2004年41%的共和党人和15%的民主党人主张增加国防开支。2016年61%的共和党人和20%的民主党人支持增加国防开支。②

皮尤研究中心2016年进行的8000多次采访分析发现，近年来党派认同的整体平衡变化不大。2016年有34%的登记选民自认为独立人士，33%自认为民主党，29%自认为共和党人。在考虑独立党派倾向的时候，有48%的人自认为是民主党人或者倾向于民主党的人；44%自认为共和党人或倾向于共和党的人。这与2012年党的身份认同的平衡是一

---

① Janet Hook, "Political Divisions in U. S. Are Widening, Long-Lasting, Poll Shows; WSJ/NBC News survey indicates a wide split on cultural, economic issues," *Wall Street Journal*, September 6, 2017. https://www. wsj. com/articles/political-divisions-in-u-s-are-widening-long-lasting-poll-shows-1504670461.

② Ibid.

致的。自 1992 年以来，拥有民主党和民主党倾向的有大学学历的登记选民所占比例大幅上升，从 21% 上升到 37%。在共和党人中，有 31% 有大学学位，比 1992 年的 28% 略有上升。民主党人比共和党人受教育程度更高一些。共和党人和民主党人在思想上的分歧越来越大，而且对对方的反感也越来越强烈。这些趋势在政治和日常生活中以无数方式表现出来。对全国 1 万名成年人进行的一项调查发现，在政治上最活跃的人群中，这些分歧是最大的。[①]

现在党派偏见比起过去更加激烈。双方的意识形态重叠已经消失：2014 年，92% 的共和党人比民主党人的中间派偏右，94% 的民主党人站在共和党人的中间派的左边。相比之下，1994 年 64% 的共和党人比民主党人的中间派偏右，70% 的民主党人站在共和党人的中间派的左边。党派敌意在同一时期大幅增加。在各党派之中，对对方高度负面的看法自 1994 年以来已经翻了一番多。各党认为对立党的政策"误导和威胁国家的安康"。[②]

意识形态的影响在政治上活跃的人中最为明显。政治上活跃的民主党人中坚定的自由主义者，从 1994 年的 8% 上升到 2014 年的 38%。同期共和党内持一贯保守观点的人从 1994 年的 23% 上升到 2014 年的 33%。除了意识形态色彩增强外，另一个两极化的主要因素是许多共和党和民主党人对对方的蔑视感加剧。在政治上不喜欢对方并不新鲜。但今天，这些情绪比过去更加强烈了。1994 年，17% 的共和党人对民主党人有非常不利的意见，有 16% 的民主党人对共和党人的看法非常不好。20 年后对对方有高度负面看法的人翻了一倍多。2014 年 43% 的共和党人和 38% 的民主党人对自己的对立面持强烈的否定态度。其中 27% 的民主党人认为共和党是对国家安康的威胁，而 36% 的共和党人认为民主党的政策对国家造成威胁。[③] 在这种情况下，两党合作应对国家治理挑

---

① Pew Research Center, "The Parties on the Eve of the 2016 Election: Two Coalitions, Moving Further Apart," http://www.people-press.org/2016/09/13/1-the-changing-composition-of-the-political-parties/, accessed October 1, 2017.

② Pew Research Center, "Political Polarization in the American Public," http://www.people-press.org/2014/06/12/section-1-growing-ideological-consistency/#interactive, accessed October 2, 2017.

③ Pew Research Center, "Political Polarization in the American Public."

战的前景十分渺茫。

三 有效治理面临的主要挑战

美国的两极分化对有效的国家治理构成严峻挑战。具体来说表现在以下几个方面。

第一，政治僵局严重影响政府的效率。美国国会的两极分化来自于对政策手段和目标真诚的意识形态差异，以及利用这些差异来赢得选举的战略行为。高度意识形态立场与两党为执政而展开的激烈竞争相结合，消除了两党在重大全国性问题上进行合作的积极性。两极分化削弱了国家治理的能力。国会的立法效率不高，更容易拖延拨款，而且在处理行政和司法任命方面的速度越来越慢。有相当多的证据表明，立法审议和立法质量下降。令人关切的是，这种立法能力的下降在一定程度上打破了宪政平衡，因为这增加了行政和司法侵犯立法特权的机会。[①] 当党派两极分化，而多数党不能获得60票通过参议院立法是比较困难的。因此出现政治僵局。美国的政治体制在其成立时就设计了多项否决权，防止大多数人对少数人进行粗暴对待。[②] 在民主党的奥巴马总统执政的后期，共和党占多数的国会对奥巴马处处设置障碍。使得他在内政和外交上少有建树。共和党的特朗普总统2017年1月入主白宫以来，尽管共和党在国会参议院和众议院均占有多数席位，但是由于共和党和民主党尖锐对立，共和党内部也是纷争不断，特朗普总统和国会很少取得实质性的进展。美国政府在历史上和其他西方国家相比一度以务实高效著称。但近年来的政治僵局特别是总统和国会相互制衡并时常互相否决导致了美国联邦政府的效率下降。政治学家弗朗西斯·福山的研究证明美

---

① Nolan McCarty, "What we know and don't know about our polarized politics," https：//www. washingtonpost. com/news/monkey-cage/wp/2014/01/08/what-we-know-and-dont-know-about-our-polarized-politics/? utm_ term = .229f2afcdcb7, January 8, 2014.

② Thurber and Yoshinaka eds. 2015. *American Gridlock：The Sources，Character，and Impact of Political Polarization*, p. 385.

国正在面临政治衰退的挑战。①

第二，财政赤字增加和联邦债务沉重。2017 年美国联邦债务超过了 20 万亿美元。人均欠债超过 63090 美元。联邦年度财政赤字高达 6695 亿美元。② 由于联邦政府借钱经常临近国会规定的上限，联邦政府有时面临关门的危险。联邦政府在社会安全和医疗保健方面依法必须支付的开销每年有增无减。而政治家们在竞选时不断向选民保证如果当选后要削减税收。联邦财政赤字有不断增加的危险。长此以往，政府入不敷出，基础建设设施年久失修，人民生活受到消极影响。财政赤字和联邦债务严重削弱了美国的国家治理能力。

第三，减税计划分歧严重。共和党坚信减税是刺激经济发展的好办法。民主党认为共和党的减税计划主要有利于富有阶层，会增加中下层的负担和扩大联邦财政赤字。经过激烈的讨价还价，众议院于 2017 年 11 月通过了减税法案，投票时两党的立场尖锐对立。共和党 227 票赞成，13 票反对。民主党 0 票赞成，192 票反对，两票弃权。同月底参议院通过了减税法案。共和党 51 票赞成，1 票反对。民主党 48 票全部反对。可见共和党的减税法案没有得到民主党的任何支持。参众两院的减税法案不同之处经过协商以后将会把妥协一致的法案送交特朗普总统签字批准成为新的税法。根据共和党的减税法案，美国的企业税将从现在的 35% 减少到 20%。个人所得税将从现在的七个等级改为三个等级。个人所得税标准扣除额（Standard Deduction）从每人 6350 美元增加到 12000 美元。一对夫妇的所得税标准扣除额从 12700 美元增加到 24000 美元。为了避免联邦收入赤字剧增，新法案在提高所得税标准扣除额的同时减少了所得税逐项扣除（Itemized Deduction）的项目。税改法案有利于大企业和富有阶层。赞成法案的人认为改革将会减少税负、增加收入、刺激投资、增加就业，并带来经济繁荣。反对法案的人认为这一法案将会导致贫富差距扩大，使得富有阶层越来越富，中下层的负担越来

① Francis Fukuyama, *Political Order and Political Decay*：*From the Industrial Revolution to the Globalization of Democracy*.

② http：//www. usdebtclock. org/，accessed on December 5，2017.

越重，联邦财政赤字增加，加剧社会不公，阻碍经济发展。①研究者普遍认为减税计划在未来十年将导致美国联邦财政赤字大幅增加。联邦税收减少可能会进一步约束政府治理能力。

第四，移民改革举步维艰。根据 2015 年人口普查局的数据，移民占美国人口大约 13%：3.21 亿人中约有 4300 万人是移民。移民和他们在美国出生的儿童共同组成了美国居民的约 27%。这个数字代表了1970 年以来移民人数的稳步上升，当时美国的移民人数还不到 1000 万。2015 年美国的非法移民估计有 1100 万人。其中有一些人是在幼年时就被亲人带到美国的。② 如何对待非法移民，特别是怎样帮助从小就来到美国的这些"追梦者"得到合法身份是目前美国治理面临的一个难题。特朗普总统希望国会能够通过移民改革法案。他还提出要在美国和墨西哥边界上修一道高墙来阻止非法移民进入美国。民主党坚决反对，共和党内部也存在分歧。特朗普总统关于限制几个伊斯兰国家人士进入美国的行政命令也引起了激烈的争议和受到联邦法官的挑战。移民改革势在必行，但是白宫与国会，共和党与民主党在移民问题的立场存在巨大鸿沟。

第五，医保改革进退两难。奥巴马总统当政八年最引以为豪的成就是 2010 年通过的医保法。法案通过时没有得到任何一个共和党议员的支持。从那时候到现在，共和党和民主党就医保问题争议不断。特朗普总统和绝大多数共和党议员都把推翻奥巴马医保法看成是一个重要的政治目标。美国 2014 年的医疗费用超过了 3 万亿美元，占国内生产总值的 17%，在发达国家中名列前茅。可是美国仍然有 3000 多万人没有医疗保险。这在发达国家里是一个例外，绝大多数发达国家已经实现了全

---

① US House of Representatives Committee on Ways and Means, "The Tax Cuts and Jobs Act: Policy Highlights," https://waysandmeansforms.house.gov/uploadedfiles/policy_highlights.pdf; Heather Long, "The Senate Just Passed a Massive Tax Bill. Here Is What's in It." https://www.washingtonpost.com/news/wonk/wp/2017/11/30/what-is-in-the-senates-massive-tax-bill-and-what-could-change/? utm_term=.1337329943d0, November 30, 2017.

② Jie Zong and Jeanne Betalova, "Frequently Requested Statistics on Immigrants and Immigration in the United States," March 8, 2017, https://www.migrationpolicy.org/article/frequently-requested-statistics-immigrants-and-immigration-united-states # Current% 20and% 20Historical% 20Numbers% 20and% 20Shares.

民医保。美国医保昂贵，2016 年平均每个有医保的人的保险费是 6435 美元，每个家庭的医保费是 18142 美元。① 共和党的医保法案遭到民主党的一致反对。共和党内部也还没有达成共识。所以新的医保改革法案至今无法通过。

第六，枪支泛滥和暴力事件频发。按照世界银行综合治理指数来看，美国的治理在发达国家里还是比较好的，各项指标一般在百分之八十以上。但是，由于枪支泛滥和暴力事件频发，美国"政治稳定与不存在暴力"的得分仅为 59%，远远低于 OECD 高收入国家的平均分 73%。② 美国宪法第二修正案规定，一支受规范的武力乃确保自由国家之安全所必需，人民持有及携带武器之权利不可受侵犯。2008 年和 2010 年美国联邦最高法院判决认为，第二修正案保障个人拥有枪支的权利，不论该人是否属于民兵皆然。并且可以基于合法的目的使用武器，诸如在屋内自我防卫。近年来美国暴力枪杀案件频发，民众中控枪的呼声很高。据调查，美国每一百人中有 88 支枪。每年有 11 万多人受害于枪击。③ 但是由于宪法第二修正案的影响和上亿持枪者的坚决反对，任何严格控制枪支的法案都不可能在国会得到通过。国家步枪协会是一个有巨大影响的利益集团，公开支持控制枪支的候选人会遭到该协会的强烈反对，因此很难胜选。根据美国司法统计局的资料，2015 年有 217 万多人被关押在联邦和地方的监狱里。美国在 2015 年年底约有 674 万成年人受到政府的惩戒监督。美国约 37 个成年人中有 1 人（占全部成年人的 2.7%）处于某种形式的惩戒监督之下。④ 这在发达国家里是名列前茅的。吸毒贩毒和暴力犯罪一直是美国社会面临的治理难题。无论是共和党和民主党执政，都还没有找到解决这一突出问题的有效办法。

---

① Michael Kraft and Scott Furlong, *Public Policy: Politics, Analysis, and Alternatives*. Sixth edition. Thousand Oaks, CA: CQ Press, 2018, p. 280.

② The World Bank, 2017. *Worldwide Governance Indicators*, available at http://info. worldbank. org/governance/wgi/index. aspx#reports, accessed on December 2, 2017.

③ Kathleen Shuster, "8 Facts about Gun Control in the US," http://www. dw. com/en/8-facts-about-gun-control-in-the-us/a-40816418, accessed December 3, 2017.

④ Bureau of Justice Statistics, "U. S. Correctional Population at the Lowest Level since 2002," https://www. bjs. gov/content/pub/press/cpus15pr. cfm, accessed December 3, 2017.

四　美国治理的经验教训

美国面临的治理挑战是多重的复杂的。认真分析美国治理挑战的根源，将有利于寻求解决问题的方法。美国治理的经验教训可以初步归纳如下：

首先，政治框架的设计十分关键。美国的宪法产生于 1787 年，宪法经受了内忧外患的考验，经过修正后至今仍然充满了生命力。美国宪法序言写道："我们美利坚合众国的人民，为了组织一个更完善的联邦，树立正义，保障国内的安宁，建立共同的国防，增进全民福利和确保我们自己及我们后代能安享自由带来的幸福，乃为美利坚合众国制定和确立这一部宪法。"美国人民对于立国的基本原则的认同度很高。但是，人们对于什么是平等，什么是自由权，什么是生存权，以及如何保障这些权利有很多不同的看法。特别是对联邦政府和州政府权力的界定有很多不同的理解。在国家治理的理想和现实之间有巨大的差距。绝大多数的美国人认同宪法和独立宣言的基本原则。虽然美国的立国之基是坚固的，但是由于过度强调分权制衡导致美国近年来在两党政治极化的情况下互相拆台，陷入政治僵局。许多有识之士认为美国政治体制已经到了不得不改革的时候了。

其次，经济不平等和政治两极分化密切相关。美国近年来政治上的两极分化和意识形态的尖锐对立与经济不平等的加剧有不可分割的联系。要解决两极分化带来的一系列问题必须多管齐下。目前学术界对两极分化的弊端有较清晰的认识。但是对于两极分化的原因和解决办法存在巨大的分歧。[①] 由于最近特朗普总统和共和党控制的国会在减税等方面采取的有利于大公司和富裕阶层的做法，在可见的将来美国两极分化的趋势不仅得不到缓解，而且有继续加剧的可能。

然后，地方政府相互竞争，不断创新。在联邦体制下，州政府和地

---

① Joseph E. Sliglitz, *The Price of Inequality*：*How Today's Divided Society Endangers Our Future*, New York：W. W. Norton, 2013. Thurber and Yoshinaka, *American Gridlock*：*The Sources*，*Character*，*and Impact of Political Polarization*.

方政府有高度的自治。地方政府之间存在激烈的竞争，在治理方面不断创新。① 各地好的经验可以逐步得到推广。在美国民众对联邦政府普遍不满的情况下，地方政府依然享有较高的支持度。根据皮尤研究中心的调查，美国公众对联邦政府的信任率近年来降到了20%，而公众对地方政府和州政府的信任率长期保持在70%左右。② 这是美国政治总体上相对稳定的重要因素。例如在教育和治安等方面，州政府和地方政府的重要性远远大于联邦政府。当特朗普政府在环境保护和气候变化等问题上开倒车的时候，许多地方政府加大了节能减排的力度。

再次，实用主义长期存在，政治上的中间派依然存在。绝大多数的美国人是注重实效的，他们不受教条的约束。尽管数量下降，但很多美国人仍然认为自己是独立派和温和派。一个温和的中间派依然存在，这是不容忽视的事实。即使美国社会严重分裂，在重大问题上（即经济繁荣，国家安全以及曾经被称为美国的生活方式的其他方面），仍然有一定程度的共识。这些因素限制了两极分化的消极影响。③ 政党的两极化水平反映公众两极分化的程度。当普通美国人更加温和友好时，中间派对各方的影响力更大，各方应该向中心倾斜。同样的道理，当美国人在政治上分裂的时候，特别是在近几十年来，他们的观点非常分裂的时候，极端派占了上风，各方候选人为寻求选票而偏离中心。④ 当人们对党派纷争和政治僵局产生厌倦的时候，寻求妥协和和解的力量可能会上升。

最后，美国法治较为健全。政治上的纠错机制在一定程度上继续起作用。政府官员的贪污腐败行为受到制约，严格的法规和对违法行为的严厉处罚使得政府官员无法犯罪或者不敢犯罪，这是美国治理遇到挑战的时候社会依然相对稳定的重要保障。美国的法治是代价高昂的，庞大的律师队伍、高昂的诉讼费用和繁杂的法律体系在保障司法公正的同时

---

① Virginia Gray, Russell Hanson, and Thad Kousser eds., *Politics in the American States: A Comparative Analysis.* Thousand Oaks, CA: CQ Press, 2018.

② Pew Research Center, "Public Trust in Government, 1958 – 2017," http://www.people-press.org/2017/05/03/public-trust-in-government-1958 – 2017/, accessed December 5, 2017.

③ James Campbell, *Polarized: Making Sense of a Divided America*, p. 245.

④ Ibid., p. 219.

也给人民生活和政府运行增加了许多费用。富人和强者的利益在现存体制下得到重重保护，而穷人和弱者在被卷入诉讼时往往无法为自己提供有效的法律辩护。虽然法律规定每个犯罪嫌疑人都可以得到律师的辩护，但是公共辩护人受到人力财力的限制往往无法为每个嫌疑人提供及时有效的辩护。因此社会下层的嫌疑人往往不能享受到司法公正的合法权益，美国的司法公正在经济不平等加剧的情况下受到日益严峻的挑战。

综上所述，美国治理面临重重困难，但危难与机会并存。美国国内的危机和国际竞争的压力迫使美国领导者不断探索应对治理挑战的政策和办法。当务之急是要摆脱极端保守主义、极端自由主义和激进民粹主义的意识形态束缚，回到务实的传统上，寻求行之有效的治理方法。政治上固执己见、毫不妥协是难以取得实质性进步的，当今美国政治确实需要一定的妥协精神。① 无论哪个党执政，都要重视其执政表现。自由主义者，温和派和保守主义者都关心从公共安全、国家安全到清洁环境和经济繁荣等一系列公共事务。美国的年轻一代有新想法，可能会带来新实践。还有，科技创新可能会给政治参与和国家治理带来新机遇，国家治理的艰巨任务常常需要不同政治力量的合作才能实现。认真研究和吸取美国治理的经验教训，可以帮助其他国家在治理现代化进程中少走弯路。

---

① Amy Gutmann and Dennis Thompson, *The Spirit of Compromise*: *Why Governing Demands It and Campaigning Undermines It*. Princeton: Princeton University Press, 2014.

西方反公地悲剧理论探讨

朱宇江

（北京大学国家治理研究院）

摘　要　本文是关于西方"反公地悲剧"理论的探讨。

首先，本文对于西方学界"反公地悲剧"理论形成的经济社会和思想背景进行了分析。西方国家进入后工业化社会后，面临着诸如人口老龄化、贫富分化再次拉大、经济发展迟缓等等问题，这些问题无法依靠新自由主义理论解释和解决，由此使得西方思想界演化出新的理论，"反公地悲剧"理论即是其中的一支。

其次，本文分析了西方"反公地悲剧"理论的思想来源和理论基石。分析指出，在思想和理论背景方面，进入20世纪90年代以来，新自由主义的困境推动其发展演变，以弥补其缺陷。在此前提下，西方学者基于经济发展和公共治理的核心理论即产权理论的演变发展，对于自由主义产权理论进行的反思，西方"反公地悲剧"理论即是这些反思的产物。

此后，本文对西方"反公地悲剧"理论的内容进行分析，其中包括对于这一理论的基本概念、发展过程以及应用的分析。研究显示，进入新世纪以来，西方"反公地悲剧"理论的最新研究，主要集中在关于"反公地悲剧"理论的类型学、法学以及补充品等方面。

在此基础上，本文对"反公地悲剧"理论进行了评析，指出其对我国公共产权改革的启示。

关键词　公共产权　反公地悲剧理论　对称性　半公地悲剧理论

一　导论

1982 年，美国学者弗兰克·I. 迈克尔曼（Frank. I. Michealman）在《伦理、经济和产权法》一文中，提出了"反公地"（anticommons）的概念，将其定义为"一种产权形式，在其中每个人总是要尊重该产权制度中之标的物，且无人由此有权使用之，除非为他人之所特定授权"。[①]1998 年，迈克尔·黑勒（Michael·A. Heller）在《反公地悲剧：从马克思到市场的产权过渡》一文中，对"反公地悲剧"进行了系统的阐释，提出了"反公地悲剧"的理论。

"反公地悲剧"是相对于加勒特·哈丁（Garrett Hardin）的"公地悲剧"而言的。在黑勒看来，尽管哈丁说明了过度使用公共资源的恶果，却忽视了资源未被或者难以充分利用（即发生"反公地悲剧"）的可能性。之后，在西方理论界，围绕着"反公地悲剧"问题形成了一系列研究成果。这些成果构成了有关产权的一种新理论，可统称为西方"反公地悲剧"理论。

对于西方"反公地悲剧"理论的研究和分析，具有重要的理论价值、学术价值和现实意义：

第一，"反公地悲剧"理论对于深化公共治理体制和机制的认识，具有基础理论意义。

20 世纪 70 年代以来西方盛行的公共治理理论，无论是多中心治理理论，还是善治理论，都是在"公地悲剧"这一基础理论的核心前提和设定下进行的。实际上，正是在"公地悲剧"理论的基础上，在政治理论和公共治理领域，形成了西方的治理与善治理论、新公共管理理论等。就其本质取向来看，西方的"治理理论"表现出对于政府权威管制

---

① MichelmanI, F. I. 1982. "Ethics, Economics, and the Law of Property," in J. Roland Pennock and John W. Chapman（eds.）, *Ethics, Economics, and the Law: Nomas XXIV*, 25 – 27.

和管理的整体性否定，强烈主张对于政府管理和管制权威体系进行分权，建立政府管理体系之外的多中心治理主体，形成多中心合作的协同治理机制，这些治理主体虽未得到正式授权，却能有效发挥作用。"与统治不同，治理是指一种由共同的目标支持的活动，这些管理活动的主体未必是政府，也无须依靠国家的强制力量来实现"。① 善治就是"使公共利益最大化的社会管理过程"。② "善治的本质特征，就在于它是政府与公民对公共生活的合作管理。"③

而对于新公共管理理论，主要是指公共部门的私营化、公共服务的市场化、公共部门之间的竞争、公共部门与私人部门之间的竞争。换言之，就是通过私有化和市场化手段来提高服务提供者的服务质量和效率。

由于"公地悲剧"理论具有强烈的否定公共产权和公有制的特点，因此，由此产生的公共治理理论也相应具有自由主义特性。但是，实践证明，简单否定公共资源的公有制，在理论认识上是片面的，在实践上也面临重重困境。而西方"反公地悲剧"理论，恰恰基于这些困境，揭示了公共资源产权属性的另外一面，从而为进一步寻求公共治理和公共资源管理的合理产权安排途径，实现共治共建共享的协同治理提供产权理论基础。

第二，"反公地悲剧"理论对于我们正确认识西方国家政治经济制度和政策内在的矛盾性和困境，具有启发意义。

就思想认识现实状况来看，为数不少的学者认为，西方国家新保守主义、新自由主义的私有化和市场化主张是社会经济发展的唯一有效和合理选择，从而对私有化和市场化改革深信不疑。但是，通过对西方"反公地悲剧"理论的研究，可以发现，私有化和市场化改革只是西方自由主义学说的基本主张，绝非西方政治学说、治理学说和产权学说的全部理论和主张。人们可以通过西方"反公地悲剧"理论这一路径，深

---

① 参见俞可平《治理与善治引论》，2005 年 2 月 24 日，中央编译局网（http：//www.cctb.net/zjxz/expertarticle1/200502/t20050224_288071.htm）。

② 同上。

③ 同上。

入了解和正确认识西方国家政治经济制度和政策，认识这些制度和政策内在的矛盾性和困境。

第三，对于我国改革发展和公共治理具有启发意义。

在我国学术界，围绕国有企业和公共资源产权的改革，一直存在着截然对立甚至针锋相对的理论争论。作为反思自由主义理论成果的西方"反公地悲剧"理论，对于我国学术界的理论、学术和实际问题，尤其是国有企业和公共资源产权改革、公共资源治理的机制和方式设计合理性的前沿性争论，具有独特新颖的分析和评价视角价值，由此可以启发人们深入认识和正确评估公共产权的实现形式、国有企业改革和公共资源治理机制。

为此，本文以西方"反公地悲剧"理论作为研究对象和内容，试图联系西方社会政治经济发展的实际，对西方"反公地悲剧理论"进行系统的梳理和分析，并剖析这一理论的内在结构和逻辑，进而对这一理论及其发展进行评价。

二　西方"反公地悲剧"理论的渊源

1. 西方"反公地悲剧"理论形成的经济和社会背景

1929—1933 年，西方国家爆发了震撼整个资本主义世界的、全球性的经济大衰退，也称"大萧条"。

"大萧条"对西方国家的经济、政治和社会等方面均产生了深远的影响。第二次世界大战结束后，凯恩斯主义成为西方经济学的新正统。20 世纪 70 年代初，西方资本主义国家陷入了高失业和持续通货膨胀共存的"滞胀"困境，凯恩斯主义的经济理论也受到越来越多的批评，以哈耶克为代表的新自由主义者则东山再起。新自由主义把反对国家干预上升到了一个系统化和理论化的新高度，使"是国家还是市场"的争论再度白热化。

20 世纪 80 年代，撒切尔和里根分别执掌英国和美国的权力。伴随着一轮市场化和私有化的浪潮，政府逐步缩小自己的职能范围，并削减财政预算和公共开支，用新自由主义或保守主义的路径来试图重振经济发展。但是，经济市场化和私有化的弊端，随着时间的推移却不断显现，尤其是失业率的上升、贫困人口的增加和贫富差距的拉大，造成了新的社会不公。此后，西方发达国家经济或者金融危机频现、贫富差距巨大和人口老龄化，此外，还面临着诸如失业严重、资源枯竭、环境恶化和生态破坏等多种问题。正是这种严峻的经济和社会现实，迫使西方学者对于新自由主义进行反思，试图寻求解决问题的新出路，从而发展新的理论。正是西方社会的经济和社会发展状况和问题，为"反公地悲剧"理论的产生和发展提供了现实需求和社会条件。

2. "反公地悲剧"理论的思想渊源

（1）西方"反公地悲剧"理论的产生与自由主义的关系

西方"反公地悲剧"理论的产生与自由主义理论的发展有着密切关系。

在西方政治思想发展过程中，肇始于亚当·斯密的自由主义政治哲学具有重大影响。自由主义认为，个人的自由是自由主义的核心和一切立场的出发点。[①] 自由主义主张追求个人的权利，包括生命权、财产权、反抗压迫权和幸福权等公民权利。自由主义还主张对政府的必要限制，以保障个人的基本权利和自由。自由主义的"国家观"在本质上反对对政治领导权的垄断，强调人民有权选择自己的代表来表达自己的意愿，参与国家的管理。[②]"私有财产权、经济自由和自由的市场经济共同提供了个人自由赖以立足的社会基础，并为政治参与和限制国家权力提供了可靠保证。以自由的市场为基础的社会秩序可以保障维系个体自由。"[③]

近代以来，自由主义政治经济哲学对于西方社会和政治思想的发展产生重大影响，与此同时，自由主义内在的思想缺陷和现实后果，也引起针对这些缺陷和后果的巨大争议。

进入 20 世纪以来，对于西方自由主义的批判、反思和维护更加激烈。在这其中，社会主义革命在 20 世纪的成功及其发展，成为自由主义理论的重大现实批判和理论挑战，这一重大历史变革，加上西方资本

---

① 刘军宁:《自由主义如是说》,《书屋》2000 年第 2 期。
② 同上。
③ 同上。

主义社会内部经济政治的矛盾运动，使得西方社会政治思想受到重大影响，由此产生了对于自由主义思想的重大思考。二战后，福利国家理论在典型的欧洲国家的兴起，也对古典自由主义形成了强有力的挑战。而西达·斯考克波（Schopol）的"找回国家"论，[①] 詹姆斯·奥康纳（James O'Connor）对福利国家的财政反思，[②] 以及克劳斯·奥菲（Claus Offe）在法兰克福学派的基础上，把资本主义国家分成三个相互独立而又彼此依赖的子系统，即经济子系统、政治子系统和社会子系统，由此来分析福利国家的管理危机，[③] 则更是形成了对于自由主义的系统反思，也进一步促成了吉登斯对第三条道路的探索。

当然，与此同时，西方自由主义学者也在极力为自由主义辩护，其代表性学者有哈耶克、弗里德曼、卢卡斯等。哈耶克是新自由主义最具代表性的思想家，其新自由主义的理论观点是其他所有新自由主义者的主要思想来源。

20世纪后半叶，凯恩斯主义主张的政府干预主义政策失灵，资本主义经济陷入滞胀陷阱，私有化浪潮席卷西方世界，由此使得新保守主义和新自由主义在20世纪后半叶得以兴起，并且在理论形态上得到新的论证和体现。这一时期，货币学派、理性预期学派、供给学派、新制度学派等新自由主义经济学派来势凶猛、各领风骚，使"是国家还是市场"的争论再度白热化。正是在这一思想背景下，1968年，美国学者加勒特·哈丁提出了"公地悲剧"的理论命题，认为对于理性经济人来说，公共资源由于人人可以享用而没有有效的产权保护，从而容易导致资源的过度使用。"在一个信奉任意享用公有资源的社会，人人都追求自己的最大利益，毁灭是必然的命运。任意享用公有资源会带来毁

---

① 参见［美］西达·斯考切波《历史社会学的新兴议题与研究策略》，载《历史社会学的视野与方法》，封积文等译，上海人民出版社2007年版；［美］西达·斯考切波：《国家与社会革命：对法国、俄国和中国的比较分析》，何俊志、王学东译，上海人民出版社2007年版；［美］彼得·埃文斯、迪特里希·鲁施迈耶、西达·斯考克波编著：《找回国家》，方力维等译，生活·读书·新知三联书店2009年版。

② O'Connor，James："The Fiscal Crisis of the State"，Christopher Pierson and Francis Castles（eds），*The Welfare State Reader*，Polity：2000.

③ Offe，Claus：*Contradictions of the Welfare State*，Hutchinson & Co.（Publishers）Ltd，1984，p.150.

灭。"① 不过，哈丁只是提出了"公地悲剧"的问题，并没有给出其解决办法。此后，若干学者从数理论证到实证分析，提出了不少"公地悲剧"的解决方案，有学者认为可以通过政府管制来解决，也有学者认为可以通过公地私有化的方法来解决。② 还有学者认为，可以通过利益相关公民多中心自主治理的方式来解决。③

既然"公地悲剧"的发生是个体理性行为的结果，由政府施加管控就成为一种可能的解决方案。但是，在 20 世纪 70—80 年代的私有化浪潮背景下，保守主义和自由主义认为，政府管制的办法逐渐被证明存在着巨大缺陷。有鉴于此，西方新自由主义的信奉者认为，公有地的公共产权私有化方案，应该是比政府管制更可能接近帕累托改进的办法。从公有到私有，似乎才是理解"所有权、竞争和市场——现代资本主义制度核心"的方法。④ 为此，自由主义学者认为，"私有制解决了公地悲剧，私有化打败了政府管制，市场竞争胜过国家控制"⑤（见图 1）。

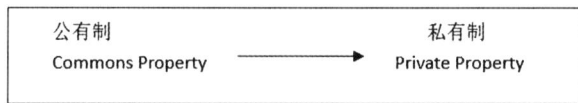

```
┌────────────────────────────────────────────────────────┐
│  公有制                              私有制              │
│  Commons Property    ──────────▶     Private Property   │
└────────────────────────────────────────────────────────┘
```

资料来源：Heller, Michael. 2008. *The Gridlock Economy*. New York：A Member of the Perseus Books Group. p. 18.

图 1　私有化改进

实际上，自由主义学者关于"公地悲剧"理论及其私有化产权的解决方法，不过是西方自由主义产权理论的延续和演化。这些思想在 20 世纪七八十年代也为新保守主义和新自由主义所吸收，用来阐释其主张市场以限制国家职能的核心理念。

---

① Hardin, Garrett, Tragedy of the Commons, *Science* 162（1968）：1243 – 48.

② Heller, Michael. 2008. *The Gridlock Economy*. New York：A Member of the Perseus Books Group. p. 17.

③ Ostrom, E. 1990. *Governing the Commons：The Evolution of Institutions for Collective Action*. New York：Cambridge University Press.

④ Ibid. , p. 18.

⑤ Ibid.

但是，自由主义或者新自由主义的理论逻辑和政治经济主张实际上并不能够解决西方社会内在的社会矛盾和制度矛盾，反而造成更大的两极分化和一系列的社会和政治问题。

为了从理论和实践中摆脱这些困境，对新自由主义进行再思考，成为西方社会政治思潮发展的重要途径。当然，西方学术界的主流理论和思潮的这些思考和探讨并非从根本上批判和否定自由主义，而是力图寻求修补和弥补自由主义的理论和实践缺陷的方剂。在产权理论和公共治理方面，西方"反公地悲剧"理论即是因应这一现实背景和理论逻辑而产生和发展的。

由此可见，西方"反公地悲剧"理论实际上是对于自由主义进行理论再思考的逻辑结果。如果说西方"公地悲剧"理论强调了每个人拥有使用权而没有排他权而产生的"公地悲剧"问题，那么，西方"反公地悲剧"理论关注的则是每个人拥有排他性所有权而造成了资源使用不足的困境。从这个意义上来讲，西方"反公地悲剧"理论可以视为西方自由主义理论的衍生理论。

（2）西方"反公地悲剧"理论与西方产权理论的关系

西方"反公地悲剧"理论到底是如何从新自由主义理论的发展过程中衍生出来的呢？要解释这个问题，就必须要从产权的发展维度来阐述，因为产权的发展过程一定程度上反映了西方自由主义的发展历程，而产权本身又是西方"反公地悲剧"理论的核心命题。

私有产权及其优先性，是西方近代自由主义发展的根本立足点和基础。然而，随着自由主义的理论发展面临困境，产权理论的功能开始变得复杂起来，产权自身的发展不仅要满足对自由主义理念的宣传，更要扮演解决自由主义理论所面临困境的角色。于是，产权的概念发生演化并拓展了外延。

美国经济学家科斯强调产权的重要作用，并提出了"交易费用"的概念，认为社会资源的配置关键在于产权的清晰程度。[①] 美国加州大学教授德姆塞茨，从社会整体出发考察产权关系，把个人产权跟外部性效

---

① 参见［美］R. 科斯、A. 阿尔钦、D. 诺斯：《财产权利与制度变迁》，上海三联书店 1994 年版。

应相联结，并在资源稀缺导致竞争性需求的背景下揭示产权功能。① 著名产权经济学家阿尔钦，把产权看作是人们在资源稀缺条件下使用资源的权利或规则，② 如此等等。

虽然在产权概念的界定上存在着差异，在产权属性的认识上，上述产权经济学家则有着基本的共识：产权反映的不是人对物的关系，而是人与人之间的关系，即由对物的使用所引起的人与人之间的相互权利关系。西方现代产权理论的一个基本观点是，公有产权消除了产权的排他性和可让渡性，必然因"搭便车"问题而造成产权共同体内成本和收益的不对称。在产权的共同体内，所有者众多、利益多元，需要极其高昂的谈判成本才能达成一个最优行动。也就是说，公有产权不可避免地会造成资源使用的外部性，是无效率的产权形式。相反，私有产权制度因产权明晰度高，可有机结合收益权和控制权从而产生有效的激励约束机制，能以较低的成本使外部性内化，因而比公有制更有效率。

西方现代产权理论还认为，"在资源稀缺的情况下，公有产权往往不能有效地保护资源"③，严重时甚至会产生悲剧性的结果。在"公地悲剧"理论中，哈丁展现了个体追求自身利益最大化而对资源进行无节制地掠夺的场景，并指出其结果只能是公地资源使用的悲剧，私有产权制度则是解决"公地悲剧"的一种途径，而实现"共同强制，相互约定"也是一种可能的解决途径。④

然而，"公地"并不必然产生"悲剧"结果，而"公地悲剧"也没有简单有效的解决方式。⑤在探索中，迈克尔曼提出了"反公地"的概念，而黑勒则在"反公地"概念的基础上提出了"反公地悲剧"理论。黑勒的"反公地悲剧"理论阐明了在产权过于破碎时，会产生资源无法得到充分使用的悲剧性结果。⑥

---

① ［美］哈罗德·德姆塞茨：《关于产权的理论》，载《财产权利与制度变迁》，上海三联书店1995年版。
② ［美］阿尔钦：《公司管理和产权》，载《经济社会体制比较》1991年第1期。
③ 夏若江：《产权效率与产权制度》，《江汉论坛》2000年第3期。
④ Hardin, Garrett. 1968. "The Tragedy of the Commons." Science 162: 1243 – 1248.
⑤ Ibid.
⑥ Ibid.

总体上讲，在西方产权理论的发展早期，产权理论与自由主义并没有直接联系，只是产权理论的核心价值和自由主义理论的核心价值相互契合，即推崇私有制和市场机制，而反对公有制和政府管控。而当自由主义理论的发展遇到困境时，产权理论对自由主义的作用就不仅仅是锦上添花，而是发挥着给自由主义理论解决困境的功能。西方"反公地悲剧"理论，则是从产权的破碎化角度，提出了重新整合产权或者重新安排产权内容的办法，试图以此来修补新自由主义理论的市场理论缺陷，以更好地发挥市场的作用。

三　西方"反公地悲剧"理论的基本内容

1. 从"反公地"到"反公地悲剧"

"反公地"的概念最早由弗兰克·迈克尔曼在 1982 年的《伦理，经济和产权法》一文中提出。此后，美国学者迈克尔·黑勒提出"反公地悲剧"理论，"反公地悲剧"是"反公地"概念的进一步延伸。其基本含义是，由于产权由多重所有者掌握，而每个产权所有者都具有排他性，从而导致资源的闲置或者无法充分利用。换句话说，由于每个产权所有者都具有对相关的其他产权所有者使用该产权的否决权，因而最后的结果是，每个产权所有者都无法使用该产权，从而造成了"反公地悲剧"。这一理论问世后受到普遍关注。[1]

从根本上讲，"反公地"可视为一个总成或装配问题。将各个零件装配成一个较大的整体，需要获得零件持有人的许可，在这种装配产生盈余时，还需要对盈余进行分配。如果存在对零件的产权保护，获得许可与分配盈余就联系了起来，一方面，需要获得每个权利持有人的许可，另一方面，零件价格就可能由其持有人来决定。[2] 虽然交易费用或

---

① Heller, M. A. 1998. "The Tragedy of the Anticommons: Property in the Transition from Marx to Markets". *Harvard Law Review*, Vol. 111, No. 3 (Jan., 1998), pp. 621–688.

② Calabresi, Guido, and A. Douglas Melamed. 1972. "Property Rules, Liability Rules, and Inalienability: One View of the Cathedral." Harvard Law Review 85: 1089–1128.

战略性行为可能使装配无法进行，却不必然是悲剧。因为，保持零件的分离可能比对其进行装配更有价值。因而，盈余的存在或者说产权聚合的正收益，就成为"反公地悲剧"产生的一个必要条件。

索要高价是零件持有人可能采取的一种战略性行为。在市场上不乏替代品时，零件持有人即使想索要高价也会因缺乏手段而无法如愿，因为如果其索要高价，买主会转而选择价格相对低廉的替代品。在一个零件不是必不可少时，情形也大体相仿。这时，即使买主没有可供选择的替代零件，也可选择不需要这种零件的装配方案。可以说，存在不可缺少、难以替代的零碎资源或产权，也是"反公地悲剧"产生的一个必要条件。

2. "反公地悲剧"理论的发展

1998年以来，西方学界对"反公地悲剧"现象进行了不少研究，并取得了显著的成果。

(1) 关于解决"反公地悲剧"现象的途径和方式

其一，迈克尔·黑勒解决"反公地悲剧"现象的三种途径

迈克尔·黑勒在其2008年出版的《困局经济学》(The Gridlock E-conomy) 中，运用莱茵河水运困局的案例说明了解决反公地悲剧的三种途径：创造新市场 (the creation of new market)、协作 (cooperation) 和政府管制 (regulation)。①

在黑勒采用的典型案例中，"莱茵同盟"的形成代表一种协作 (co-operation) 的方式。人们可以发现，"莱茵同盟"形成的重要前提，便是同盟内的各种势力之间形成了利益共识："沃尔姆斯城里的市民"，以及原本就存在的"莱茵同盟"，加上"同盟请来的骑士"，这三股势力之间达成了利益共识，于是形成了新的"莱茵同盟"，从而清除了莱茵河上的强盗，重新开放了莱茵河，结束了"反公地悲剧"。但是，应该同时注意到，之后"莱茵同盟"认为雇佣骑士的价格过高，无法继续供养骑士，莱茵同盟随后瓦解，强盗又开始出没，这就表明说，当利益共识不再，于是"协作"就会瓦解，"反公地悲剧"又会再次出现。由此

---

① Heller, Michael. 2008. *The Gridlock Economy*. New York: A Member of the Perseus Books Group. p. 21.

可见，利益共识是"协作"得以实现的重要前提和基础。

案例中的维也纳会议清除厘捐卡，则是政府管制（regulation）的典型措施。当民间自发的协作因利益共识的不再而瓦解时，政府的强制性优势体现了出来。通过政府之间的联盟，来消除名目繁多的关卡。从案例中还可以看出，与协作方式相比，政府管制的另一好处便是彻底性。事实上，通过民间的协作方式，或许可以短暂解决莱茵河的"反公地悲剧"问题，但仍会死灰复燃；而只有当维也纳同盟出面的时候，这个问题才得到了根除。

迈克尔·黑勒最后指出，如果情况放到现在，那么"所有者们兴许可以建立'专利共享'或'版权集体管理'组织，帮助整合零散的权利"。[①] 其实这是一种新的协作方式，这种新协作方式不同于以往的之处主要在于，它不仅仅是建立在利益共识的基础上，同时体现了对权利的尊重和运用法律方式来进行协作，而不是因为利益上的一致而雇佣"骑士"，使用一种暴力的手段来解决问题。

黑勒提出解决"反公地悲剧"的三种途径既相互区别，又相互联系。协作和政府管制之间的关系，既对立又统一，一方面，其性质截然不同，前者主要指民间性合作，而后者涉及到政府的权威强制性和暴力性，但是另一方面，二者又具有共同的必要前提，即利益的共同性和共识性，在这个意义上，政府管制又是协作的进一步延伸。而无论协作和政府管制的关系如何，二者都对创造新的市场起着促进作用，只要这种新的市场具有较强的替代性和成本优势，那么在协作和政府管制的双重作用下，就可以替代原先的产权体系，从而消除"反公地悲剧"的影响。

其二，关于解决"反公地悲剧"现象的政府管制途径

在黑勒关于解决"反公地悲剧"现象的途径中，"政府管制"是其重要途径之一。围绕这一途径，西方学者展开了进一步研究和论述，从而凸显了政府管制作为解决"反公地悲剧"现象实际途径的重要性。

在这方面，菲利佩、费雷拉和科尔罗（Filipe, J. A., Ferreira,

---

① Heller, Michael. 2008. *The Gridlock Economy*. New York：A Member of the Perseus Books Group. p. 21.

M. A., and Coelho, M.), 辛、朗和李 (Loo-Lee Sim, Sau-Kim Lum, Lai Choo Malone-Lee) 被公认为代表性学者。

菲利佩、费雷拉和科尔罗在《反公地悲剧：一个新问题》一文中指出，"或许，关于'反公地'的新问题需要新的解决办法。他们可能需要政府的干预 (intervention of government) 来解决这些问题。"① 为此，他们认为，权威当局应当通过立法来控制和限制可能导致反公地悲剧的代理人行为。"正如所见，'反公地'产生了资源使用的无效性，由此带来的不充分利用问题应当被控制，且当局应当发挥其组织性功效。我们并非维护一种新的政府干预论，而只是希望通过一些新的规则来调适和节制代理人的行为。"② 在这里，菲利佩、费雷拉和科尔罗关于通过政府管制解决"反公地悲剧"现象的论断，与反公地悲剧研究的其他观点如出一辙。

辛、朗和李在《产权，集体销售和政府干预：避免公地悲剧》一文中，探讨了新加坡政府通过完善制度安排来改善房地产管理中的"反公地悲剧"的典型案例。在论文中，辛、朗和李分析了产权和所有权是如何导致"反公地悲剧"的，并且说明了政府管制对于解决"反公地悲剧"问题的作用。然而，在这个案例中，"政府管制"的重要特征并不是政府的直接干预，而是政府通过立法，对于市场诱发的不良现象进行强制性纠正，由中说明了政府管制的必要性、政府管制方式的多样性。和法治的重要性。

其三，关于解决"反公地悲剧"现象的协作途径

如上所说，不同产权所有者之间的协作，被认为是解决"反公地悲剧"现象的重要途径。其中，"建立'专利共享'或'版权集体管理'组织，帮助整合零散的权利"③，被视作"协作"的方式之一。在当代西方学界，专利联营和建立新组织等协作方式，作为解决"反公地悲

---

① Filipe, J. A., Ferreira, M. A., and Coelho, M. 2007. *The Tragedy of the Anti-Commons: A New Problem.* School of Economics and Management, Technical University of Lisbon, working papers, ISSN No 0874 – 4548.

② Ibid.

③ Heller, Michael. 2008. *The Gridlock Economy.* New York: A Member of the Perseus Books Group.

剧"途径而得到广泛论述。

专利联营（patent pools），又称"专利池"，是指把过于分散的专利权聚拢起来，从而实现不同专利权之间的转让和使用更加便捷和有效的方式。西方学者通过对于"专利联营"的分析，说明了作为解决"反公地悲剧"现象的方法之一的协作方式的重要性，其代表人物是克兰杰罗（Giuseppe Colangelo）。

克兰杰罗认为，要理解"专利联营"方式对解决"反公地悲剧"现象的重要作用，需要对专利的划分有一个认识，从而可以专利权为代表来分析产权的"反公地悲剧"现象。

从实践来看，按照专利权的不同属性，对于专利本身的划分有三种。[1]

第一种是阻碍性专利（blocking patents）。[2] 第二种是互补性专利（complementary patents）。[3] 第三种是竞争性专利（competing patents）。[4]

阻碍性专利和互补性专利都具有专利分散的特性，因此，都存在"反公地悲剧"现象。对这两种专利，"专利联营"具有积极作用，可以聚合不同专利，并降低交易成本。但是，对于竞争性专利来说，由于其较高的替代性，一般不会有"反公地悲剧"现象，也就无须进行"专利联营"。

标准设置组织（Standard Setting Orgnizations）是西方学者选择用于克服"反公地悲剧"现象的另一协作方式。这方面的代表人物主要有克兰杰罗、斯塔尼克（Stadnick, C.）等。

所谓"标准设置组织"，是指一套提供或试图提供产品及其过程的

---

① Heller, Michael. 2008. *The Gridlock Economy*. New York：A Member of the Perseus Books Group.

② 阻碍性专利是指，某一种专利的使用要求同时使用另一种专利，于是前者事实上阻碍了后者的使用，因为如果要使用后者，就必须先使用前者。

③ 互补性专利是指，不同的发明者独自发明出的专利互利于对方，而且事实上可能有利于更大的发明。如果这两个专利各自单独使用，或许并没有太大价值，但是如果两个专利联合在一起使用，则可以创造出比各自专利本身更大的价值，并且，其中一个专利的使用可以使另一个专利具有更大的价值，那么这两个专利之间就具有互补性。

④ 竞争性专利是指，不同专利之间具有较强的替代性，一种专利可以完全替代另一种专利的效用，那么这两种专利之间就具有竞争性。

普遍性涉及的技术规格。① 当一个标准设置组织选择了一个标准，就意味着这个组织试图创造单一和统一的一套技术标准。这个标准有利于产生一个统一的产品，这个产品可以和于之形成竞争性或互补性的产品相容和相协调。"标准设置组织"可能采取多种形式或构成方式，有一套规程去把不同的专利产品纳入某个标准。② 总体上说，这些规程有两种类型：一是要加入这个标准的专利都要完全披露其专利的具体情况，这就可以使得标准设置组织能够充分了解各种专利的特性、现状和潜力，从而进一步选择哪些专利能够入围最后的统一标准。二是如果有些专利由于其特殊性而无法或不便披露其专利细节，则需要先获得此专利在该领域的准入许可，才有可能入围这个标准设置组织，这就为该专利在纳入这个标准之后的进一步合作研发奠定了基础，而不会因为进一步研发有可能遇到各种许可障碍而受阻。

"标准设置组织"之所以可以解决"反公地悲剧"问题，其主要原因是，它可以降低交易成本、生产成本、行业研发成本③；它可以提高消费者的福利；④ 它具有兼容性和互用性（compatibility and interoperability）。⑤

当然，不可否认，"标准设置组织"也有其负面作用，如反竞争性、对技术创新在某些方面的阻碍作用等。西方学者认为，如果能把"标准设置组织"对市场的负面性侵害减低至最小，充分发挥其解决和消除"反公地悲剧"现象的积极作用，应该能够有利于市场更好地运转。

（2）"反公地悲剧"理论的类型学分析

黑勒在其代表性文章《反公地悲剧：从马克思到市场的产权过渡》中，论述反公地的空间性（spatial）和法律性（legal）问题。⑥

---

① Stadnick，C. 2002. *Standard Setting Organisations Answer To The Tragedy of The Anticommons*? Source：http：//www. law. upenn. edu/fac/pwagner/ideas/stadnick_ paper. pdf.

② Ibid.

③ Ibid.

④ Ibid.

⑤ Ibid.

⑥ Heller，M. A. 1998. "The Tragedy of the Anticommons：Property in the Transition from Marx to Markets". *Harvard Law Review*，Vol. 111，No. 3（Jan. ，1998），pp. 621 – 688.

黑勒以住房问题为例，对苏联社会转型期产权变革进行分析。

在苏联时代，住房为公有，由单位提供，大部分人都住在被称为科姆拿卡（Komunalkas）的房屋中。科姆拿卡房，实际上就是单位提供的、住房人只有使用权而无产权的房子。这种住房的基本特点是，一套科姆拿卡房住有两家到七家不等的家庭，每个家庭有属于自己的卧室和客厅，但是厨房、洗手间、走廊和电话等都是由这七家共同使用。然而，在苏联解体后，住房私有化随之开始，与此相应，对于科姆拿卡房的产权改造而言，每个家庭通过私有化改革拥有了原先自己能够单独使用的卧室和客厅，这个部分是属于私有产权，但是，对于原先的公共使用的部分，如走廊、厨房和卫生间等，仍然属于共有产权，这就造成了产权的多重性和复杂性。

黑勒认为，对于公共住房的产权分割问题，由于其产权组成的特点不同，所以有必要对不同产权特性所导致的"反公地悲剧"现象进行不同类型的区分。为此，他引入了"空间性反公地悲剧"和"法律性反公地悲剧"的概念。

关于"空间性反公地悲剧"，黑勒认为，产权拥有者可以有相对标准的产权束，但能够使用的空间却非常有限，即为"空间性反公地悲剧"①。关于"法律性反公地悲剧"，黑勒认为，子标准的产权束被分配给具有竞争性的多家产权使用者，即为"法律性反公地悲剧"②。

黑勒进一步认为，如果就这两种"反公地悲剧"进行比较的话，就解决问题的难度而言，克服"空间性反公地悲剧"的难度要比克服"法律性反公地悲剧"的难度要小。因为对于前者来说，不同的产权者们已经拥有了特定的属于自己的产权范围，其中，他们只是面临两个问题：一是自己的产权范围过于狭小，二是如何处理公共所有的那部分产

---

① 所谓"空间性反公地悲剧"，就是人们有特定的排他性的产权，但除了这个特定产权之外，还有一个多人共同所有的产权，但由于人们所拥有的特定的排他性的产权空间很小，因此称之为"空间性反公地悲剧"。比如苏联的科姆拿卡房改革，就属于这种类型。

② 所谓"法律性反公地悲剧"，实际是在某个产权下再分为多个子产权，同时不同的产权所有人拥有不同的排他性的子产权，于是，这些子产权的排他性共同作用而造成了这个产权的资源闲置。由于产权和子产权之间的关系涉及法律上的产权分割问题，因此，黑勒将其称之为"法律性反公地悲剧"。比如商厦店铺，就属于这种类型。

权。尽管如此，产权者们各自拥有的产权虽然面积较小，但却是关键性产权，也就是关乎自己的住宿和私人空间；而公共产权部分虽然面积较大，但却是非关键性产权，如厨房、卫生间，等等。这就为不同产权所有者们的进一步谈判分割创造了有利局面。

对于后者即"法律性反公地悲剧"来说，由于子产权本身并不是真正意义上的产权，只是真产权的一个组成部分，各产权拥有者实际上都拥有关键产权的一部分而不是全部，所以达成进一步分割的共识难度较大。在这里，问题的实质不在于过度的子产权分割，而在于真正法律意义上的产权被分割给不同所有者。这个被分散的法律意义上的真正产权，是更难界定和进行交易的。

2006年，学者罗伯特·沙夫（Scharff, R.）在《共同的悲剧：充公和反公地》中，在黑勒的"空间性"和"法律性"的基础上，对"反公地悲剧"的类型进行了详尽阐述。①

其一，关于"空间性反公地悲剧"的分析

首先，沙夫认为，"空间性反公地悲剧"产生于动态的过程，而做出拆分或合并产权这一决定的时刻，乃在这一动态过程中的时间点，把其过程区分为事前和事后。对于"空间性反公地悲剧"而言，无效性之所以产生，是因为排他性权利的加固，会导致统一产权租金不可能大幅上升。在多数"反公地悲剧"问题发生时，既然原先的产权状况已经无法令人满意，因此，分割产权的决定就是一种事前所期望的有效之举。但是，只有分割之后的客观情况，才能影响效率的计算。

由此可见，动态性构成了"空间性反公地悲剧"的重要特征。对于这种类型的"反公地悲剧"，其解决方案在于区分事前和事后。如果"反公地悲剧"现象的发生是由于进行产权变革之前的动机所导致，那么，就要对产权变革本身进行反思，或者调整产权变革的措施，进而从根源上解决"反公地悲剧"问题；如果"反公地悲剧"现象的发生是因为产权变革之后的行为所导致，那么，就要对这一过程中的行为进行

---

① Scharff, R. 2006. "A Common Tragedy: Condemnation and the Anticommons". *Natural Resources Journal*, 2007, 47: 165 – 193.

排查，或许是由于操作人员的失误导致了"反公地悲剧"现象的发生，或者是由于执行的办法不符合产权变革的方案，或者是由于其他不可控制的因素导致的偶发性"反公地悲剧"现象，如此等等。总之，沙夫对"空间性反公地悲剧"现象的动态性特征的分析，使人们有可能找出更加细致和更加可行的应对"反公地悲剧"现象发生的方案和办法。

其次，"空间性反公地悲剧"也可能出于主观故意和存心设计（design）。比如，一家俱乐部买下了一大片土地，并将之分割成无数的小块。其地块非常小，以致不可能使土地得到进一步开发。这时，这一俱乐部故意制造了一个"反公地悲剧"问题，以防止俱乐部将来的领导人将土地再卖给开发者。[1] 在这里，"空间性反公地悲剧"与过程无关，对于这种类型的"反公地悲剧"现象，处理起来就会更加困难。应该与相关当事人进行可能的谈判或对话，使相关当事人或相关法人自己制造的"反公地悲剧"自动化解。

其二，关于"法律性反公地悲剧"的分析

"法律性反公地悲剧"是由多方均持有对某种资产的合法权利而引发的。"从本质上说，当赋予个体使用某一财产的一组权利的所有权变得极为破碎的时候，该产权对其主要所有者的价值就会严重缩水，甚至可能达到使该产权毫无价值的程度。"[2] 产权的分割之所以变得如此有害，是因为这些权利的倾向是不确定的或未充分界定的。结果是，开发商所获取的土地项目是多重产权名目下的土地，但他仍无法确定他所购买的土地中哪些部分是可用来开发的。法律分割在多大程度上阻碍产权的使用，取决于这种法律分离是哪种子类型，即所有权分离（Ownership Disintegration），暂时性分离（Temporal Disintegration），或管制性分离（Regulatory Disintegration）。[3]

所谓所有权分离主要发生于三种情形之下：一是多于一个人对产权拥有所有权，二是产权所有者自愿或非自愿将其有限权利的使用权或排

---

[1]　Bell, A. and Parchomovsky, G. 2003. of Property and Antiproperty. 102 Mich, L. Rev. 1, 39.

[2]　Scharff, R. 2006. "A Common Tragedy: Condemnation and the Anticommons". *Natural Resources Journal*, 2007, 47: 165 – 193.

[3]　Ibid.

他权转让与他人，三是法律给予个人对周边环境的权利。

所谓暂时性分离是产权与产权人的暂时性分离。① 主要发生于那些所有权本来就定义不清的情形下。

所谓管制性分离主要指政府运用强制性手段来对产权进行处理。其核心是通过政府行为对这些具有多重名目的产权进行剥离，区分有价值的产权和无价值的产权，或者区分高价值的产权和低价值的产权，从而对结构复杂和混乱的产权状况进行厘清或梳理，使产权结构变得更加有序，从而提高处理产权的效率。

（3）"反公地悲剧"理论的补充品理论

黑勒在其著作《困局经济学》中，从经济学概念中引用了一种新的变量，来对"反公地悲剧"现象进行描述，这一新的变量即所谓"补充品（complements）"概念。②

黑勒认为，人们"可以把反公有资源理论看作一种解决"补充品"经济学的合理途径"③。"补充品"概念最早是 1838 年由安东尼·奥古斯丁·古诺在《对财富理论数学原理的研究》中提出的。"反公地悲剧"理论一定程度上纠正了当代经济学模型重"替代品"轻"补充品"的倾向。④ 对此，他举例论证如下：

如图 2 所示：从甲地到乙地，铁路 A、B、C 互为可替代线路，假设费用为 9。要是 A 铁路找到办法，只需费用 8 就能提供同等服务，它必将赢得乘客。B 与 C 必须提高效率才能跟得上。在充斥着替代品的市场上，竞争者有着强烈的创新、降价动机，从而间接地造福于整个社会。反过来说，铁路 D、E 和 F 互为补充品。由于它们内部互为补充关系，一般来说，你或者照章全收，或者一个也得不到。⑤

再次假设从甲地到乙地的费用为 9，D、E 和 F 各收 3。铁路 D 知

---

① Scharff, R. 2006. "A Common Tragedy: Condemnation and the Anticommons". *Natural Resources Journal*, 2007, 47: 165 – 193.

② 关于反公地背景下的补充品和替代品问题，还可参见 Dari-Mattiacci, G. and Parisi, F. 2006. "Substituting Complements". *Journal of Completition Law and Economics* 2: pp. 333 – 347.

③ Heller, Michael. 2008. *The Gridlock Economy*. New York: A Member of the Perseus Books Group. p. 37.

④ Ibid. , p. 42.

⑤ Ibid. , p. 43.

资料来源：Heller, Michael. 2008. *The Gridlock Economy*. New York：A Member of the Perseus Books Group. p. 43.

图 2　替代品和补充品

道，只要你想到乙地去，就必须买它的票。那何必创新呢？D 干脆把费用提到了 5，并指望 E 与 F 各减至 2。但为什么 E 和 F 要这么做呢？恰恰相反，他们同样会提高费用，于是总费用超过了 9，乘客人数减少，降到了最适宜水平以下。互补的竞争妨碍了创新：即便 D 降低费用，E 和 F 也可能会涨价。[①]

现在，把互为补充的铁路换成互为补充的专利权。创新者面临着经济学家卡尔·夏皮罗所谓的"专利丛林"，即在新技术商业化的道路上遍布着大量幻影收费站。[②] 古诺证明，在受补充品控制的市场（如本例的铁路和专利），要是人们把 D、E 和 F 合并起来，就能获得更高的社会整体福利。在这里，垄断好于竞争。"反公有资源"理论依次涉及铁路、专利权、所有权和政府管制。所有这些概念描述了同一困境的不同方面：彼此之间欠缺协调的所有者或管控者太多，妨碍了资源的最优化使用。[③]

实际上，正是因为破碎的产权之间总是具有互补性，使得破碎化的产权无法自动整合，而且会进一步强化其破碎性。因此，解决"反公地悲剧"问题的办法之一，就是破除其补充品特性，从而使得产权之间无法互补，进而不会强化由互补而导致的排他性，最后实现对"反公地悲剧"的破解，具体途径包括直接消除产权的互补性或者用替代性代替互补性。

[①]　Heller, Michael. 2008. *The Gridlock Economy*. New York：A Member of the Perseus Books Group. p. 43.

[②]　关于信息经济学中的补充品问题，参见：Varian, H., Shapiro, C. and Farrell, J. 2004. *The Economics of Information Technology：An Introduction*. Cambridge：Cambridge University Press. pp. 43 – 45. 转引自 Heller, Michael. 2008. *The Gridlock Economy*. New York：A Member of the Perseus Books Group. p. 213.

[③]　Heller, Michael. 2008. *The Gridlock Economy*. New York：A Member of the Perseus Books Group. p. 43.

四 西方"反公地悲剧"理论解析

1. "反公地悲剧"理论的结构和逻辑

作为逐步发展形成的较为完整的理论,西方"反公地悲剧"理论本身的结构和逻辑是什么呢?笔者尝试从静态和动态两个方面来分析"反公地悲剧"理论的结构和逻辑。

首先,如果人们把西方"反公地悲剧"理论和"公地悲剧"理论联系在一起,就会发现两者之间的关联性。

"公地悲剧"是指在单一产权状态下,每个产权的使用者都对其他人具有非排他性,从而导致资源的过度使用,进而有可能最终破坏资源。由此可见,"公地悲剧"是从单一性的产权主体到分割性的产权过程,也具有单向性。但是,"公地悲剧"的这种单向性与"反公地悲剧"的单向性恰好具有对称性。其对称性特点体现在两方面:一方面,"公地"问题和"反公地"问题具有相似性质,因为两者都是由产权理论衍生出来的理论,都涉及产权的分割和组合,因而从基本属性上来看,两者高度类似。另一方面,如果把"公地"问题和"反公地"问题分别假设为两个变量,研究它们之间的关系,就会发现,两个变量到它们之间的中位距离相等。①

由此可见,"反公地悲剧"和"公地悲剧"共同组成了一个关于产权流变理论的完整结构,即在产权的分割和整合过程中,"反公地悲剧"理论和"公地悲剧"理论两者之间具有对称性。

其次,"反公地悲剧"理论的逻辑起点是对自由主义的反思。如前所述,"反公地悲剧"理论对自由主义的反思有两种不同的思路维度:一种是逆市场的,另一种是顺市场的。因此,相同的逻辑起点,不同的思路维度,必然会导致不同的逻辑推演过程。由此可见,西方"反公地悲剧"理论的逻辑过程,不仅涉及产权的分割和组合问题,本质上是在

① Parisi, F., Schulz, N. and Depoorter, B. 2006. "Duality in Property: Commons and Anticommons". *International Review of Law and Economics. Vol. 25.*

探讨政府和市场之间的关系问题。

因此，"反公地悲剧"的理论结构反映了理论的静态性，而其逻辑推理的过程则反映了理论的动态性。可以说，结构和逻辑，静态性和动态性，一起构成了"反公地悲剧"现象的理论结构和逻辑。

2. "反公地悲剧"理论的对称性

所谓"反公地悲剧"理论的对称性，是指"反公地"和"公地"之间具有对称性，西方学者从不同角度论证了这一观点，这些分析大体有三种路径：

（1）模型论证

其一，布坎南和永钧模型

诺贝尔经济学奖得主詹姆斯·布坎南（James Buchanan）和他的同事永钧（Yong Yoon）所著《对称悲剧：公地和反公地》创造了一个模型，把"公地"（commons）和"反公地"（anti-commons）整合在一个框架下加以分析，并证明了二者之间的对称性关系。

诚如布坎南和永钧所言，黑勒虽然提出了"反公地悲剧"的说法，但是，没有研发出"反公地"正式的经济模型（a formal economic model of the anticommons）。詹姆斯·布坎南和永钧认为，"公地"和"反公地"是同一个问题的两个方面，均涉及公共资源使用中多个所有者之间在私人激励和社会激励之间的冲突。"公地悲剧"是多个权利人在同时使用互补性投入品的过程中，各自独立决策，但每个人追求自身利益最大化的行为都会产生外部负效应，降低其他权利人的经济产出。权利人越多，"公地"的价值下降得越多。而在"反公地悲剧"现象中，互补性要素构成的资源由非常多的成员所拥有，只有在所有权利人一致同意的情形下资源才能充分使用，当某个权利人行使排他权时，就会导致其他权利人的经济产出下降。"行使排他权的权利人越多，"反公地"的价值就越低。"[1] 根据布坎南和永钧的模型，倘若一种资源，比如停车场，只由单独一位决策者控制使用，社会从这种资源获得的总价值最

---

[1] Buchanan, J. M. & Yoon, Y. J. 2000. "Symmetric Tragedies: Commons and Anticommons". *Journal of Law and Economics.* Vol. 43, No. 1 (April), pp. 1 – 14.

高。自行其是使用停车场的人越多，停车场的价值就越低，从而导致"公地悲剧"；阻止彼此使用停车场的人越多，价值也会出现同等下降，从而导致"反公地悲剧。"[①]

换言之，布坎南和永钧通过模型的演绎论证，得出如下结论：资源在单一决策者的控制下，其总价值最高。当自行其是的使用者过多，其总价值就会下降，导致"公地悲剧"；当阻止和排斥资源使用的人越多，资源的总价值也会下降，导致"反公地悲剧"（见图3）。

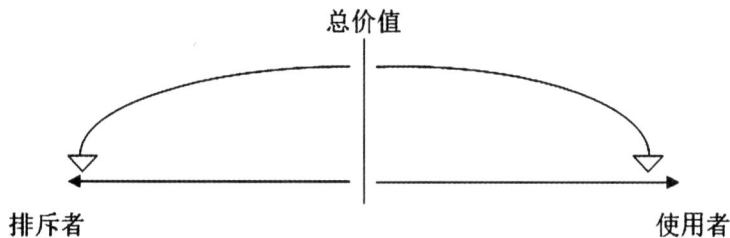

资料来源：Heller, Michael. 2008. *The Gridlock Economy*. New York：A Member of the Perseus Books Group. p. 42.

图3　反公地和公地的价值对称性

其二，舒尔茨-帕里斯-迪波特模型

舒尔茨（Schulz）、帕里斯（Parisi）和迪波特（Depoorter）在进行"反公地悲剧"现象研究时，提出了另一种分析模型，即从共时性（simultaneous）和历时性（sequential）两个维度考察"反公地悲剧"现象。他们认为，现实常表现出共时和历时特点相联系的状况，但对不同特点应分别加以考察。[②]

为此，他们先分析了"反公地悲剧"现象中外部性的两个来源：第一，静态（或当下）外部性。这种外部性是，由于一个人行使的排他权降低或消除了其他所有者所持有的相似产权的价值。从价格理论来看这

[①] Heller, Michael. 2008. *The Gridlock Economy*. New York：A Member of the Perseus Books Group. p. 42.

[②] Parisi, F. , Schulz, N. & Depoorter, B. 2003. "Simultaneous and Sequential Anticommons". *European Journal of Law And Economics*. 2003, 17（2）：175 – 190.

种外部性，则是不同的排他权产生了交叉性价格影响，从而导致了这种外部性。第二，抑制生产性资源有可能导致动态（或未来）外部性。因为按照标准增长理论（standard growth theory）的说法，今天的生产投入的不充分使用，会对未来造成影响。

然后，他们建立了一个产权的双重模型，来解释"公地悲剧"和"反公地悲剧"是由一个统一的产权概念分离出来的，看起来对立但实际上相似的问题。"在公地与反公地的案例中，使用权和排他权具有不一致的边界。他们构成了统一的产权概念的对称悖理。简言之，在公地情况下，权利的使用大大超出排斥他人的有效权利（或权力）。相反，在反公地情况下，共同所有者的使用权为相互冲突的共同所有者所持有的重叠的排他权所缩小以及潜在地消除。"① 比如，在一个完全地产权（fee simple）的产权结构案例中，产权所有者拥有的产权包括最大化产权使用的权利和排除他人使用的权利。完全地产权中的情况是，产权拥有者在同一领域行使其使用权和排他权。在这种情况下，使用权和排他权在统一的产权束中具有互补特质。②

探寻"公地"和"反公地"的概念，需要从这个统一的产权概念中分离出来。在"公地悲剧"和"反公地悲剧"两种不同的情况中，使用权和排他权组成了对称关系，而这一对称关系产生于一个统一的产权概念。如前所述，在"公地"情况下，使用权远超过了排他权的效力，而在"反公地"情况下，共同所有者的使用权被中和了，而且很容易被具有竞争关系的共同所有者的排他权所消弭。所以，在"公地"和"反公地"情况下，使用权和排他权有不一致的边界，这会导致净福利的损失。"而这种福利损失正是由各种所有者持有的所有权和排他权的分歧所产生的。"③ "公地"和"反公地"两种状况相互映衬，这种不一致，又是由于"公地"情况下那些试图最大化其使用权的人、"反公地"情况下那些试图排除所有其他使用者的人的理性算计不及所带来的

① Parisi, F. , Schulz, N. & Depoorter, B. 2003. "Simultaneous and Sequential Anticommons". *European Journal of Law And Economics.* 2003, 17（2）: 175 - 190.

② Ibid.

③ Ibid.

外部性而诱发的。①

有鉴于此，他们为"反公地悲剧"现象提供了一种考察模型。他们认为，"反公地悲剧"问题的核心，是使用权和排他权之间的不一致。为此，他们建立了一种模型，用来分析共时性案例和历时性案例之间的区别。②

就共时性案例而言，排他权是在同时分别独立行使的，因而包含了不同代理者之间的或然性关系（coincident relationship），例如，拥有交叉否决权的多个共有者在公共资源的使用上对其他成员行使的排他权。他们设想了拥有多重且排他性所有权的人追求共同的一个项目，该项目要求多重的统一。在这种情况中，产权持有和使用者是在一条价值链的同一个层级上。③

就历时性案例而言，排他权适用于连续的不同阶段。排他权的拥有者以连续性方式行使其权利，因此，每个代理者处于不同层级之中，而且是对一个已定的客体行使排他权或否决权。这可能包含一个官僚体系中存在的多方，每一方都可以对一个既定客体行使排他权或投反对票。他们假设了多层的土地分割，来造成一种历时性"反公地悲剧"现象，进行重组。比如，在一个金字塔状结构中进行封地分割。当单一的产权被水平分割成有限的地块时（如完全地产权所有者把建造权授予第三方，第三方又进一步把他所拥有的部分所有权给予另一方），则历时性反公地状况就会形成。④ 如果将完全地产权中的土地加以重组，那么，契约的垂直交易则是必需的（如建造权的给予者需要再从被授予者手上购买这项权利，反过来，建造权的被授予者需要再从他所授予部分权利的人手上把这项权利重新买回来，等等）。⑤

---

① Parisi, F., Schulz, N. & Depoorter, B. 2003. "Simultaneous and Sequential Anticommons". *European Journal of Law And Economics*. 2003, 17 (2): 175 – 190.

② Ibid.

③ Ibid.

④ 关于产权和交易成本，见 Miceli, J. 1996. *Economics of the Law：Toris，Controls，Property，Litigation*. Oxford：Oxford University Press.

⑤ Parisi, F., Schulz, N. & Depoorter, B. 2003. "Simultaneous and Sequential Anticommons". *European Journal of Law And Economics*. 2003, 17 (2): 175 – 190.

由此，舒尔茨、帕里斯和迪波特建构了共时性和历时性产权分割模型。

（2）属性论证

对"反公地悲剧"理论"对称性"的另一种论证路径，是通过论证"反公地"本身具有的另一种属性，来间接论证其对称性的存在。这一路径是从"反公地悲剧"的"双重性"入手的。

"反公地悲剧"问题的双重性包括两个方面，即相对特性和自身特性。

所谓相对特性，是在比较环境下获得的特性。"反公地悲剧"问题是在"公地悲剧"问题出现之后出现的。离开"公地悲剧"问题谈"反公地悲剧"，就失去了其应有的意义。因此，比较环境是"反公地悲剧"存在的重要条件之一，这也反映了"反公地悲剧"的相对特性。

所谓自身特性，是指事物本身的属性。排他权是"反公地悲剧"现象的重要变量，也是"反公地悲剧"现象中的自变量，它与"反公地悲剧"本身构成函数关系。同时，排他权也是"反公地悲剧"的独特体现。因为在"公地悲剧"中，并没有排他权这一变量。而排他权正是构成"反公地悲剧"现象不同于其他现象的关键变量。

因此，"反公地悲剧"具有双重性。这种双重特性对于构成其对称性具有重要作用。所谓对称性，也由两方面组成。一是构成对称的两个变量具有相同或相似的性质，二是构成对称的两个变量距离其中点或中位的间距相等。可能构成对称的这两个变量就是"公地"和"反公地"。

那么，这两个变量之间是否具有对称性呢？

首先，无论是"公地悲剧"还是"反公地悲剧"，都具有产权性。它们都是由产权问题引发，同时又通过产权问题解决的问题。换言之，"公地悲剧"和"反公地悲剧"具有共同的原因和结果。这就表明，二者具有相似的性质。其次，使用权和排他权具有对称性。如果两个可能具有对称关系的变量，其各自内部特性之间具有对称性，那么，这两个变量很有可能具有对称性。使用权是"公地悲剧"现象的主要特性；排他权是"反公地悲剧"现象的主要特性。而使用权和排他权之间，从逻辑学上讲，属于互斥关系。互斥关系本身并不必然具有对称关系。但是，在此有一个前提，即互斥两者之间如果具有同一属性，那么，形成互斥的两者之间则构成对称关系。使用权和排他权都是产权的一种形式，因而具有同一属性，所以，使用权和排他权两者之间是对称关系。而使用权和排他权分别是"公地悲剧"和"反公地悲剧"的核心特征，这就大大强化了"公地悲剧"和"反公地悲剧"之间具有相似性质的可能性。既然"公地悲剧"和"反公地悲剧"都具有产权性，加之两者的核心特征都具有对称性，所以，人们可以大致推断认为，"公地悲剧"和"反公地悲剧"具有相似的性质。

那么，如何能够证明"公地悲剧"和"反公地悲剧"距离其中位的间距相等呢？帕里斯、舒尔茨和迪波特的对称说对"反公地悲剧"研究的重要贡献正在于此。他们通过一系列复杂的数学模型，论证了间距问题。

鉴于其复杂性，这一论证的数学公式和模型在此不作介绍和详细说明，但是其论证的基本逻辑却相对清楚，其体现为：假设"公地悲剧"状况是代理1（Agent 1）的路径，而"反公地悲剧"状况是代理2（Agent 2）的路径，其问题的起始点分别坐落于 y1 轴和 y2 轴。而最终代理1路径和代理2路径汇聚于 F 点。而代理1路径和代理2路径是关于 F 轴到坐标轴焦点之间的直线为对称轴对称的两条路径。即使考虑到"公地问题"和"反公地问题"的外部性，则除了代理1路径和代理2路径之外的其他曲线，表示在外部性影响下的随机结果，这些随机结果本身也是以 FS 线段为对称轴的对称图形（见图4）。

由此，帕里斯、舒尔茨和迪波特证明了"公地悲剧"和"反公地悲剧"两个变量到中位的间距是相等的。

由上可知，一方面，"公地悲剧"和"反公地悲剧"具有相似性质；另一方面，以"公地悲剧"和"反公地悲剧"分设的变量，到两者的中位距离相等。据此，人们可以推断认为，"公地悲剧"问题和"反公地悲剧"问题之间具有对称性。

（3）定量论证

西方学者还通过验证假设（testing hypothesis）的定量研究方法，来

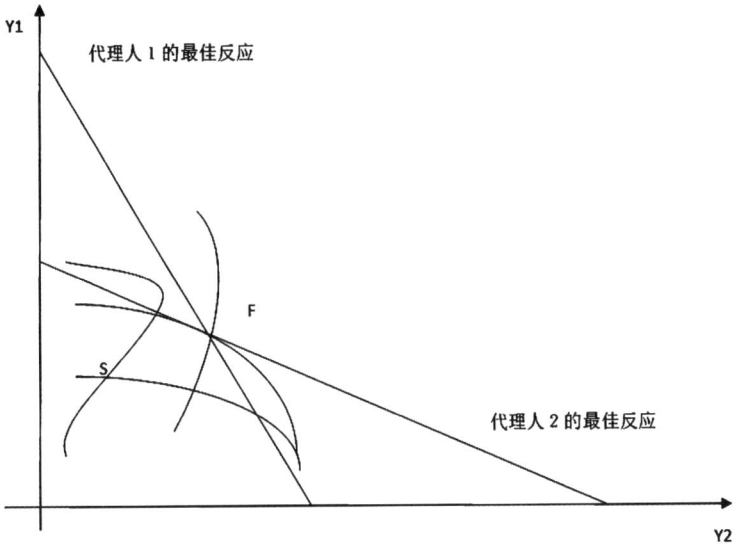

资料来源：Parisi，F.，Schulz，N. and Depoorter，B. 2006. "Duality in Proper-ty: Commons and Anticommons". *International Review of Law and Econom-ics. Vol. 25.*

图4 公地问题和反公地问题的对称性

验证"反公地"和"公地"之间的对称性。

在以上对于模型派的介绍中可知，布坎南和永钧利用线性方程构建了模型，以此说明"反公地悲剧"。2002 年，斯图尔特和伯恩斯塔德（Stewart and Bjornstad）在《公地和反公地悲剧中预测和对称之实验调查》一文中运用实验经济学的方法，证实了布坎南和永钧的研究结论，并验证了四个机构行使排他权时，资源利用的效率损失会更大的情形。这就表明，"反公地悲剧"是可以通过实验再现的。[①]

斯图尔特和伯恩斯塔德分析了布坎南和永钧的模型。他们用一个足球场门票销售的案例，论证了布坎南和永钧模型的合理性。某足球场门票销售，有两个售票亭。一个卖蓝票，另一个卖绿票。如果某一个人同时拥有蓝票和绿票的售票亭，此时就不存在使用权或排他权的冲突问

---

① Stewart，S. & Bjornstad，D. J. 2002. "An experimental investigation of predictions and symmetries in the tragedies of the commons and anticommons". *Technical report.* Joint Institute for Energy and Environment.

题，也就没有"公地悲剧"或"反公地悲剧"现象。但是，如果两个所有人，分别拥有蓝票售票亭和绿票售票亭，就会出现双头垄断（duopoly）的局面。如果涉及使用权的情况，就是要么买蓝票，要么买绿票，就可以入场。增加一个拥有者可以增加额外售票。根据布坎南和永钧的模型，这体现了纳什均衡（Nash equilibrium），也就是说，售票亭为不同人所有，会增加票的销售数量而降低售票的价格，这就是"公地悲剧"现象。"如果考察的是排他权，就会得到一个与之对称的相反结果。"① 这时，如果还是两个所有人，分别拥有蓝票售票亭和绿票售票亭，但必须同时购买蓝票和绿票才能入场，那么结果就是票价上升，而售票数量减少。售票人越多，情况就越严重。在极端情况下，"大量反公地售票人将使球场空空如也。"②

五　西方"反公地悲剧"理论评析

1. 西方"反公地悲剧"理论的基本特点

"反公地悲剧"理论源于对自由主义的反思，是对自由主义理论的衍生性思考，并非是对于自由主义的批判。这种反思实际上是基于自由主义理论，尤其是产权私有化和市场化运行造成的缺陷进行的。其中，资源的高效使用是其理论目标，产权形式是其核心论题，而产权的排他性、负外部性与公共产权、私人产权的不同组合关系，构成了基于经验进行抽象的"反公地悲剧"理论的主干逻辑。政府干预或者市场完善则是其应对"反公地悲剧"现象的基本策略和途径。

"公地悲剧"与"反公地悲剧"都产生于产权的"负外部性"，不过，两者的"负外部性"的产生原因不同，所以，"公地悲剧"与"反公地悲剧"的解决方法也不同。由于公地悲剧的负外部性产生于产权单一而缺乏排他性，因此，针对"公地悲剧"的解决方法，主要是产权的分解和主体的明晰。由于"反公地悲剧"的负外部性产生于产权多重而

---

① Stewart, S. & Bjornstad, D. J. 2002. "An experimental investigation of predictions and symmetries in the tragedies of the commons and anticommons". *Technical report*. Joint Institute for Energy and Environment.

② Ibid.

每一个产权主体都具有排他性，因此，针对"反公地悲剧"的解决方法，主要是产权或者管理权的整合。尽管如此，这些分解与整合，还需要在政府方式还是市场方式、公有产权还是私有产权之间进行选择，在"反公地悲剧"理论中，因为对于"反公地悲剧"的原因、结果与对策等诸多方面都存在着多重观点，所以，其选择的对策也具有多重主张，由此体现了"反公地悲剧"现象和"反公地悲剧"理论的多重复杂属性：

第一，西方"反公地悲剧"理论具有特征的多样性。就"反公地悲剧"理论的特性而言，主要有两方面：一是排他性。所谓排他性，就是对某种物品的独享权。只有具有排他性的产权结构，才可能导致"反公地悲剧"现象。二是互补性。互补性特征是在"反公地悲剧"理论发展到一定阶段才被黑勒发现的，因而它从被发现之初就具有实用性的特点。所以，当我们知道了"反公地悲剧"的互补性特征后，就可以根据这个条件来对不同的"反公地悲剧"做分类，制定不同的解决方案。此外，互补性和"反公地悲剧"的程度之间呈正相关。换言之，互补性越强的产权之间，可能产生的"反公地悲剧"的程度就越严重。因此，越大程度地消除产权的互补性，那么出现"反公地悲剧"的可能性就越小。

第二，西方"反公地悲剧"理论具有论证模式的多样性。如前所述，对"反公地悲剧"理论的证明，是通过模型，实验假设和定量研究等途径进行的。

布坎南和永钧通过数学模型推导出和"公地悲剧"具有对称性的"反公地悲剧"，从而证明了"反公地悲剧"的理论存在。舒尔茨、帕里斯和迪波特从共时性和历时性两个维度考察了"反公地悲剧"现象。

那么，这种靠理论演绎推导出来的模型，是否只存在于理论之中而不能运用于实际呢？于是，有学者开始运用实验和假设检定等方法验证了理论模型。斯图尔特和伯恩斯塔德运用实验经济学的方法，证实了布坎南和永钧的研究结论，并用假设检定的方法以及标准差的计算，验证了"反公地悲剧"是可以通过实验再现的。迪波特和凡内斯特，则通过一系列实验室环境下的社会困境实验来验证反公地问题的存在。

除了模型演绎和经验证明以外，西方学者的比较研究，也加深了我们对"反公地悲剧"理论的理解。既然"公地悲剧"和"反公地悲剧"之间具有对称结构，那么，对两者之间能否融合的研究能够帮助我们对"对称性"特征有所认识。

第三，西方"反公地悲剧"理论具有解决手段的多样性。西方学者对"反公地悲剧"理论的深入解析，使人们在解决问题的办法上可以获得新的思路。人们可以通过对"反公地悲剧"的分类，从"空间性反公地悲剧"和"法律性反公地悲剧"两个层面入手，分别找出不同的对策。人们也可以在"反公地悲剧"理论的不断发展中找出新的办法，如通过政府管制手段消除"反公地悲剧"，或是通过社会性协作来减少"反公地悲剧"，或者通过创造新市场来达到这个目标，等等。

第四，西方"反公地悲剧"理论提出的解决"反公地悲剧"的方式，具有多重性：一种是国家主义倾向的思路，一种是更加注重市场而排斥政府的思路，还有一种是介于以上两者之间的折中思路。而这种多重性本身便说明了"反公地悲剧"理论并不对某一种"主义"有特别的偏好，而是执其两端，各有特点。

西方"反公地悲剧"理论有一定积极意义。首先，西方现代产权理论过分强调了私有产权制度的重要性，"反公地悲剧"理论则从产权破碎化的角度使人们更加深刻地认识到，私有产权并非那么完美无缺，而在只有私有产权的情况下，市场机制也无法解决资源利用中存在的所有问题。其次，"反公地悲剧"理论给予人们这样的启示，即在解决公有产权使用中存在的效率低下问题时，不应简单地采取私有化的思路与方式，更不能因过度分割产权而产生的"反公地悲剧"。再次，"反公地悲剧"理论还使人们愈发深刻地认识到，市场机制作用的有效发挥需要政府提供适当的制度供给，这种制度供给应有效地避免"反公地"问题酿成悲剧性的结果，从而保障自然资源的合理利用与科学技术的不断发展。

西方"反公地悲剧"理论也有其局限性。首先，"反公地悲剧"理论虽然在一定程度上修补了新自由主义理论的市场理论缺陷，肯定了公有产权存在的必要与价值，但在公有产权的实现方式与形式方面并不深入，仍无法启示人们有效解决诸如自然资源代际共有产权和国际产权等问题。其次，"反公地悲剧"理论延续了西方现代产权理论从效率去寻找产权制度变迁原因的思路，以人们认知和选择高效率制度作为产权制度变迁的根本动力，却讳言生产力与市场关系、经济基础与上层建筑之间的矛盾在推动产权制度变迁中的重要作用，不仅无法在宏观上解释人类社会经济形态的更替，也难以在微观上阐明具体产权制度产生和发展的动因。

2. 西方"反公地悲剧"对于公共产权实现的启示意义

西方"反公地悲剧"理论的启示，主要集中在两个方面：一是在产权改革过程中，是不是一定要进行产权的私有化改革？二是如何来对公共产权进行有效的组合？

先来看第一个问题。主张国有企业产权私有化改革的学者认为，产权是激励的核心，只有实现了产权的私有化，才能使产权边界明晰，最大幅度地提高劳动生产效率，并且有效保护劳动者的所得，并认为这是公民的基本权利。也有学者认为，产权实质上是市场经济的核心，因为市场经济的本质是自由价格加上企业家，而"无论是自由价格还是企业家，背后最简单的东西就是产权"。[①] 还有学者把产权提升到了新的高度，认为产权不仅仅是市场经济的核心，还是人格的基础，以及人类的政治权利。[②] 他们认为，"个人自治的核心是财产的自治，连治产的权利都没有，哪有权利治身。无取得财产的权利，无行使产权的自由，这个人就不是自主的自由，人就没有人格。因而产权是人格的基础"[③]。而且，"产权不仅是人类的经济权利，事实上，也更是政治权利。产权和自由市场经济必须有政治上的保障，否则就会被统治者的滥权所践踏"。[④]

西方"反公地悲剧"理论从产权理论及其对于资源配置和经济运行

---

① 张维迎：《中国产权制度的变革》，载《"市场化三十年"论坛论文汇编》（第二辑），2008 年版。
② 刘军宁：《产权与文明》，《探索与争鸣》1995 年第 12 期。
③ 同上。
④ 同上。

的效应角度进行分析，指出片面强调产权私有化的观念的问题。正如"反公地悲剧"理论指出的那样，产权由于私有化而导致的过度破碎，会产生产权的互补性和排他性，从而导致资源的利用不足甚至闲置，由此就会产生"反公地悲剧"现象。因此，可以认为，产权的私有化也绝非解决国有企业转型问题的万能灵丹。实际上，国有企业的改革也可以考虑其他的选择，以实现公有产权的有效运行。

那么，如何对公共产权进行有效的组合，才有可能达到比产权私有化更好的产权实现呢？

首先，需要明确公共产权的核心是什么？美国制度经济学家诺斯认为，由于国家具有暴力上的比较优势，所以，只有国家才是产权制度的建立者。国家是制度供给最主要的来源。[①] 所以，要充分认识国家在产权发展过程中扮演的角色。长期以来，一提到产权，很多人就认为这就是市场化和私有化，实际上，产权本身和市场化、私有化并没有任何因果关系，而国家恰恰对于产权的建立和发展起着至关重要的作用。建立有效的公共产权，就更应该注重国家在其中所扮演的关键角色。一方面，只有国家提供强有力的支持，公共产权才有可能获得保障，否则，由于公共产权不具有排他性，容易形成"公地悲剧"，即资源的过度使用。但是，如果国家对公共产权的拥有和使用给予有力保护，并设定较为严格的规程对公共产权进行管理，那么，就可以避免资源的过度使用，从而解决"公地悲剧"问题。由此可见，公地悲剧不一定必须通过产权的私有化途径予以解决。另一方面，只有国家提供强有力的支持，公共产权才能有效运行。同时，公共产权还有一个潜在的弱点，就是对产权的使用者没有足够的激励机制，因为产权的使用者并不拥有产权。这时，国家可以通过各种激励措施，比如实施奖励、比如以该产权以外的产权作为激励，确保产权的使用者的动力，而不是必须以产权的私有化形式给予产权的使用者以激励。

其次，需要认识到现有公共产权形式的不足，认识到现有公共产权

---

① ［美］道格拉斯·C. 诺斯：《经济史中的结构与变迁》，陈郁、罗华平译，上海人民出版社 1994 年版。

改革的必要性。改革开放以来，市场化的发展大力推进了非公有制经济的发展，对我国经济的长期高速增长起到了重要推动作用。然而，不可否认，在市场化的过程中，贫富差距拉大，基尼系数不断攀高。"当前一个不可回避的事实是，公共产权在市场化的过程中，其收益大量流失了，社会贫富差距迅速扩大。财富带来权利，贫富差距扩大造成了新的社会不平等，阶层固化，并进一步带来新的机会不公平。"① 显然市场化和效率并不能解决一切问题。但这绝不意味着市场化的方向不对。因为即使在那些最发达的国家，如美国和英国，贫富差距也在不断增加。这说明，市场化虽然有其巨大的优势，但也有其无法克服的弱点，这个弱点或许可以通过别的途径来缓解或解决。通过本文的分析，可以认为，对破碎产权的重新组合可能会是有效途径之一。换言之，公共产权的形式会对克服市场化过程中出现的这些问题有所缓解，并有可能加以解决。

不过，经验表明，简单的公共产权也有其固有的缺陷，正如前面分析到的，比如运行效率不高，缺乏激励等等。因此，有必要对公共产权制度进行改革。有学者认为，"公共产权制度改革就是使我们社会主义的公有制怎么落地，不能让社会主义公有制悬在半空。公共资源、公共资产为国家所有，落地的方式是其收益能够让全国人民共享。有人在讨论国有垄断，提出要改革。……问题的关键不在于垄断，而是公共产权的收益怎么让所有老百姓享受到。"② 所以，公共产权改革的核心，就是平摊红利，让更多的人享受到改革的红利。产权私有化固然可以提高效率，增加激励机制，但最大的问题，就是只有少数人能够得到好处。公共产权就可以弥补这个不足，通过有效的公共产权设置，比如通过国有企业向普通民众派发股息，由于公共产权的性质，使得人民有权享受到这些好处，从而有利于整个社会的公平和公正。

再次，需要着力探索公共产权的组合方式。一是在纵向上实现中央和地方的多重公共产权组合。有学者就产权的多极化问题进行了分析，

---

① 刘尚希：《社会改革的核心是实现社会公平》，《北京日报》2011 年 11 月。
② 同上。

认为现在"形成了从中央到地方各级政府的国有产权分布。随着决策权的下放，国有资产（包括国有企业、事业单位等）的管理权也下放给下级政府。建立各级国有资产监督管理委员会，代表各级政府充当出资人，负责国有资产运营的监督和管理"。[①] 二是在横向上，对公私产权的混合模式加以尝试。有学者认为，"公共产品的产权安排形式应多样化。即指公共产品既可以单一公共产权制度形式出现，又可以混合产权制度形式出现，且两种不同形式的产权制度内部的各种权能可与私有产权制度的各种权能在空间和时间上实现不同程度、不同形式的结合。"[②] 比如政府实行的"公有产权房"政策；或者是公共产品的私人供给，比如政府购买公共服务的方式，[③] 也为公共产权的组合方式提供了新的选择。

[①] 杨龙、杨越：《中国改革路径的产权分析》，载《学习论坛》2005 年第 1 期。

[②] 杨美英：《公共产品产权结构演进的多元态势》，载《长白学刊》2008 年第 4 期。

[③] 王浦劬、莱斯特·萨拉蒙：《政府向社会组织购买公共服务研究：中国与全球经验分析》，北京大学出版社 2010 年版。

Contents and Abstracts

Theoretical Investigation

Discussion on Economic Democracy, Political Democracy and Inner-Party Democracy: Reflections on the Connotation and Basic Logic of Marxism

Liang Yu

Abstract: Currently there are mainly three deficiencies in the study of the connotation of Marxism in our country. One is the lack of an overall understanding of the concept of "democracy" in the modern Chinese system. Second, due to discussion with the western scholars, we often treat "democracy" as "political democracy". Third, we ignore the relevance and integrity among the main attributes of democracy.

In order to accurately grasp the true meaning of Marxist democratic theory, the article analyzed the rich connotation of democracy from the thread of human social practice. Therefore, the article starts from the exposition of the essential attributes of human beings to sketch the basic frame of human society and to define the concept of democracy Next, it summarized main contents of democracy from two dimensions of human performance-the individual and the community, the individual and the collective. Also, the article extracted the three important aspects of democracy-economic democracy, political democracy and inner-party democracy and discussed their interrelationships from the path of human liberation and the launching pattern of the socialist movement.

The basic meaning of democracy is a mechanism that the individual can participate and operate the community freely and equally. Individual maintain their subjectivity of human beings in the form of individual alliance in nature, society and history; they reform the objective world in a fair and efficient manner for the realization of high-quality public life and individual existence. Economic democracy is the subjective property of democracy. Political democracy is the "leading factor" and premise of other levels of democracy. As a part of political democracy, inner-party democracy is the vanguard and demonstration of socialist democratic development.

The ideological framework and unique advantages of the concept of Marxist democracy lie in four aspects: first, Marxism takes democracy as a form of civilization closely integrated and set in the course of the historical development of human society. Second, it confirms the other subject-class group (the collective) in the operating mechanism of democracy, and discusses the crucial role of this group in historical development and changes in social relations. Third, itclears up the highest value of democracy - equality, cooperation and coordination of social relations. Lastly, it clarifies the basic path of the democratization process- the adjustment between self-improvement and spontaneous development, that is, the final fulfillment of democracy needs to be based on economic democracy and driven by communist party democracies.

Key Words: Human Being; Democracy; Economic Democracy; Political Democracy; Inner-party Democracy; the Individual; the Collective

Strategic Thought of Government Governance Modernization: Based on Text Analysis of Major Speeches of General Secretary Xi Jinping since the 18th CPC National Congress

Li Feng   Yu Liang   Hai Yang

Abstract: Major Speeches of General Secretary Xi Jinping contains rich strategic thinking on government governance modernization. Based on these major speeches since the 18th National Congress of the CPC and through text analysis tools such as word cloud, high-frequency word classification and semantic networks, the author finds out and interprets the high-frequency vocabulary and cohesive subgroups in the speeches, generalizes General Secretary Xi Jinping's strategic thinking on government governance modernization and reveals the basic meaning, main logical line and development path of our government governance modernization. On this basis, the author then analyses people's focus of key words of General Secretary Xi Jinping's major speeches through Baidu Index and makes a comprehensive interpretation of the government governance modernization strategy.

Key Words: Government Governance Modernization; Major Speeches of General Secretary Xi Jinping; Text Analysis; Strategic Thought

Government Governance

The Logic Thread and Implementation Strategy of the Modernization of Chinese Government Governance in the New Period

Wang Puqu

Abstract: The modernization of Chinese government governance is an important part of the modernization of national governance. It has clear theoretical basis、strategic basis and realistic basis. The ideological logic of the modernization of government governance has three components: its ontology is materialism, its epistemology is dialectics, and its axiology is people-centered. The modernization means structuring, networking, interactive and co-governance of the government governance. On the whole, constructive governance will be the implementation strategies of the modernization of government governance.

Key Words: Government Governance; Modernization; Materialist Dialectics; Constructive Governance

Administrative Regime Reforms and the Modernisation of the State Governance and Governance Capability: Logic, Historical Changes and Typologies

Ran Hao

Abstract: The values of the Administrative Regime Reform to the State Governance lie in the core features of Administrative Regime Reforms under the circumstances of Sino-Western differences regarding the logic of the State Governance, and that the logic connection between the Administrative Regime Reform and the State Governance. Further, the historical review on the Administrative Regime Reform since the Reform and Opening-up can bring us the biggest discoveries of this Administrative Reform on its marketization and pluralism, which reflects the underlying requests from the State Governance Modernisation. Lastly, the typologies of the Administrative Regime Reform have been focused on, and the main content of the reform, namely the examining and approval reform has been analysed in its process, of which the reflection is the trend of the modernization of the State Governance and its Governance Capability.

Key Words: Administrative Regime Reforms; State Governance; Government-Market-Society Relations.

Collaborative Innovation

Research on the Cooperative governance of government in the Coordinated Development of Beijing, Tianjin and Hebei

Zhao Xinfeng   Yuan Zongwei   Cai Tianjian

Abstract: Coordinated development of regional governments is crucial in order to achieve the overall interests in the process of regional integration. And cooperative governance is the core and logical starting point for coordinated development. By combing the historical process of the coordinated development of Beijing, Tianjin and Hebei region, and based on the current situation of government cooperation and cooperation in the coordinated development of Beijing, Tianjin and Hebei region, this article makes an in-depth analysis of the existing problems in the coordinated development in this region and summarizes the practical experience of cross-area cooperative governance both domestic and overseas. On the basis of the above, we put forward suggestions to promote the coordinated development among Beijing-Tianjin-Hebei region regional government from three respectives which are organizational structure, realization mechanism and institutional arrangements.

Key Words: Beijing, Tianjin, and Hebei Region; Coordinated Development; Cooperative Governance

Study on the Problems and Governance Paths of Cross-sectoral Collaboration in China's Administration by Law

Lai Xianjin

Abstract: To promote administration by law and build a government ruled by law is an important task for deepening the China's practice of rule by law and modernizing the country's governance system. In the existing top-down multi-level and multi-sectoral system of government organizations, promotion of administration by law faces many problems and challenges arising from the internal and external coordination among the bureaucracy. To scientifically analyze and solve these problems and challenges is the key to systematically advancing administration by law and building a government ruled by law. Based on the six key elements (value and idea-system, structure-mechanism, design-information, sharing-ability, cultivation-culture shaping), this article constructs the preliminary academic framework and analyzes the main problems of cross-sectoral collaboration in China's administration by law, put forward the main governance path to solve these problems .

Key Words: Administration by law; Cooperative Governance; Governance Mechanism

Reforms and Development

Construction of Innovative and Friendly Taxation System

Liu Shangxi   Fan Yixia

Abstract: Taxation system reform should set its path from the whole situation and determine the orientation of its reform. In our opinion, at least four dimensions should be considered: First is the overall level of tax burden. The second is fair tax burden and promote fair competition. Third is the behavior-based taxation system. Fourth is the design of taxation system conducive to the accumulation of human capital. Based on the holistic thinking contained in the theory of taxation environment and the long-term of innovation-driven development strategy, the tax reform aimed at innovative and developing concept should give more consideration to the overall planning of systems and policies. Based on statutory taxation and macro-environment optimization and with mutual adaption and coordination of income system and tax collection and management system as the focus, we shall integrate the concept of innovation truly into the modern taxation system.

Key Words: Taxation System; Innovation; Taxation System Reform

Decentralization Reform of Law Enforcement in Megaities: A Case Study of Beijing

Wan Pengfei

Abstract: This paper takes Beijing as a case study and analyzes the issue in five aspects. First of all, it clarifies the basic concepts related to decentralization reform in megacities. Secondly, it examines the background and main contents of the downward shift of the law enforcement focus of Beijing's urban management. Thirdly, it examines the reform progress and analyzes the reform process. Fourthly, it puts forward some deep-seated thinking and advice, and finally is the conclusion.

Key Words: Megacities; Urban Management; Urban Governance; Law

Enforcement; Decentralization

Network Governance

Chinese Government Innovation Based on Internet Plus

Yan Jirong

Abstract: The "resilient authoritarianism" of the Chinese Communist regime cannot be explained by the traditional democratization experience and theory. This article attempts to begin the research from the government effectiveness perspective and take the Chinese government innovation under the era of "Internet +" as an example. Based on the adaptability and responsiveness of the Chinese government reacted to the increasing pressure both inside and outside the system, the article tries to exemplify that the Internet-based Chinese government innovation plays an important role in improving government efficiency and government approval since it can help to overcome such issues as bias in public issues, the closure of government information, arbitrariness in government decision making, and inadequate government service. This explanation may be able to help research beyond the "democratization" perspective and provide some explanation and support for the observation and prediction of Chinese politics.

Key Words: Internet Plus; Government Innovation; Government Effectiveness; Resilient Authoritarianism

Chinese Network Governance: Expansion of Government Power and Protection of Citizens' Electronic Information Interests

Yang Fengchun

Abstract: Chinese government attaches great importance to the network governance. Based on the basic system of Chinese government's network governance, this article examines the government's power and the rights and interests of individual citizens in the process of network governance. It finds that the Chinese government maximizes the expansion of government's network control ability through a series of legal system arrangements, which has relatively reduced the rights and interests of individual citizen's electronic information activities. Such institutional arrangements not only have general significance for social governance, but also have a significant impact on the choice and application of government information and communication technologies in China. This article argues that in the case of over-expansion of government network power and relatively poor protection of the rights and interests of citizens in personal electronic information activities, the Chinese government's information development policy needs to balance technology development and social development, so as to prevent the adverse effects to social and political progress caused by technological stagnation.

Key Words: Chinese Government; Chinese Politics; Informatization; Network Governance

Performance Measurement

Exploring Gaming Strategies and Motivations in Government Performance Measurement: Evidence from China

Zhou Zhiren   Xu Yanqing

Abstract: Information inaccuracy is very common in performance measurement, and a main contributing factor is gaming or cheating behavior of the assessed subject. Therefore, gaming behaviors and their causes have long been an important research topic in performance measurement in the international circles. China is different from the developed countries in terms of the political system, bureaucratic culture and social contexts. Consequently, patterns of information inaccuracy in government performance measurement, gaming strategies by local officials and motivations behind cheating unavoidably take on some Chinese characteristics. It's therefore of theoretical significance to probe gaming behaviors and their causes in Chinese local governments and offer theoretical interpretation of some of its Chinese characteristics. Section One provides an analytical framework for motivations for organizational cheating. The framework is based on a brief literature review and constitutes the main structure for questionnaire. Section Two shows the severe "trust deficit" among the general public with government performance information. Focusing specifically on citizens' satisfaction survey, Section Three provides some objective evidence for information inaccuracy and summarizes gaming strategies by local officials. Section Four shows the results of questionnaire survey on causes of gaming. The last section contains conclusions and discussions.

Key Words: Performance Measurement; Gaming; Cheating; Trust Deficit; Causes of Gaming

The Research on the Provincial Level Governance Structure and its Influencing Factors

Xiao Mingzheng   Zhang Bo

Abstract: The Communiqué of the Third Plenary Session of the 18th Central Committee of the CPC and the *Decision of the Central Committee of the Communist Party of China on Some Major Issues Concerning Comprehensively Deepening Reform* adopted by the plenum pointed that, the general objective of the comprehensively deepening reform is to improve and develop the socialist system with Chinese characteristics, and to promote the modernization of state governance system and governance capability.

The execution of state governance must be on the basis of the practice of local governance; and it is of importance for its governance performance and the assessment of the governance performance in view of the significance of provincial-level local governments in the process of the state running. Therefore, the emphasis of this study aims to research the performance structure of state governance via the method of empirical analysis and construct the assessment system on the basis of objective indicators in view of the governance performance structure and the factors of governance performance divided by the provincial-level districts. Then it analyzes the cause-effect combining with the factors of governance performance so as to obtain the influential factors and effect of the governance performance factors.

The research thinking is: at first, the theory framework of local governance performance system is built via the literature analysis; then, conclude the current internal structure and its factors research achievements of the local governance performance. The questionnaire is compiled in terms of the structure of local governance performance and its factors list to be distributed. The local governance performance indicator system and the factors scale of local governance performance are obtained via the data analysis.

On the basis of this thinking, the formation results of this study are as follows:

(1) Shape the structure system of local governance performance with performance results-oriented.

(2) Construct the assessment system of local governance performance on the basis of objective data.

Key Words: Local Governance Performance; Local Governance Performance Structure; Local Governance Performance Assessment; Influencing Factors of Local Governance Performance

Foreign Experience

U. S. Polarization and Its Challenges for Effective Governance

Liu Guoli

Abstract: This article examines the following research questions: What are the main indicators of governance? What are the main challenges to effective governance? What are the roots of economic, political, and social polarization in the United States? What are the challenges of U. S. polarization on effective governance? We will study the contending perspectives on the relevant theoretical issues and policy challenges. This study will provide lessons for political development and effective governance.

Key Words: US Polarization; Governance Indicators; Governance Challenges; Political Gridlock

Study on the Theory of the "Tragedy of the Anticommons" in Western Countries

Zhu Yujiang

Abstract: This dissertation is a study on the theory of the "tragedy of the anticommons".

Firstly, this dissertation analysed the economic, social and ideological background in which the "tragedy of the anticommons" theory was formed and developed. After entering into post-industrial ages, western countries are faced with many new social, economic, political and management issues, such as population aging, the widened gap between the rich and the poor, and slow economic development, etc. These phenomena can not be explained and justified by the theories of neoliberalism. Thus, new theories naturally evolved. The theory of the "tragedy of the anticommons" is just one of them.

Secondly, the ideological sources and theoretical cornerstones of the theory of the "tragedy of the anticommons" were analysed. The analysis pointed out that, since the beginning of the 1990s, to make up for its theoretic defects, the theories of neoliberalism have evolved. Under this condition, based on the core theory of economic development and public governance, western scholars began to reflect deeply on the neoliberalism theory of property rights, the theory of the "tragedy of the anticommons" is a product of such a theoretical reflection.

This dissertation also analysed the basic contents, the development process and the applications of the theory of the "tragedy of the anticommons". since the beginning of the new century, the latest researches about the "tragedy of the anticommons" theory focus mainly on the typology, law and supplements. To comprehensively and accurately understand the theory, this dissertation analysed and elaborated the applications of the theory. Put it simply, the theory mainly applied in the fields of public administration and intellectual property.

Finally, this dissertation evaluated the theory of the "tragedy of the anti-commons", and explored the realization mechanism and the implementation manner of public property rights implied by the theories discussed in order to provide a theoretical reference for the property rights reform in China.

Key Words: Public Ownership; the Tragedy of Commons Theory; Symmetry; the Tragedy of Semi Commons Theory

《国家治理现代化研究》征文启事

为推进国家治理体系和治理能力现代化，提升国家治理学术研究水平，推进中国特色新型智库建设，推动相关优秀成果的转化应用，现公开征集《国家治理现代化研究》学术成果，诚邀国内外专家学者踊跃投稿。具体事项如下：

一　概要

《国家治理现代化研究》是由北京大学国家治理研究院与北京大学·复旦大学·吉林大学·中山大学·中国财政科学研究院国家治理协同创新中心共同编辑、定期出版的刊物。辑刊围绕国家治理现代化进程中的重大理论和现实问题，重点刊发对国家治理和公共决策有重要参考价值、对实践有重要指导意义的研究成果。国家、教育部重大、重点项目；教育部人文社会科学重点研究基地重大项目、国际合作项目等项目研究成果，具有采用刊发的优先权。

二　主题

辑刊以马克思主义为指导，贯彻理论联系实际和科学创新的方针，积极推进国家治理现代化，以"国家治理体系和治理能力现代化研究"为主要征稿内容，欢迎与该方向相关的专门研究稿件，如国家治理理论、战略、模式、方法研究；市场治理与监管、社会治理、公共服务、地方治理、乡村研究、城市治理研究；产业政策、发展治理、生态治理、环境治理以及治理改革、比较治理研究等。辑刊同时也欢迎与本主题有关的书评和学者访谈。

三　稿件要求

1. 请在上述方向中任选一个角度撰写论文，题目不限，论文应突出原创性，字数以 10000 字左右为宜。

2. 所提交论文一般应为未公开发表的中文或英文文章，论文一经本刊采用，《国家治理现代化研究》享有最终版权，并且支付相应稿酬。

3. 投稿者应遵循学术规范，严守学术道德，一经发现有学术不端行为，将严肃处理，来稿两个月后未收到刊用通知即可转投他刊。

4. 来稿一律采用以下格式：

（1）首页：标题（中英文对照）、作者简介（包括姓名、单位、研究领域等）、联系方式（电话和电子邮箱），以及中英文对照的论文摘要和关键词。

（2）论文正文用小 4 号宋体字，1.5 倍行距。

（3）注释一律采用脚注，文末无需列参考文献。

（4）论文采用 word 文档格式，文件命名为："单位简称 + 作者 + 标题"。

请将稿件发至 gjzlxtcx@ pku. edu. cn，邮件标题请注明"投稿 + 学校名称 + 姓名"。

四　联系方式

1. 电子邮箱：gjzlxtcx@ pku. edu. cn，本启事长期有效
2. 电话：010 – 62754337 / 62756637　传真：010 – 62754257
3. 联系人：靳梦醒　王婷

北京大学国家治理研究院

北京大学·复旦大学·吉林大学·中山大学·中国财政科学研究院
国家治理协同创新中心

2018 年 5 月